项目资助

2023年广西一流学科建设项目（教育）资助

育要素研究丛书　　　　　　　主编：孙杰远

民族院校教师
实践性知识研究

张静 / 著

中国社会科学出版社

图书在版编目（CIP）数据

民族院校教师实践性知识研究／张静著 . —北京：中国社会科学出版社，2024.5
（教育要素研究丛书）
ISBN 978 – 7 – 5227 – 3287 – 9

Ⅰ.①民… Ⅱ.①张… Ⅲ.①高等教育—少数民族教育—教学研究 Ⅳ.①G758.4

中国国家版本馆 CIP 数据核字（2024）第 055310 号

出 版 人	赵剑英
责任编辑	赵　丽
责任校对	刘　念
责任印制	王　超

出　　版	中国社会科学出版社
社　　址	北京鼓楼西大街甲 158 号
邮　　编	100720
网　　址	http://www.csspw.cn
发 行 部	010 – 84083685
门 市 部	010 – 84029450
经　　销	新华书店及其他书店

印刷装订	北京明恒达印务有限公司
版　　次	2024 年 5 月第 1 版
印　　次	2024 年 5 月第 1 次印刷

开　　本	710 × 1000　1/16
印　　张	17
插　　页	2
字　　数	258 千字
定　　价	86.00 元

总　序

教育要素即构成教育活动的成分，既是教育研究的逻辑起点，也是决定教育发展的内在条件。

教育研究领域的学者对教育基本构成要素进行了归纳，比较有代表性的有三要素说、四要素说、五要素说和六要素说。综而观之，无论是三要素说还是六要素说，虽然在要素对象范畴上有所不同，但其核心要素基本相同，即涵盖了教育者、受教育者、教育内容、教育手段、教育环境等教育活动的主体、内容和媒介。学校教育是当前教育活动的主要形式，从教育要素的视角来看，学校教育研究的本质是探讨各教育要素之间相互作用的过程。依此逻辑，教育领域的学者所要进行的基础性研究是教育要素自身或教育要素之间存在的关系。然而，随着科学知识的爆炸式增长，教育学科自身不断分化，与其他学科不断交叉融合，使教育研究的领域迅速向外扩展。这种现状，一方面扩大了教育研究的视野，避免了传统研究范式中"就教育论教育"之不足；另一方面，致使教育研究无论从内容还是形式上，既显示了指向"宏观"的偏好，也存在着喜欢"越界"的现象，呈现出忽视"本真""舍本逐末"的趋向。

教育研究既要克服"自说自话"的"闭门造车"模式，走向开放和包容，同时，也要克服"抛却本真"的"盲目借鉴"模式，立足根本而深入挖掘。基于此，研究团队从管理学、心理学、社会学、经济学等多学科视角对教师、学生、课程、教学等教育基本要素进行了深入研究，形成了这套"教育要素研究丛书"。其中，《高校外籍教师工作压力分析及其管理对策研究》《中小学教师研究成果传播研究》和《校本教研主体互动研究》分别以教师职业压力管理、教师研究成果转化和教师校本教研为主题对教育活动中的关键要素——教育者进行立体化研究；《学习自由的技术批判与重构》和《论"学习问题"导向教学》则是基于实践哲学和学习认知理论对学校教育中最重要的环节——"教与学"所进行的理论思考和实践探究。《大学课程资本视野下我国高校课程管理的改革研究》则是从社会学视角对教育活动中的另一重要因素——"教育内容"进行的理论思辨，在大学课程资本理论视域下，针对课程管理中的课程开发、课程实施流通、课程评价等环节剖析我国高校课程管理改革。

出于种种原因，本套丛书必然会存在缺点和疏漏，祈望方家指正。

孙杰远
2020 年 5 月于桂林

序

　　教育是国之大计、党之大计。人才培养是大学的本质职能，本科教育是大学的根和本。提高人才培养质量，关键在于教师队伍能力水平。一直以来，教师的教学能力和专业发展始终受到教育主管部门和高校的重视。高校在推进教育教学改革的过程中，往往会面临教师参与教学改革积极性不高的问题。针对此，教育主管部门出台了一系列关于深化高校教育教学改革的政策举措，充分调动和激发教师在教学改革中的积极性和主动性，强调通过提高教师教学能力和专业发展水平来推进高校的教学改革，高校教师培训力度不断加大。

　　民族院校是我国高等教育的重要组成部分，同样面临着深化本科教育教学改革、提高人才培养质量的挑战和机遇。民族院校教师处于教育主体和环境多元的文化场域，肩负着各民族人才培养、促进民族团结进步的使命，一定程度上，其教育教学工作比普通院校教师面临着更多的挑战。本书重视教师教学所具有的情境性、专业性与创造性，立足于教师知识的视角，在梳理国内外相关研究的基础上，基于建构主义学习理论、教师反思理论和社会文化理论，遵循质的研究范式，在 W 大学选取16 名有代表性的教师，采用文献分析、个案研究和叙事探究相结合的研究方法，通过半开放式的深度访谈，辅以非参与式课堂观察和实物收集法收集数据，自下而上地对研究资料进行类属分析和情境分析，探究民族院校教师实践性知识的实然样态并分析其所蕴含的教育意蕴，揭示民族院校教师实践性知识的微观动态生成过程，探寻影响民族院校教师实践性知识发展的因素。

本书得出的具有启示性的结论有：

一、民族院校教师实践性知识是教师对自己以往的教育教学实践和经验进行反思，这些实践和经验可用于指导未来的教育教学行动，并通过提炼总结后形成的对民族院校教育教学的认识。它是集经验、思想、体验和能力于一体的教师教育教学实践活动的产物，具有个体性、情境性、整体性、文化性、教育性等特征。

二、从总体来看，民族院校教师实践性知识体现为教师关于自我的知识、关于学校文化环境的知识、关于学生的知识、关于一般教学法的知识、关于学科教学法的知识、关于师生交往的知识和关于教育的信念七大类，每一类知识又有四个方面的具体表现，这些知识是教师有效教育教学的知识基础，以一个整体的形式在教师的教育教学活动中发挥作用。其中，教师关于教育的信念影响着教师关于学生的知识、一般教学法的知识、学科教学法的知识、师生关系的知识的生成，教师关于学校文化环境的知识、一般教学法的知识、学科教学法的知识、师生关系的知识围绕着关于学生的知识而建构。

三、教师实践性知识的生成需要教师具备在所处的教育教学情境中识别出潜在问题的意识，教师与外界环境的互动可激发教师的问题意识，教师对教育教学情境的充分关注与积极探索也是发现教育教学问题的关键；教师在教育教学实践中需在反思和行动的推动下，不断地"框定问题情境"，随教育教学情境的变化而互动协商，变换教育教学策略，以期实现既定的教育教学目标；教师实践性知识的显现和生成还需要教师对整个反思与行动过程的总结提炼。教师实践性知识的生成是教师面对教育教学中有待解决的问题和困惑，通过循环往复地反思和行动，与外部教育情境和内部自我进行对话，并对行动效果进行评估，随着问题情境解决或改善的一个动态建构的过程。

四、影响民族院校教师实践性知识发展的因素来自教师个体的内部因素和社会文化环境的外部因素，分别为教育教学经验、职业情感及能动性、教育教学实践与自我努力、社会文化环境四个方面。在社会文化环境因素中，人际因素，如与同行的交流、师生互动体验、学生的评价和建议促进教师实践性知识的发展。学校的文化传统和氛围、学生的多民族性的学校文化环境和国家教育政策都对塑造教师实践性知识起着不可忽视的作用。学校的教学环境促进或制约着教师实践性知识的发展。教师个体内部因素在教师实践性知识发展中起着主导作用，社会文化环境因素通过教师个体因素对教师实践性知识的发展产生影响。

《民族院校教师实践性知识》一书的出版很有意义。该研究较为系统、全面、深入地研究了民族院校教师实践性知识的内容、生成过程及影响其发展的因素，从理论思辨的层面上重构了教师实践性知识的内涵，界定出民族院校教师实践性知识的基本含义，拓宽了民族院校教师教学发展的认知视野，深化了对民族院校教育教学实践的理解与认同，是教师实践性知识研究领域的一个重要补充，为民族院校教师专业发展和教育教学改革提供了有益参考。本书是张静博士在其博士学位论文基础上完善而成的学术专著。在该书即将付梓之际，作为她的老师，我为她的第一部学术专著出版感到由衷高兴，感谢广西师范大学给她提供的好平台。希望张静博士能在今后的教学和学术生涯中更加勤勉耕作，努力成为德艺双馨的优秀学者。

张俊豪

2024 年 3 月

目　　录

导　　论

一　研究缘起与问题提出

（一）研究缘起

1. 政策层面：深化高校本科教育教学改革的外部推力

根据 2019 年全国教育统计数据可知，中国高等教育毛入学率已达到 51.6%[①]，中国已经进入教育普及化阶段。[②] 在这一时代背景下，高校教育质量已成为人们关注的热点问题。教师是立教之本、兴教之源。[③] 教师作为高校教学改革的真正践行者和探索者，是高校教学改革成功的关键。近年来，国家出台了一系列关于深化高校教育教学改革的政策，强调通过提高教师教学能力和专业发展水平来推进高校的教学改革。2011 年 7 月，《教育部 财政部关于"十二五"期间实施"高等学校本科教学质量与教学改革工程"的意见》提出，要"引导高等学校建立适合本校特色的教师教学发展中心，积极开展教师培训、教学改革、研究交流、质量评估、咨询服务等各项工作，提高本校中青年教师教学能力，满足教师个性化专业化发展和人才培养特色

[①]　中华人民共和国教育部：《2019 年全国教育事业发展统计公报》，2020 年 5 月 20 日，中华人民共和国教育部（http：//www. moe. gov. cn/jyb＿sjzl/sjzl＿fztjgb/202005/t20200520＿456751. html）。

[②]　根据马丁·特罗关于高等教育发展阶段的理论，高等教育毛入学率低于 15% 为精英阶段，在 15%—50% 为大众阶段，达到 50% 以上为普及化阶段。

[③]　《教师是立教之本兴教之源——三论学习贯彻习近平总书记致全国教师慰问信精神》，《中国教育报》2013 年 9 月 13 日，中华人民共和国教育部（http：//www. moe. gov. cn/jyb＿xwfb/s5148/201309/t20130913＿157398. html）。

的需要"①。2012 年 3 月，《教育部关于全面提高高等教育质量的若干意见》强调，"要提高教师业务水平和教学能力"②。2016 年 8 月《教育部关于深化高校教师考核评价制度改革的指导意见》强调，高校教师考核评价要"突出教育教学业绩""引领教师专业发展"③。2018 年 1 月，《中共中央、国务院关于全面深化新时代教师队伍建设改革的意见》特别强调，"着力提高教师专业能力，推进高等教育内涵式发展……全面开展高等学校教师教学能力提升培训"④。2018 年 10 月，《教育部关于加快建设高水平本科教育 全面提高人才培养能力的意见》强调要"全面提高教师教书育人能力"⑤。那么，提升教师教学能力和满足教师个性化专业发展需要是实施高校本科教育教学改革的关键途径。

2. 现实层面：促进高校教学改革的内在动力和要求

近年来，高校教师教学发展受到国家和教育部门的极大重视，高校教师培训力度不断加强。但教师培训的内容大多倾向于教学理论知识方面课程的讲授，高校教师自身的实践性知识还未受到应有的重视和发展。高校教师教学能力的提升面临着教学能力提升方式单一，教师发展理念有待提升，教师发展主体意识不强，教学发展动力机制欠缺等困境。⑥ 从现实情况来看，高校教师参与教学改革的积极性不高、动力不足是高校教学改革面临的迫切问题。那么，高校充分调动和激发教师在教学改革

---

① 《教育部 财政部关于"十二五"期间实施"高等学校本科教学质量与教学改革工程"的意见》，2011 年 7 月 1 日，中华人民共和国教育部（http：//www. moe. gov. cn/srcsite/A08/s7056/201107/t20110701_125202. html）。

② 《教育部关于全面提高高等教育质量的若干意见》，2012 年 3 月 16 日，中华人民共和国教育部（http：//www. moe. gov. cn/srcsite/A08/s7056/201203/t20120316_146673. html）。

③ 《教育部关于深化高校教师考核评价制度改革的指导意见》，2016 年 8 月 29 日，中华人民共和国教育部（http：//www. moe. gov. cn/srcsite/A10/s7151/201609/t20160920_281586. html）。

④ 《中共中央 国务院关于全面深化新时代教师队伍建设改革的意见》，2018 年 1 月 20 日，中华人民共和国教育部（http：//www. moe. gov. cn/jyb_xxgk/moe_1777/moe_1778/201801/t20180131_326144. html）。

⑤ 《教育部关于加快建设高水平本科教育 全面提高人才培养能力的意见》，2018 年 10 月 8 日，中华人民共和国教育部（http：//www. moe. gov. cn/srcsite/A08/s7056/201810/t20181017_351887. html）。

⑥ 黎琼锋：《高校教师教学能力提升的困境及其突破》，《国家教育行政学院学报》2019 年第 2 期。

中的积极性和主动性是关键，只有增强教师投入教学的意愿，才能取得教学改革的成效，从而提升教师教育教学的能力和提高高校培养人才的质量。

教师实践性知识是教师在日常教育教学活动中表现出来的、与教师的教育教学情境密切相关的独特的教学智慧。在教学改革中，高校的各种规章制度会影响教师自身教育教学的主观能动性，高校没有重视教师在教育改革中的主导地位，教师自身在教育教学中积累的实践性知识被忽视。高校教学改革只有符合教师实际上拥有的知识，才有可能采取有效措施提高教师的教学水平。因此，研究教师实践性知识是促进高校教学改革的内部动力和要求。

3. 研究层面：对民族院校教师教学发展的研究不足

民族院校是中国高等院校的重要组成部分，也同样面临着深化本科教育教学改革的迫切需求。民族院校的教育教学改革既要遵循普通院校教育教学的普遍规律，又要探索符合自身发展特点的教育教学改革之路。民族院校教师作为民族院校教育教学改革的真正践行者和探索者，是民族院校教育教学改革成败的关键。由于民族院校学生生源结构的复杂性、学生文化的多元性、学生个体的差异性等，民族院校教师的教育教学工作比普通院校教师面临着更大的挑战，然而，民族院校教师教学发展问题还未受到学术界的广泛重视。目前，在学术界对民族院校教师教学发展的研究中，研究者多采用问卷调查法探究民族院校教师在教学发展过程中应该具备的素质和能力，并依据已有标准来分析民族院校教师教学发展的现状、存在的问题并提出相应的建议措施等。这些研究主要从民族院校教师应该具备的客观能力、理论知识的视角出发，缺乏从教师自身知识的视角出发探索民族院校教师在教育教学场域中逐渐形成和积累的实践性知识的成果，鲜有关于民族院校教师实践性知识的研究。

4. 理论层面：高校教师教学发展的知识基础

人才培养是高校教师的中心工作，高校教师教学发展是其专业发展的重要内涵之一。高校教师教学发展的知识基础有很多，如理论性知识、实践性知识，但教师的实践性知识在教师教学发展中尤其重要。实践表明，教师实践性知识是教师专业发展的主要知识基础，在教师工作中发挥着不可替代的作用。① 实践性知识是反映大学教师教学能力且体现在教师个人的教学实践中，并对其日常行为和教学行为有重要影响的知识。② 它是教师在教育教学过程中实际具备的知识，影响着教师对理论性知识的学习和运用，支配着教师的日常教育教学行为。教师的实践性知识作为融合教育理论知识与实践经验的"合金"，受到越来越多研究者的关注。③ 教师实践知识的获得与积累、深化与发展是教师教育教学发展的有效途径。教师教学发展的关键在于实践性知识的不断丰富，需要实践性知识做保障。因此，教师实践性知识是高校教师教学发展的知识基础。

（二）问题提出

本书从教师知识的视角出发，分析民族院校教师的实践性知识，探究其拥有的实践性知识状况，分析这些实践性知识背后所隐含的教育意义，探索实践性知识的生成过程以及理解其发展受到哪些因素的影响。这有助于理解民族院校教师的教育教学实践活动，有利于促进民族院校教师教学发展和推进民族院校的教育教学改革，探索符合民族院校自身特点的改革新路径。

本书主要致力于三个方面的工作：第一，探索民族院校教师实践性知识的内容，认识与理解民族院校教师的教育教学工作；第二，挖掘民族院校教师实践性知识生成的一般过程，从而理解民族院校教师对其知识生成的意义建构；第三，归纳与分析影响民族院校教师实践性知识发展的因素，理解民族院校教师实践性知识的发展受到哪些因素的影响。最后根据本书的研究发现，提出相应对策。

---

① 陈向明：《实践性知识：教师专业发展的知识基础》，《北京大学教育评论》2003 年第1 期。

② 刘旭东、吴永胜：《论大学教师实践性知识的结构与提升途径》，《大学教育科学》2014年第 1 期。

③ 魏戈：《西方教师实践性知识研究的旨趣变迁》，《比较教育研究》2019 年第 10 期。

二　研究意义

（一）理论意义

1. 丰富高校教师实践性知识的理论研究

教师实践性知识已被公认为教师专业发展的知识基础，其研究得到国内外学者的广泛关注。然而，目前国内的研究，较少关注既是研究者又是教育者这一具有双重身份的高校教师所具备的独特的实践性知识，几乎未见关于民族院校教师实践性知识的研究。本书将对民族院校教师实践性知识的内容、生成过程、发展的影响因素进行系统探究与分析，旨在建构民族院校教师实践性知识的相关理论。

2. 为民族院校教师教学发展和教学改革提供理论基础

民族院校教师是为中国民族地区和少数民族培养各级各类人才的实施者，他们的教学发展问题是中国民族院校发展的重要问题之一。教师实践性知识是教师教学发展的知识基础。研究民族院校教师实践性知识为理解民族院校教师的教育教学工作提供了一个新颖的视角，为民族院校教师教学发展和教学改革提供理论基础，有助于民族高等教育理论的建构。

3. 拓展民族院校教师教学发展研究领域

民族院校教师实践性知识的研究将教师所具有的关于教育教学的独特知识提升到学术研究层面，突破教师教学发展受技术理性支配的研究传承，以一个新的视角看待民族院校教师教学发展，有助于教师对自身教育教学知识的创新和应用。这一研究拓展了民族院校教学发展的研究领域，在一定程度上也促进了学术界对民族院校教师教学发展的关注。

（二）实践意义

1. 为深化民族院校教育教学改革提供现实策略

本书通过对民族院校教师实践性知识的研究，来理解和解释民族院校教师的教育教学实践，分析民族院校教师实践性知识的生成过程以及探讨与归纳影响民族院校教师实践性知识发展的因素，从这三个方面得出的研究结论可以为深化民族院校教学改革提供现实可行的策略。

2. 为促进民族院校教师教学发展提供实践依据

教师实践性知识是教师教学发展的知识基础，对教师教学发展具有不可替代的作用。教师实践性知识的研究有助于理解教师日常教育教学行为的意义，可以为教师教学发展找到切实可行的途径。本书将挖掘民族院校教师的实践性知识，帮助民族院校教师发现自身所具备的实践性知识并促进其实践性知识的生成与发展，更好地发挥他们的个性特点，扩大其创造空间，为民族院校教师教学发展提供实践依据。

3. 为促进民族院校教师专业发展提供行动指南

教学、科学研究以及社会服务是高校教师实践的三大内容。高校教师专业发展主要是教学能力、科学研究能力、社会服务能力三方面的综合发展，三者互为支撑、共同促进高校教师专业发展。高校教师以人才培养为中心工作，教学发展是高校教师专业发展的核心。研究民族院校教师关于教育教学的实践性知识，可以为促进民族院校教师专业发展提供行动指南。

三 国内外相关文献述评

对国内外学术界关于教师实践性知识的研究成果，本书通过"整体述评"和"分别论述"的形式进行呈现。"整体述评"是根据教师实践性知识研究的时间脉络，概括与分析其研究的主题演变；"分别论述"是依据本书所涉及的民族院校教师实践性知识的相关研究问题，如多元文化校园或课堂中教师实践性知识的研究、教师实践性知识内容的研究、教师实践性知识生成的研究、教师实践性知识发展影响因素的研究，分别对其展开综述。

（一）国内外教师实践性知识研究的概况

综观国内外相关文献可知，关于"教师实践性知识"的研究已有三十多年的历史。由于国外与中国对教师实践性知识的研究在时间和内容上有一定的差别，下面分别对其进行概述。

1. 国外关于教师实践性知识研究的概况

梳理国外对教师实践性知识的研究，根据其研究主题的发展和研究深度的拓展，可将其研究历程大致划分为三个阶段，即起始阶段、深入阶段和拓展阶段。

（1）起始阶段

20 世纪 80 年代初期，以色列学者弗里曼·艾尔贝兹最早提出了"实践性知识"这一概念并对其进行探讨。1981年，艾尔贝兹采用开放式访谈的方法，对一位经验丰富的加拿大中学英语教师莎拉的教学故事进行研究，发现"教师以独特的方式拥有一种特别的知识"[①]，并把这种知识称为"实践性知识"。1983年，艾尔贝兹出版专著《教师思想：实践性知识研究》，该书把教师的这种实践性知识初步定义为：包括关于学生（学习风格、兴趣、需要、优势和困难）、课堂（教学技术和课堂管理技巧的集合）、学校（学校的社会结构和学校对教师和学生的要求）、环境（学校所在的社区以及社区所能接受事物的范围）在内的经验知识，并且这些经验知识是基于学科、儿童成长理论、学习和社会理论等理论知识形成的。[②]艾尔贝兹还论述了实践性知识的内容、取向、结构、认知风格等内容。她将实践性知识的内容归纳为五类：关于自我的知识、关于教学环境的知识、关于学科内容的知识、关于课程的知识、关于教学的知识。艾尔贝兹将反映实践性知识存在和使用的方式称为"取向"，她识别出五种取向，即情境取向、个人取向、社会取向、经验取向和理论取向。艾尔贝兹进一步指出，实践知识有一个大致的层级结构，即实践的规则（具体的指示）、实践原则（概括程度居中的层次）、意象（概括的、隐喻性的陈述）。艾尔贝兹相信，教师在掌握和运用实践知识方面表现出一种独特的风格。认知风格具有统一性和连贯性的特征，也就是说，一个人的"生活经验"的统一性，使得描述一个人的行为成为可能。艾尔贝兹开创了教师实践知识的研究，她的研究吸引了许多学者开始关注这一新兴的研究领域。

（2）深化阶段

20世纪80年代中期到21世纪初期，学者围绕"教师实践性知识"这一主题开展了一系列深入研究。在这一时期，比较有影响力的学者有加拿大的迈克尔·康内利和简·柯兰迪宁、马克斯·范梅南，荷兰的尼科·沃勒普、贝加德、梅叶以及日本的佐藤学。

康内利和柯兰迪宁首次提出用"叙事"的方法来探究教师个人实践

---

① Freema Elbaz, "The Teacher's 'Practical Knowledge'：Report of a Case Study," *Curriculum Inquiry*, Vol. 11, No. 1, 1981.

② Freema Elbaz, *Teacher Thinking：A Study of Practical Knowledge*, New York：Croom Helm, 1983, p. 5.

性知识，认为教学是教师经验的"叙事整体"以及教师知识蕴含在教师生活的叙述之中。因此，他们采用叙事探究的研究方法，重构特定课堂活动对于教师和学生的意义。其代表性研究成果有《教学节奏的发展：初任教师课堂个人实践知识的叙事研究》①《教学的节奏：课堂中教师个人实践知识的叙事研究》②《论叙事方法、传记和教学研究中的叙事主题》③ 等。他们还探讨了专业知识场景对教师实践性知识的影响、在专业知识场景中教师专业身份的形成，以及教师叙事方式与专业知识场景之间的交互作用。教师专业知识场景指的是学校情境下不同的人、地点和事件组合起来的智力以及伦理的场景，主要包括教师与学生在教室里的场景以及教师与其他同事在专业领域里的场景。④ 他们在这方面的主要研究成果有《教师专业知识场景：教师故事；教师的故事；学校故事；学校的故事》⑤《教师专业知识场景中的教师个人实践性知识》⑥《讲述和重述我们的专业知识场景故事》⑦ 等。

范梅南认为，实践性知识体现在教师和学生的交往活动中，不在于具体的方法和技巧，而在于教育的敏感性、教育价值和教育效果。⑧ 在其

---

① D. Jean Clandinin, "Developing Rhythm in Teaching: The Narrative Study of a Beginning Teacher's Personal Practical Knowledge of Classrooms," *Curriculum Inquiry*, Vol. 19, No. 2, 1989.

② D. Jean Clandinin and F. Michael Connelly, "Rhythms in Teaching: The Narrative Study of Teachers' Personal Practical Knowledge of Classrooms," *Teaching and Teacher Education*, Vol. 2, No. 4, 1986.

③ F. Michael Connelly and D. Jean Clandinin, "On Narrative Method, Biography and Narrative Unities in the Study of Teaching," *Journal of Educational Thought*, Vol. 21, No. 3, 1987.

④ D. Jean Clandinin and F. Michael Connelly, "Teachers' Professional Knowledge Landscapes: Teacher Stories. Stories of Teachers. School Stories. Stories of Schools," *Educational Researcher*, Vol. 25, No. 3, 1996.

⑤ D. Jean Clandinin and F. Michael Connelly, "Teachers' Professional Knowledge Landscapes: Teacher Stories. Stories of Teachers. School Stories. Stories of Schools," *Educational Researcher*, Vol. 25, No. 3, 1996.

⑥ F. M. Connelly and D. J. Clandinin and F. H. Ming, "Teachers' Personal Practical Knowledge on the Professional Knowledge Landscape," *Teaching and Teacher Education*, Vol. 13, No. 7, 1997.

⑦ Karen Keats Whelan and Janice Huber, "Telling and Retelling Our Stories on the Professional Knowledge Landscape," *Teachers and Teaching*, Vol. 7, No. 2, 2001.

⑧ 陈向明：《搭建实践与理论之桥 教师实践性知识研究》，教育科学出版社 2011 年版，第 5 页。

所著《教学机智：教育智慧的意蕴》①一书里，他首次系统地提出了"教学机智"这一概念。他认为"机智"是一种实践性知识，在教学的行动中成为现实、行动自身就已经构成了一种知识。②教育者的机智行动意味着在特定情境下能够看到孩子所发生的事情，理解孩子的体验，明白该情境的教育意义，知道做什么以及如何做，并且真正做正确的事情。③在他看来，"教学机智"具备道德性的特征，是一种道德的关注，教师通过积极的思考体现出对教学或学生的关切。他认为，教育活动始终是前反思、前理论、情境性、实践性的，对教育情境的把握需要教师的实践智慧，这种实践智慧即为教师的实践性知识。

荷兰莱顿大学研究团队沃勒普、贝加德、梅叶认为："教师实践性知识是构成教师实践行为的所有知识和洞察力。"他们的研究主题主要涉及三个方面：其一，关于教师实践性知识评价方面的研究，如《评价教师实践性知识》④《教师实践性知识研究中的故事情节方法论的评价》⑤；其二，关于具体学科教育中教师实践性知识的研究，如《探索语言教师在阅读教学中的实践性知识》⑥《阅读理解教学中教师实践性知识的共性与差异》⑦《科学教育的专业发展与改革：教师实践性知识

①　Max Van Manen, *The Tact of Teaching*: *The Meaning of Pedagogical Thoughtfulness*, Canada: Althouse Press, 1992.

②　马克斯·范梅南：《教育敏感性和教师行动中的实践性知识》，《北京大学教育评论》2008年第1期。

③　马克斯·范梅南：《教育敏感性和教师行动中的实践性知识》，《北京大学教育评论》2008年第1期。

④　Douwe Beijaard and Nico Verloop, "Assessing Teachers' Practical Knowledge," *Studies in Educational Evaluation*, Vol. 22, No. 3, 1996.

⑤　D. Beijaard and van J. Driel and N. Verloop, "Evaluation of Story-line Methodology in Research on Teachers' Practical Knowledge," *Studies in Educational Evaluation*, Vol. 25, No. 1, 1999.

⑥　Paulien C. Meijer and Nico Verloop and Douwe Beijaard, "Exploring Language Teachers' Practical Knowledge about Teaching Reading Comprehension," *Teaching and Teacher Education*, Vol. 15, No. 1, 1999.

⑦　Paulien C. Meijer and Nico Verloop and Douwe Beijaard, "Similarities and Differences in Teachers' Practical Knowledge about Teaching Reading Comprehension," *Journal of Educational Research*, Vol. 94, No. 3, 2001.

的作用》[1]；其三，关于实习教师与富有经验教师实践性知识的研究，如《实习教师激发指导教师的实践性知识并将其与自我信念进行比较》[2]《实习教师如何激发有经验教师的实践性知识？工具、建议和意义》[3]《解释实践知识：指导教师角色的延伸》[4]。

日本学者佐藤学在多篇论文中突出了教育研究向"实践"方向发展的主题，并就实践性知识的问题提出了自己的看法。他归纳出教师实践性知识是一种经验性知识、案例知识、综合性知识、作为显性知识和隐性知识发挥作用的知识、具有个人性的知识五方面特点。[5] 佐藤学还提出通过开展教学的临床研究来提高教师的实践性知识。其代表性论文有：《打开潘多拉盒——教学研究批判》《教师的反思与学识——教师专业性的基础》《作为实践探究的教育学——对于技术理性之批判谱系》《为了提高教师的实践性知识——开展教学的临床研究》，这些论文已经被汇编到《课程与教师》[6] 一书中。

（3）拓展阶段

前期研究成果为后续学者开展教师实践性知识研究打下了坚实的理论基础和方法基础。21 世纪以后，教师实践性知识的研究逐步受到世界上其他国家和地区学者的重视，其研究内容得到进一步拓展。主要研究主题有：关于教师教育者的实践性知识的研究，如《教师教育工作者关

---

① Jan H. van Driel and Douwe Beijaard and Nico Verloop, "Professional Development and Reform in Science Education: The Role of Teachers' Practical Knowledge," *Journal of Research in Science Teaching*, Vol. 38, No. 2, 2001.

② A. Zanting and N. Verloop and J. D. Vermunt, "Student Teachers Eliciting Mentors' Practical Knowledge and Comparing it to Their Own Beliefs," *Teaching and Teacher Education*, Vol. 17, No. 6, 2001.

③ Paulien C. Meijer and Anneke Zanting and Nico Verloop, "How Can Student Teachers Elicit Experienced Teachers' Practical Knowledge? Tools, Suggestions, and Significance," *Journal of Teacher Education*, Vol. 53, No. 5, 2002.

④ Anneke Zanting and Nico Verloop and Jan D. Vermunt and Jan H. Van Driel, "Explicating Practical Knowledge: An Extension of Mentor Teachers' Roles," *European Journal of Teacher Education*, Vol. 21, No. 1, 1998.

⑤ ［日］佐藤学：《课程与教师》，钟启泉译，教育科学出版社 2003 年版，第 228—229 页。

⑥ ［日］佐藤学：《课程与教师》，钟启泉译，教育科学出版社 2003 年版。

于语言的个人实践知识》① 《教师教育者的个人实践知识》② 等；关于教师实践性知识建构与发展的研究，如《通过不同的口头反思和书面反思的互动形式，支持教师实践知识的建构》③ 《使用协作行动学习集，提高实践教师的知识和技能》④ 《建构教学实践知识：11 个新近取得资格的语言教师话语代理》⑤ 等；关于教师实践性知识影响因素的研究，如《同伴合作对教师实践知识的影响》⑥ 《了解外语教师的实践知识：先前的语言学习经验的作用是什么?》⑦ 《 "一切顺利"：一位移民汉语教师的个人实践知识的案例研究》⑧。

2. 国内教师实践性知识研究的概况

梳理国内相关文献可知，中国对教师实践性知识的研究起步相对较晚，但发展势头迅猛。在 20 世纪 90 年代中后期至今的二十多年时间里，根据中国学者对教师实践性知识研究的关注程度、研究主题的丰富度以及研究成果的变化，可将其研究历程大致划分为四个时期，即萌芽期、初步探索期、深入期、拓展期。

---

① F. Swart and R. De Graaff and J. Onstenk and D. Knezic, "Teacher Educators' Personal Practical Knowledge of Language," *Teachers and Teaching: Theory and Practice*, Vol. 24, No. 2, 2018.

② Vicki Ross and Elaine Chan, "Personal Practical Knowledge of Teacher Educators," *International Handbook of Teacher Education*, 2016.

③ Raili Allas and Leijen and Auli Toom, "Supporting the Construction of Teacher's Practical Knowledge through Different Interactive Formats of Oral Reflection and Written Reflection," *Scandinavian Journal of Educational Research*, Vol. 61, No. 5, 2017.

④ Deborah Haydock and Jean Evers, "Enhancing Practice Teachers' Knowledge and Skills Using Collaborative Action Learning Sets," *Community Practitioner: The Journal of the Community Practitioners' & Health Visitors' Association*, Vol. 87, No. 6, 2014.

⑤ Ruohotie-Lyhty, Maria, "Constructing Practical Knowledge of Teaching: Eleven Newly Qualified Language Teachers' Discursive Agency," *The Language Learning Journal*, Vol. 39, No. 3, 2011.

⑥ M. Witterholt and M. Goedhart and C. Suhre, "The Impact of Peer Collaboration on Teachers' Practical Knowledge," *European Journal of Teacher Education*, Vol. 39, No. 1, 2016.

⑦ Sibel Arıoğul, "Understanding Foreign Language Teachers' Practical Knowledge: What's the Role of Prior Language Learning Experience?", *Journal of Language and Linguistic Studies*, Vol. 3, No. 1, 2007.

⑧ Dekun Sun, " 'Everything Goes Smoothly': A Case Study of an Immigrant Chinese Language Teacher's Personal Practical Knowledge," *Teaching and Teacher Education*, Vol. 28, No. 5, 2012.

（1）萌芽期

20 世纪 90 年代中后期，国内学者在研究中初步涉及"教师实践性知识"这一术语，但是没有对其作深入探讨。《专业知识场景中的教师个人实践知识》① 一文，简要地介绍了康内利、柯兰迪宁教师个人实践性知识的概念、研究方法和研究资料的理解方式等，这是国内开始关注教师实践性知识的起点。林崇德、申继亮、辛涛在《教师素质的构成及其培养途径》②一文中，将教师知识分为本体性知识、实践性知识和条件性知识三个方面。他们认为，"实践性知识"是教师知识结构中的一方面，但没有对其进行深入探讨。衷克定、申继亮、辛涛认为："教师在实施自己有目的的行为过程中所具有的课堂情境知识和解难题知识形成了教师的实践性知识。"③ 钟启泉指出，反思性实践模式中的教师专业程度是凭借"实践性知识"加以保障的。④ 石中英在《知识转型与教育改革》⑤ 一书中，认为教育教学过程中"存在着教师的缄默知识"，这种教师的缄默知识其实是教师实践性知识的一种，为教师实践性知识的研究提供了有力的理论依据。

（2）初步探索期

国内学术界对教师实践性知识研究的展开基本上是在进入 21 世纪后。在 21 世纪前五年，国内学者主要是在理论上对教师实践性知识进行初步探讨，如关于教师实践性知识的内涵、作用和地位、来源、特征等方面。鲍嵘指出，教师实践知识来源于教学实践，又回到教学实践；它是一种转移成本高昂的知识，具有可习得的特征，是教师专业自主权的保障。⑥ 同年，鲍嵘又论述说："教师教学实践知识作为一种独特的知识形式，为教师专业自主权的诉求提供了依据，从而成为教师专业发展的

① 迈克尔·康内利、琼·柯兰迪宁、何敏芳：《专业知识场景中的教师个人实践知识》，《华东师范大学学报》（教育科学版）1996 年第 2 期。

② 林崇德、申继亮、辛涛：《教师素质的构成及其培养途径》，《中国教育学刊》1996 年第 6 期。

③ 衷克定、申继亮、辛涛：《论教师知识结构及其对教师培养的意义》，《中国教育学刊》1998 年第 3 期。

④ 钟启泉：《教师"专业化"：理念、制度、课题》，《教育研究》2001 年第 12 期。

⑤ 石中英：《知识转型与教育改革》，教育科学出版社 2001 年版。

⑥ 鲍嵘：《教师实践知识初探》，《现代大学教育》2002 年第 2 期。

基础。教师实践知识的制度化交流可为教师专业发展提供更有力的支持。"① 鞠玉翠在其博士学位论文《教师个人实践理论的叙事探究》② 中，主要基于教师的教育故事，最早运用叙事探究的方法探究教师个人实践理论。陈向明在其论文《实践性知识：教师专业发展的知识基础》③ 中，初次较为详细地探讨了教师实践性知识的内涵、结构、状态、特点和意义等，此文的发表激起了教师实践性知识在国内研究的热潮。

曹正善在《论教师的实践知识》④ 一文中，论述了教师实践性知识的含义及特征。曲中林在《教育实践性知识的表征与习得》⑤ 一文中，论述了教师实践性知识的特征，并提出教师实践性知识的习得与传递方式。孟宪乐在《实践知识：当代教师专业化新的知识基础》⑥ 一文中，从哲学、心理学、教育学的视角论述了实践知识是教师专业化发展的新的理论依据。赵昌木在《教师成长：实践知识和智慧的形成及发展》⑦ 一文中，论述了教师实践知识和智慧的形成及发展的大致阶段。钟启泉在《为了"实践性知识"的创造——日本梶田正已教授访谈》⑧ 一文中指出，"教学体验"能否上升到新的"实践性知识"的关键在于教师自身是否能够产生探究的问题，并且教师掌握评价自身实践的方法是生成应当解决的问题的关键。

（3）深入期

2006 年，北京大学陈向明研究团队申请的北京市教育科学规划重点课题"教师的实践性知识研究"的启动以及国内关于教师实践性知识研究的博士学位论文的逐渐出现，标志着中国学者开始对教师实践性知识

---

① 鲍嵘：《论教师教学实践知识及其养成——兼谈教师专业发展的基础》，《高等师范教育研究》2002 年第 3 期。

② 鞠玉翠：《教师个人实践理论的叙事探究》，博士学位论文，华东师范大学，2003 年。

③ 陈向明：《实践性知识：教师专业发展的知识基础》，《北京大学教育评论》2003 年第 1 期。

④ 曹正善：《论教师的实践知识》，《江西教育科研》2004 年第 9 期。

⑤ 曲中林：《教育实践性知识的表征与习得》，《教育评论》2004 年第 5 期。

⑥ 孟宪乐：《实践知识：当代教师专业化新的知识基础》，《全球教育展望》2004 年第 11 期。

⑦ 赵昌木：《教师成长：实践知识和智慧的形成及发展》，《教育研究》2004 年第 5 期。

⑧ 钟启泉：《为了"实践性知识"的创造——日本梶田正已教授访谈》，《全球教育展望》2005 年第 9 期。

这一领域进行深入的、系统的、本土化的研究。北京大学陈向明研究团队深入中小学课堂和教师的教育教学活动，对教师的实践性知识进行了尽可能系统、全面、深入的描述和分析。他们对教师实践性知识的概念定义、内容类型、表征方式、构成要素、生成机制、生成媒介等进行了具体、全面的研究，并于 2011 年出版了《搭建实践与理论之桥 教师实践性知识研究》[①] 一书，该书是国内关于教师实践性知识系统化和本土化研究的重要成果。

这一时期，比较有代表性的博士学位论文有：姜美玲的《教师实践性知识研究》[②]，该论文在文献分析的基础上，扎根于小学现场，选取语文学科教师为合作对象，采用行动研究和叙事探究的方法，探究教师实践性知识的基本内涵、基本内容、表征形式及发展路径；陈静静的《教师实践性知识及其生成机制研究》[③]，该论文以中日初中语文教师为研究对象，在文献研究的基础上，采用课堂观察、深度访谈、案例研究、比较法，重新界定了教师实践性知识的内涵，总结了教师实践性知识的性质，分析了教师实践性知识的运作方式，探索了教师实践性知识的多种表达方式，解释了教师实践性知识的形成机制和更新路径；张立忠的《课堂教学视域下的教师实践性知识研究》[④]，该论文从课堂教学视角出发，以小学教师为合作对象，应用课堂观察、访谈、实物分析等质性研究方法，探讨了教师实践性知识的内涵、结构和特征，通过比较专家教师、有经验的教师、新手教师在课堂教学过程中的实践性知识，论述了教师实践性知识在课堂应用中的基础、关键和过程，并深入分析了专家教师实践性知识的内在构成，探讨知识运用的深层原因。

（4）拓展期

近十年来，中国学者从不同的视角进行了一系列的理论研究和实证

---

① 陈向明：《搭建实践与理论之桥 教师实践性知识研究》，教育科学出版社 2011 年版。

② 姜美玲：《教师实践性知识研究》，博士学位论文，华东师范大学，2006 年。

③ 陈静静：《教师实践性知识及其生成机制研究》，博士学位论文，华东师范大学，2009年。

④ 张立忠：《课堂教学视域下的教师实践性知识研究》，博士学位论文，东北师范大学，2011 年。

研究，拓展了教师实践性知识的研究范围。研究范围拓展到幼儿教师实践性知识、职前教师实践性知识、职业院校教师的实践性知识、中小学具体学科教师的实践性知识、高校外语教师实践性知识、教师实践性知识的管理等方面；具体研究问题涉及相关研究主题中教师实践性知识的含义、特点、内容类型、来源、生成及发展等；研究方法不仅有叙事研究、课堂观察、访谈法等质性研究方法，还有问卷调查的量化研究方法。

在幼儿教师实践性知识研究方面，如李丹运用叙事研究、个案研究、访谈和问卷调查等方法，探讨了幼儿教师实践性知识及其建构发展过程；① 但菲、贺敬雯、张梦涛采用问卷调查和访谈法，分析了职前幼儿教师实践性知识发展的状况及影响因素；② 宋璞、李祥运用扎根理论方法分析学前教育师范生实践性知识的构成要素，并探讨其生成路径。③ 在职业院校教师实践性知识的研究方面，刘光然、王彩霞、李海平运用课堂观察和深度访谈，研究了中职教师实践性知识的构成及其生成策略；④ 王彩霞、马利红通过问卷调查，分析了职业院校教师实践性知识的生成途径；⑤ 刘毛毛、宋改敏通过对职业院校一位老师的课堂跟踪和采访，深描其在教学过程中的隐喻性实践性知识并分析影响其形成的因素。⑥ 在职前教师实践性知识的研究方面，李利通过对"关键事件"的叙事，考察了职前教师实践性知识的现状，并分析其发展路径；⑦ 冯翠典、张晓勤探讨了职前教师获取指导教师实践性知识的途径；⑧ 韩吉珍从个人生活史视

① 李丹：《幼儿教师实践性知识发展研究》，博士学位论文，西南大学，2011年。
② 但菲、贺敬雯、张梦涛：《职前幼儿教师实践性知识的发展：现状、影响因素及教育建议》，《教育研究与实验》2017年第2期。
③ 宋璞、李祥：《学前教育师范生实践性知识的构成要素及生成路径》，《学前教育研究》2017年第1期。
④ 刘光然、王彩霞、李海平：《中职教师实践性知识构成及生成策略的个案研究》，《职业技术教育》2015年第19期。
⑤ 王彩霞、马利红：《职业院校教师实践性知识生成途径研究》，《中国职业技术教育》2017年第36期。
⑥ 刘毛毛、宋改敏：《职业院校教师隐喻性实践性知识运用的研究》，《职教论坛》2019年第11期。
⑦ 李利：《职前教师实践性知识发展研究》，博士学位论文，苏州大学，2012年。
⑧ 冯翠典、张晓勤：《职前教师获取指导教师实践性知识的途径探讨》，《当代教育科学》2013年第16期。

角，分析了促进职前教师实践性知识生成的路径。① 在中小学具体学科教师实践性知识的研究方面，崔学荣探讨了音乐教师实践性知识的习得途径；② 李玉斌、杨小堂、南丽岚、侯琳琳通过调查法，分析了信息技术教师实践性知识的现状及影响因素；③ 宣小箐探讨了英语教师实践性知识生成滞后的原因及对策。④ 在高校外语教师实践性知识的研究方面，江新、郝丽霞采用刺激性回忆报告的方法，研究了对外汉语教师实践性知识的使用频率，并对新手教师和熟手教师做了对比；⑤ 吕冰采用个案研究法，探究了三位翻译教师笔译教学中实践性知识的内容及其生成；⑥ 张军民以三位国际汉语教师为研究对象，分析国际汉语教师实践性知识的内涵，探究其建构特征，并解析了影响其建构的因素。⑦ 在教师实践性知识管理的研究方面，程凤农探讨了教师实践性知识管理的内涵、维度、机制，分析了教师实践性知识管理的负面影响和预防机制。⑧

3. 对已有研究文献的评价

综观国内外研究可知，关于教师实践性知识的研究已有 30 多年的历程，取得了较为丰富的研究成果，这是学术界备受关注的研究领域。在研究方法上以叙事探究、个案研究的质的研究范式为主，也有采用问卷调查的量的研究范式；在研究内容上主要探讨了教师实践性知识的定义、特点、内容、表征方式、生成与发展等方面。教师实践性知识的已有研究为后续研究提供了富有价值的研究思路和方法。但目前教师实践性知

---

① 韩吉珍：《职前教师实践性知识的生成途径探析——从个人生活史分析》，《教育理论与实践》2017 年第 34 期。

② 崔学荣：《音乐教师实践性知识的习得途径》，《课程·教材·教法》2009 年第 2 期。

③ 李玉斌、杨小堂、南丽岚、侯琳琳：《信息技术教师实践性知识的现状及影响因素分析》，《中国电化教育》2011 年第 12 期。

④ 宣小箐：《英语教师实践性知识生成滞后的原因及对策》，《教学与管理》2013 年第 12 期。

⑤ 江新、郝丽霞：《新手和熟手对外汉语教师实践性知识的研究》，《语言教学与研究》2011 年第 2 期。

⑥ 吕冰：《翻译教师笔译教学实践性知识的个案研究》，博士学位论文，上海外国语大学，2018 年。

⑦ 张军民：《行动与理解：国际汉语教师实践性知识建构路径研究》，博士学位论文，上海外国语大学，2018 年。

⑧ 程凤农：《教师实践性知识管理研究》，博士学位论文，山东师范大学，2014 年。

识的研究主要聚焦于中小学教育领域、普通教育领域，对高等教育领域、民族教育领域中教师实践性知识的关注较少。教师实践性知识会因教师从事的教育阶段、教育教学实践场域、教师面对的教育对象等方面的不同而具有不同的特点。因此，不同教育阶段的教师实践性知识、不同学校类型的教师实践性知识还有待结合实际的教育教学场域开展深入探究，进行具体的分析与归纳，以将各项研究成果服务于具体的教育教学实践，为加快中国的教育教学改革与发展奠定理论和实践基础。本书将聚焦于民族教育领域和高等教育领域，深入分析与探讨民族院校教师实践性知识的内容、生成过程及影响其发展的因素，为民族院校教师教学发展和民族院校教育教学改革提供理论和实践依据。

（二）多元文化校园或课堂中教师实践性知识的相关研究

通过文献检索，笔者还未见有以"民族院校教师实践性知识"为主题的研究。但民族院校是以招收少数民族学生为主的多元文化教育场域，因此笔者单独检索了国内外有关多元文化校园或课堂中教师实践性知识的相关研究，共检索到三篇文献。下面对这三篇文献的研究对象、研究方法、研究内容与研究结论进行简要概括与分析。

塔特维克、布罗克等在《多元文化课堂中教师课堂管理实践性知识》[①] 一文中，选取 12 名在荷兰多元文化课堂上被校长和学生评为成功班主任的中学教师，采用视频刺激访谈的方法，研究这些教师关于课堂管理方面的实践性知识。研究结果表明，这些教师具备监控和管理学生行为、建立和维护积极的师生和同伴关系、为学生的注意力和投入而教学、关于学生背景等方面的课堂管理实践性知识；教师们意识到提供明确的规则和在必要时纠正学生行为的重要性，但他们也希望减少纠正学生行为对课堂气氛所产生的潜在负面影响；他们的目标是发展积极的师生关系，调整教学方法，预测学生的反应；大多数老师似乎不愿意提及学生的文化和种族背景。

---

① Jan van Tartwijk and Perry den Brok and Ietje Veldman and Theo Wubbels, "Teachers' Practical Knowledge about Classroom Management in Multicultural Classrooms," *Teaching and Teacher Education*, Vol. 25, No. 3, 2008.

　　万欧卡、罗斯在《多元文化背景下的体育教师教学：教师知识与实践的个案研究》① 一文中，采取目的抽样法，选择了三名在职教师，采用访谈法、参与观察法和文件分析，探讨了国小体育教师在教授具有多元文化的学生中的知识与实践。作者通过扎根理论，对数据进行分析，归纳出教师知识和实践三方面的内容：（1）对学生多样性的认识和态度；（2）体育课程的多样化；（3）纪律在文化多样化学校中的重要性。研究结果表明，教师对学生的文化背景和行为的多样性有一定的认识，并对学生的差异持有积极的态度；教师在他们的课程活动中有限地纳入了种族和文化多样性；教师使用不同的纪律实践来管理学生的行为，其中的一些实践出现了问题。因此，作者指出，教师教育计划需要为职前教师提供文化回应教学法和课程，举办教师工作坊或研讨会，以增加在职教师与具有文化多元化的学生群体相关的知识和实践。

　　石心的博士学位论文《多元文化视域下内地新疆高中预科班语文教师实践性知识研究——以北京市潞河中学为例》②，采用课堂观察法和访谈法，分析了新疆高中预科班语文教师实践性知识的内容构成、生成过程以及影响其生成与发展的内外部因素。研究表明，高中预科班语文教师实践性知识的主要内容包括学科内容知识、学科教学法知识、一般教学法知识、学生知识、教师自我知识五类，其生成需要经过"感知差异→进行反思→实现互动→生成知识"四个阶段，受到国家的教育政策、学校的办学理念、教学对象的特殊性、学科教学目标的外部因素和教师的个人生活史、教师的文化认同、教师自身的反思能力和教师的教育信念的内部因素的影响。作者关注到中国的多民族文化课堂中教师的实践性知识与普通学校教师实践性知识的差异，但其研究有待进一步精确和深入。

　　上述研究者对多元文化校园或课堂中教师实践性知识进行了研究，但已有研究成果数量较少，研究内容不够全面、深入和系统，缺乏对多

---

①　Wonseok Choi and Rose Chepyator-Thomson, "Physical Education Teachers Teaching in a Multicultural Setting: A Case Study of Teacher Knowledge and Practice," *Journal of Physical Education and Sport*, Vol. 12, No. 4, 2012.

②　石心：《多元文化视域下内地新疆高中预科班语文教师实践性知识研究——以北京市潞河中学为例》，博士学位论文，中央民族大学，2013 年。

民族高等院校中教师实践性知识的研究。

（三）教师实践性知识内容的相关研究

教师实践性知识具体包括哪些内容是教师实践性知识这一研究领域的重要研究问题。下面梳理已有研究结果，为研究民族院校教师实践性知识内容做好铺垫。

艾尔贝兹最早对教师实践性知识的内容做过深入探讨，其研究结果被广泛借鉴。艾尔贝兹通过对中学英语教师莎拉的日常教学行为和这些行为背后的思想以及教学故事的分析，归纳出教师实践性知识包括五个方面。这五个方面的知识为：（1）关于自我的知识，包括作为资源的自我、与他人关系的自我、作为个体的自我；（2）关于环境的知识，包括课堂环境、与其他老师和行政管理的关系、社会环境和政治环境、自己营造的社会环境；（3）关于学科内容的知识，比如莎拉老师关于英语学科内容和英语学科的学习技巧、阅读技巧、写作技巧的知识；（4）关于课程的知识，即课程开发相关知识；（5）关于教学的知识，包括教师对学习、学生、教学和师生关系的认识和理解。[①] 她认为，这些知识本身是静态的，但在实践中却是动态的。这些知识在实践中形成，同时作用于实践。它们组成了"实践的知识"和"以实践为媒介的知识"[②]。

舒尔曼提出的教师知识分类比较具有影响力，大量研究者将其作为教师知识研究的基础。舒尔曼认为，教师只有知道如何将自己所掌握的知识转换为学生能理解的表征形式，才能使教学取得成功。[③] 在这个理念支配下，他认为教师必备的知识至少包括七个方面：（1）学科内容知识，包括具体的概念、规则和原理，以及它们之间关系的知识，还包括"是什么"的知识和"为什么是这样"的知识；（2）一般教学法知识，指不依赖于学科内容的有关课堂管理和组织的一般性教学原则和策略；

①　Freema Elbaz, *Teacher Thinking: A Study of Practical Knowledge*, New York: Croom Helm. 1983, pp. 46 – 98.

②　Freema Elbaz, *Teacher Thinking: A Study of Practical Knowledge*, New York: Croom Helm. 1983, p. 47.

③　教育部师范教育司组织编写：《教师专业化的理论与实践》，人民教育出版社2003年版，第55页。

（3）课程知识，指教师对教学媒体和教学计划这些"职业工具"的熟练掌握；（4）教学法内容知识（学科教学法知识），指教学法知识与教学内容知识的结合，体现在教师如何组织和呈现特定主题、问题，以适应不同兴趣和能力的学生方面；（5）学习者及其所具有特点的知识，包括个体发展和个体差异的知识；（6）教育情境的知识，包括小组或班级活动状况、学区管理和资助、社区与地域文化的特点等知识；（7）教育宗旨、目的和价值以及关于它们的哲学和历史基础的知识。① 舒尔曼将教学法内容知识或学科教学法知识作为教师实践性知识中最相关的部分。

梅叶、沃勒普等人采用结构化开放式访谈和概念图的方法，采访并收集了 13 位教师的概念图，研究语言教师对 16—18 岁学生阅读理解教学的实践性知识，试图界定他们共享的知识。研究结果显示，教师实践性知识的多样性是如此之丰富，以致必须发展形成一种实践性知识类型学，而不是界定共享知识。关于阅读理解教学的三种类型的实践性知识分别为：（1）学科知识，包括阅读理解的必要技能、阅读课文的适当程序、阅读理解与其他语言技能的关系、阅读理解与学校其他学科的关系等；（2）学生知识，包括关于学生特点的知识、关于学生所处环境的知识、关于学生动机的知识；（3）学生学习和理解的知识，包括学生在阅读理解方面的差异，学生的能力、技能，学生所认为的阅读理解困难。②

陈向明最初将教师实践性知识分为六个方面，包括教师的教育信念、自我知识、人际知识、情境知识、策略性知识、批判反思知识。③ 随着陈向明课题组对教师本土概念的挖掘与探讨，将最初内容分类进行整合，提出实践性知识包括教师关于自我的知识、教师关于科目的知识、教师关于学生的知识、教师关于教育情境的知识四个方面的内容，并认为这

---

① Lee Shulman，"Knowledge and Teaching：Foundations of the New Reform，" *Harvard Educational Review*，Vol. 57，No. 1，1987；教育部师范教育司组织编写：《教师专业化的理论与实践》，人民教育出版社 2003 年版，第 55 页。

② P. C. Meijer and N. Verloop and D. Beijaard，"Exploring Language Teachers' Practical Knowledge about Teaching Reading Comprehension，" *Teaching and Teacher Education*，Vol. 15，No. 1，1999.

③ 陈向明：《对教师实践性知识构成要素的探讨》，《教育研究》2009 年第 10 期。

些内容都受到教师关于教育本质的信念的影响。① 其具体内容是：（1）教师关于自我的知识，指教师的自我认同、对自我的理解与定位及自我效能感、他们带进教室的个人背景知识、他们的价值观和教育信念等，这些知识潜在地支配着教师的教育实践；（2）教师关于科目的知识，包括教师的学科知识、课程知识、教学知识、教学法内容知识等；（3）教师关于学生的知识，指教师对学生学习能力、学习动机、学业表现、认知形态、学习态度或认知过程的理解；（4）教师关于教育情境的知识，表现为教师对教育运作之社会与文化背景的了解和认识，如教室情境、教师文化、学校氛围、社区政治、文化传统等；（5）教师关于教育本质的信念，如教师如何理解"教育"，如何看待教育活动的本质，什么是"好"的教育，教育的目的是什么？他将学科知识、课程知识、教学法内容知识、教学资源等都整合为关于科目的知识。

姜美玲在舒尔曼的教师知识分类的基础上，以小学语文教师为合作对象，结合具体的教学实践，描述和分析出教师实践性知识的基本内容，包括学科内容知识、学科教学法知识、一般教学法知识、课程知识和教师自我知识五类知识。其中，学科内容知识是指教师对教学内容的个人理解，以及如何表达这种理解的方法，包括关于该学科内部互相联系的主要事实、概念及其相互联系的知识；学科教学法知识是指教师在面对特定的学科主题或问题时，如何针对学生的不同兴趣与能力，将学科知识组织、调整与呈现出来，以进行有效教学的知识；一般教学法知识是指那些似乎超越具体学科的关于课堂管理和组织的广义的原则和策略；课程知识包括课程目标的确定、课程内容的选择和组织、课程实施、课程评价、课程开发和管理等，以及教师的教材知识和其他教学资源知识；教师自我知识是指教师的自我价值观、个人特质、教学认知及教学信念等。②

关于教师实践性知识内容的已有研究，大多数研究者以中小学教师为研究对象。近年来，高校英语教师和国际汉语教师实践性知识的内容

---

① 陈向明：《搭建实践与理论之桥 教师实践性知识研究》，教育科学出版社 2011 年版，第76—111 页。

② 姜美玲：《教师实践性知识研究》，华东师范大学出版社 2008 年版，第 105—143 页。

也逐渐受到外语教学界的关注。如张庆华①、吕冰②、张军民③都采用个案研究法，在已有研究的基础上，分别探讨了高校英语教师阅读教学、翻译教师笔译教学、国际汉语教师的实践性知识的内容。其中，张庆华没有单独讨论教师关于教育本质和目的知识及一般教学法知识，而是将其融入学科知识和课程知识中进行论述。张军民认为，教师关于课程的知识体现于学科教学法知识中，学科教学知识是整合了学科教学法知识、一般教学法知识、课程知识以及教学策略知识等方面的综合体。吕冰、张军民的研究发现，翻译教师和国家汉语教师的教育教学实践中没有体现太多关于情境的知识。以上研究者都指出，各类知识是相互融合共同作用于教育教学实践的，各内容类型之间会有所重叠和交叉。

在已有研究中还未见到关于民族院校教师实践性知识内容的研究。教师实践性知识具有个体性、情境性的特征。不同教育阶段、不同学校类型的教师，由于其所处的教育教学场域不同、面对的教育对象不同，以及教师自身个体的差异，教师实践性知识内容的具体表现会有所差异。上述研究成果可以作为本书的参考框架，使研究数据的收集、整体与分析过程更具有操作性和可行性，以便深入解析民族院校教师实践性知识内容的丰富意涵。

（四）教师实践性知识生成过程的相关研究

陈向明研究团队对教师实践性知识生成过程进行了重点研究，并提出教师实践性知识生成过程的分析框架，被后续研究者广泛引用。他们认为，教师实践性知识的生成至少应具备四个要素：教师主体、问题情境、行动中反思和信念。④ 教师实践性知识的大致生成过程，如图 1 所示。该过程被解释为：（1）在行动开始前，教师有自己的实践性知识

---

① 张庆华：《高校英语教师阅读教学实践性知识个案研究》，博士学位论文，北京外国语大学，2015 年。

② 吕冰：《翻译教师笔译教学实践性知识的个案研究》，博士学位论文，上海外国语大学，2018 年。

③ 张军民：《行动与理解：国际汉语教师实践性知识建构路径研究》，博士学位论文，上海外国语大学，2018 年。

④ 陈向明：《搭建实践与理论之桥 教师实践性知识研究》，教育科学出版社 2011 年版，第148 页。

（PK）；（2）当教师遇到一个令其困惑和有待解决的问题情境时，此时PK被激活，成为被教师意识到的显性知识；（3）教师通过在行动中反思，与情境（包括学生、研究者、问题本身、环境等）对话，对问题情境进行重构；（4）通过行动中反思形成的教师实践性知识是一个新的知识形态（PK′），并且因其运用所取得的教学效果而被确认为"真"的信念。[1]教师实践性知识的生成过程会因主体的不同和情境的独特性而呈现出丰富的样态。

图1　教师实践性知识生成简要过程

其他相关观点和研究有：梶田正已认为，教师在教学实践中是否能够产生探究的问题，直接关系到教师的教学体验能否上升为新的"实践性知识"[2]。阿拉斯、雷金等人提出了一个引导反思的程序，21名实习教师参加了指导反思程序，研究表明，通过不同的口头反思和书面反思的互动形式可以支持不同类型教师实践性知识的建构。[3]刘海燕通过思辨的方式，用建构主义学习理论论述了教师实践性知识的生成机制，强调知识建构的主体性、主动建构性、具体情境性、结构性和非结构性。她认为，实践知识不是通过教师教育者自上而下传授被动生成的，而是教师在一定的学习情境和个人原有知识、经验、心理结构以及信念的基础上，借助他人的帮助，利用必要的学习资源和建构工具，通过主体主动建构的方式而获得的。[4]陈静静从认知思维的角度，提出实践性知识在人脑中

---

① 陈向明：《搭建实践与理论之桥　教师实践性知识研究》，教育科学出版社2011年版，第150页。

② 钟启泉：《为了"实践性知识"的创造——日本梶田正已教授访谈》，《全球教育展望》2005年第9期。

③ Raili Allas and Äli Leijen and Auli Toom，"Supporting the Construction of Teacher's Practical Knowledge through Different Interactive Formats of Oral Reflection and Written Reflection," *Scandinavian Journal of Educational Research*，Vol. 61，No. 5，2017.

④ 刘海燕：《试论教师实践知识的生成机制》，《教学与管理》2006年第15期。

形成的过程，即实践性知识是教师通过个人对人生经验、理论知识等内容的建构，在实践共同体中进行协商和审议的基础上形成的，并通过个人和集体的反思而更新和发展。① 李丹通过理论思辨，认为教师实践性知识生成中实践是基础，反思和体悟是关键，实践问题的解决是出发点和归宿。② 刘强指出，实践性知识的获得有两个途径：一是教师与问题情境的互动；二是教师与重要他人的互动。③ 林一钢、潘国文通过思辨研究，基于理论分析，提出实践性知识生成的两种方式：第一种方式是教师面临教育困境—建构或调用已有实践性知识—以行动应对困境（试误）—强化实践性知识模块或重新建构实践性知识模块以至成功解决问题；第二种方式是观察其他教师的成功授课—探究其成功背后的实践原则和意象—经由反思内化为自己的实践性知识。④ 王陆、司治国、江绍祥研究在线社区中教师实践性知识的建构，发现教师实践性知识是通过共同参与实践的过程逐渐形成的，其建构过程以学生的学习效果，特别是可直观观察到的效果为首要的识别问题。⑤ 卢立涛、沈茜、梁威以3名县级教研员作为主要研究对象，研究发现教研员实践性知识的生成，从微观上看，是个体经验经过与问题情境对话、实践、反思等多个环节的作用而形成的。⑥ 杨鑫论述了行动中反思、对行动的反思和为了行动的反思三个层次是教师实践性知识生成的内在必然要求。⑦ 马晶、宋改敏通过观察与访谈三位职业教育教师，发现教师在整个教学过程中都存在着反思行为，行

① 陈静静：《教师实践性知识及其生成机制研究》，博士学位论文，华东师范大学，2009年，第209—223页。

② 李丹：《幼儿教师实践性知识发展研究》，博士学位论文，西南大学，2011年，第79—80页。

③ 刘强：《互动对实习教师实践性知识获得与转化的影响》，《教育学术月刊》2013年第4期。

④ 林一钢、潘国文：《探析教师实践性知识及其生成机制?》，《全球教育展望》2013年第10期。

⑤ 王陆、司治国、江绍祥：《教师在线实践社区中的教师实践性知识建构的个案研究》，《电化教育研究》2014年第2期。

⑥ 卢立涛、沈茜、梁威：《职业生命的"美丽蜕变"：从一线教师到优秀教研员——兼论教研员实践性知识的生成过程》，《教师教育研究》2016年第3期。

⑦ 杨鑫：《教师实践知识生成的行动—反思路径》，《广西师范大学学报》（哲学社会科学版）2018年第2期。

动前反思、行动中反思和行动后反思三个阶段的反思活动共同促进教师实践性知识的生成。① 张军民的研究表明，教师因问题情境而开展自我反思，进而与学生、同事以及其他利益相关者互动，从而实现教师实践性知识的建构。② 魏戈的研究揭示了教研活动在教师实践性知识生成过程中的重要作用，即当新手教师处于集体教研情境中，教研组活动中教师群体通过对教学问题的反复框定，在外部介入与组内协商共同作用下生成有关"什么是好的教学"的实践性知识。③

通过对已有研究成果的梳理可知，陈向明研究团队对教师实践性知识的生成过程进行了较为系统的研究，其他研究者有的通过理论思辨来解析教师实践性知识的生成过程，有的通过实证研究基于某一视角探索在教师实践性知识的生成过程中，共同参与实践、问题识别、反思行为、教研互动等某一方面的重要作用，关于教师实践性知识生成过程的系统、全面的实证研究较少。因此，教师实践性知识的生成过程还需在大量实证研究的基础上加以证实和探讨。本书将在理论和已有研究的指引下，通过分析民族院校教师关于教育教学的具体叙事，探索教师实践性知识的生成过程。

（五）教师实践性知识发展影响因素的相关研究

教师实践性知识发展的影响因素是教师实践性知识研究领域中的热点话题。通过文献分析可知，研究者对教师实践性知识发展的影响因素与教师实践性知识的来源没有做出明确区分，研究中所表达的是同一问题。因此，下面将对教师实践性知识发展的影响因素与教师实践性知识来源的相关研究放在一起进行梳理与分析。

艾尔贝兹认为，教师实践性知识的来源有师范生教育的专业训练、个人所任职学校文化、个人的教育信念等。④ 克兰迪宁认为，教师过去的

① 马晶、宋改敏：《基于反思取向的职业教育教师实践性知识生成研究》，《职教论坛》2018 年第 10 期。

② 张军民：《行动与理解：国际汉语教师实践性知识建构路径研究》，博士学位论文，上海外国语大学，2018 年，第 164—175 页。

③ 魏戈：《教研组活动中教师实践性知识发展路径探析——基于文化—历史活动理论的案例研究》，《教育学术月刊》2019 年第 7 期。

④ Freema Elbaz, "The Teacher's 'Practical Knowledge': Report of a Case Study," *Curriculum Inquiry*, Vol. 11, No. 1, 1981.

相关训练、成长中的生活经验、教学经验和个人教学信念等因素会影响教师实践性知识的形成。① 达菲和艾肯黑德将影响教师实践性知识发展的因素分为三类：一是教师的过往经历，包括教师的教育背景和生活经历；二是教师当前所处的教育环境，包括教育政策、课程内容、设备资源、物理环境、共同体、行政评估、学生特征和同事关系等；三是教师对教学工作所持有的信念和价值观。② 贝贾德、威鲁普等人认为，所教班级的大小、教学环境、院系文化，以及教师自身的学习经历、教学经历、从教时间、职业期望等都会影响教师的实践性知识。③ 德里尔、贝贾德等通过比较新手教师和有经验教师，发现影响学科教学知识的最重要因素是教学经验，有经验的教师拥有更多的知识呈现方式和策略并且可以用同样的呈现方式达到不同的教学目标；他们还发现国家规定的课程和学校文化在很大程度上决定着教师实践性知识的内容。④ 西贝尔通过个案分析得出，教师先前的语言学习经验、先前的教学经验、职前和在职教育专业课程对英语教师的实践知识和课堂教学有影响。⑤ 孙德坤通过对一名移民汉语教师的个案研究发现，移民教师对自身身份和文化特点的认知对其个人实践性知识和教学实践的形成有着深远的影响。⑥ 玛莎、马丁等人通过对同一学校的四名数学教师组成的基于同行协作的专业发展轨迹的研究，发现教师实践性知识的变化在很大程度上取决于教师在教学过程中出

---

① D. J. Clandinin, "Personal Practical Knowledge: A Study of Teachers' Classroom Images," *Curriculum Inquiry*, Vol. 15, No. 4, 1985.

② Lois Duffee and Glen Aikenhead, "Curriculum Change, Student Evaluation, and Teacher Practical Knowledge," *Science Education*, Vol. 76, No. 5, 1992.

③ Douwe Beijaard and Nico Verloop, "Teachers' Perceptions of Professional Identity: An Exploratory Study from a Personal Knowledge Perspective," *Teaching and Teacher Education*, Vol. 16, No. 7, 2000.

④ Jan H. van Driel and Douwe Beijaard and Nico Verloop, "Professional Development and Reform in Science Education: The Role of Teachers' Practical Knowledge," *Journal of Research in Science Teaching*, Vol. 38, No. 2, 2001.

⑤ Sibel Arıoğul, "Understanding Foreign Language Teachers' Practical Knowledge: What's the Role of Prior Language Learning Experience?", *Journal of Language and Linguistic Studies*, Vol. 3, No. 1, 2007.

⑥ Dekun Sun, " 'Everything Goes smoothly': A Case Study of an Immigrant Chinese Language Teacher's Personal Practical Knowledge," *Teaching and Teacher Education*, Vol. 28, No. 5, 2012.

现的个人问题，如刺激他们学习的挑战、担忧退回到以前的教学方法。①

　　姜美玲、王赛风论述了教师的个人生活史、学生时代的经验、教师的教学经验、职前培训和在职培训经验等因素影响着教师实践性知识的形成。② 吴泠论述了个人的职业理想与职业动机水平、原有的知识背景、自我反思意识、自觉的理论学习、人际交往等内部因素和学校氛围、社会氛围等外部因素影响实践性知识的形成。③ 邱春安、吴磊通过分析已有研究成果，提出教师早期的学习和个人生活经历是其实践性知识的重要来源；教师所处的社会和工作环境、人际关系等因素对教师实践知识性的形成具有重大影响；教师培训对教师专业成长的影响力因人而异；同事、同行之间的合作和交流能促进教师实践性知识的自我建构。④ 李丹论述了个体的反思能力和习惯、个体的特征和自我期待、个体具备的理论性知识、个体的生活史和个体持有的技能素养等个体因素，幼儿教育问题情境、幼儿园教师文化氛围、幼儿园研修活动和幼儿园教育管理理念等环境因素，这些都会影响幼儿教师实践性知识的发展。⑤ 陈向明结合具体案例从实践共同体和人际互动的集体互动维度，教育札记和教师多重声音对话的个体反思维度探讨了影响教师实践性知识生成与发展的媒介，其中实践共同体有师徒实践共同体、新老教师实践共同体和研究者实践共同体，交往互动有家校委员会活动、新手教师话语体系转化、师生交往以及教师办公室谈话等。⑥ 潘国文通过个案研究，分析影响实习生实践性知识发展的因素有生活经验、实践体验、受教经历、师范教育、学生特质、实习场景、教学反思等。⑦

---

① M. Witterholt and M. Goedhart and C. Suhre, "The Impact of Peer Collaboration on Teachers' Practical Knowledge," *European Journal of Teacher Education*, Vol. 39, No. 1, 2016.
② 姜美玲、王赛风：《理解教师实践性知识》，《全球教育展望》2004 年第 11 期。
③ 吴泠：《教师实践性知识形成机制浅论》，《教育探索》2008 年第 9 期。
④ 邱春安、吴磊：《外语教师实践性知识的叙事研究》，《成人教育》2010 年第 2 期。
⑤ 李丹：《幼儿教师实践性知识发展研究》，博士学位论文，西南大学，2011 年，第 95—105 页。
⑥ 陈向明：《搭建实践与理论之桥 教师实践性知识研究》，教育科学出版社 2011 年版，第 181—228 页。
⑦ 潘国文：《实习生教师实践性知识发展的个案研究》，《教育学术月刊》2012 年第 11 期。

孙德坤采取个案研究法，选取两名国际汉语教师，研究其个人实践性知识，研究表明，这两名教师都有各自的核心理念来指导教学实践，并发现两名教师的个性、成长过程、学习经历、文化背景以及她们对自己身份的意识均在不同程度上影响其核心理念的形成。① 谢佩纭、邹为诚采用叙事研究法，以三堂英语口语重复课作为分析样本，分析出新手教师实践性知识的获得受益于教师过去的学习成长经历、重复性教学后的自我反思以及专家型教师和同伴的帮助。② 张庆华梳理得出影响高校英语教师阅读教学实践性知识发展的因素有个人生活史、学科造诣和体验、教学经验和教学理论学习以及职业动机等个体因素，学校环境和教学共同体、与学生交往、在职进修和培训、观摩和交流等外部因素。③ 李梁、李军红认为，师范生实践性知识的生成与发展是基于个体人格、自我经验反思、实践环境和人际支持等各种因素的综合。④ 但菲、贺敬雯、张梦涛采用问卷法进行研究，发现影响职前幼儿教师实践性知识发展的因素主要来源于自我个性特征、早期生活与学习经验和学习动机等个体因素，教育实习、教育见习和专业课程学习等学校因素。⑤ 张军民指出，在影响国际汉语教师实践性知识建构的各种因素中，国外进修学习和汉语教学经历、教师职业能动性、自身专业背景、知识基础等教师内部因素构成个人基础，院系氛围与教研活动、教学管理、具有不同文化背景的学生等构成外部媒介，同时国家汉语国际教育政策、国际学术交流机会以及传统教育理念等社会文化因素构成发展的宏观环境。⑥ 吕冰通过研究发现，教师笔译教学实践性知识的生成来源主要包括教师个人学习体验、

---

① 孙德坤：《国际汉语教师个人实践性知识个案研究》，《世界汉语教学》2014 年第 1 期。

② 谢佩纭、邹为诚：《英语新手教师实践性知识的叙事研究——基于三次重复性教学的学习经历》，《外语研究》2015 年第 4 期。

③ 张庆华：《高校英语教师阅读教学实践性知识个案研究》，博士学位论文，北京外国语大学，2015 年，第 184—190 页。

④ 李梁、李军红：《浅谈师范生实践性知识的生成与发展》，《高等工程教育研究》2017 年第 3 期。

⑤ 但菲、贺敬雯、张梦涛：《职前幼儿教师实践性知识的发展：现状、影响因素及教育建议》，《教育研究与实验》2017 年第 2 期。

⑥ 张军民：《行动与理解：国际汉语教师实践性知识建构路径研究》，博士学位论文，上海外国语大学，2018 年，第 175—183 页。

"学徒式观察"、师范教育等职前经历，教学观摩、教学经验交流等在职经历，教学经验、师生互动体验等课堂经验，以及教育教学理论。[①]

综上所述可知，影响教师实践性知识形成与发展的因素大致可以分为个体因素和外部环境因素两大类。其中个体因素包括教师的学习经历、教学经历、教师的自我反思、教育理念、文化背景等方面；外部环境因素包括教师所处的教学环境、学校文化环境、社会文化因素、教育政策、教育管理理念等方面。影响不同阶段和学段的教师实践性知识发展的因素具有一定的共性，但也会由于教师所处的教学环境、教授的教育对象、培养目标、规章制度等方面的不同而有具体差异。只有全面和清晰地分析不同环境中教师实践性知识发展的影响因素，才能提出符合实际的有针对性的建议措施，从而促进教师教学发展或专业发展。通过分析已有研究文献，可为研究民族院校教师实践性知识发展的影响因素提供借鉴和参考。

---

① 吕冰：《翻译教师笔译教学实践性知识的个案研究》，博士学位论文，上海外国语大学，2018 年，第 148—155 页。

第 一 章

民族院校教师实践性知识的理论探讨

第一节 民族院校教师实践性知识的概念分析

一 什么是知识：知识观的发展

研究民族院校教师的实践性知识，首先，我们需要追问"什么是知识?""知识"是一个哲学术语，自古希腊开始，哲学家们就已经开始思考"何为知识"的问题。但至今为止，关于"知识"的内涵，学术界还未有统一的定义。学者在不同时代对"知识"的内涵有不同的理解。"知识"的标准，随着人们对事物的理解与认识的变化而变化。哲学史上对于"什么是知识"的阐释始终是与"知识论"或"认识论"的发展息息相关的，对知识内涵的理解随着"知识论"或"认识论"的演变而变化。西方学术界认为，"认识论"是关于知识的基本形式的哲学理论①，亦称为"知识论"。知识论是关于知识的来源、可靠性、发展规律和作用的理论。② 根据西方哲学史上不同时期的哲学家对知识的基本问题的回答，可以大致将知识观的发展划分出四个类别，即理性主义知识观、经验主义知识观、实用主义知识观、后现代主义知识观。

（一）理性主义知识观

古希腊哲学家苏格拉底认为：

> 美德即知识。"美德"在希腊语中是 *arete*（卓越），意味着一个人的

---

① ［挪］奎纳尔·希尔贝克、尼尔斯·伊耶:《西方哲学史 从古希腊到二十世纪》，童世骏、郁振华、刘进译，上海译文出版社 2004 年版，第 79 页。

② 张焕庭主编:《教育辞典》，江苏教育出版社 1989 年版，第 503 页。

美德在于能尽其所能，即实现人之为人的真正潜能。"知识"在希腊语中是 *episteme*，不是通过经验获得，而主要是通过概念的分析和澄清一些关于自身和社会的已有的模糊概念，如正义、勇敢、德性、真理、现实等，来获取此类知识。美德还在于行为正当，它包括了对目的或价值的知识，这些知识是我们无法通过经验科学或形式科学获得的。换句话说，我们必须洞见善，洞见规范和价值，或是获得规范性的洞见。①

苏格拉底认为，知识是客观的、普遍的善。知识的获得不能通过经验，而是要通过对概念的分析和澄清，即通过洞见，不依赖于人的存在。柏拉图认为：

> 理念本身是普遍不变的，客观存在且普遍有效的。如圆、三角形等概念，是无法用我们的感官把握的，它们只能通过理性来理解。数学真理适合于每一个人，是普遍有效的，与主体无关。②
>
> 可感事物和我们的大部分意见都是易变和不完善的。我们对它们的知识也是不完善的。只有对理念的知识是客观的，因为理念自身完美不变。但是，通过反思我们的感觉经验和语言表述，我们可以触及这一客观知识，因为理念以某种方式存在于我们的表达和感知事物的"背后"。③

他认为，没有任何知识是来自感官知觉的，真正的知识一定是关于概念的。④

亚里士多德特别感兴趣的是绝对可靠的知识，这些知识之所以是绝

① 转引自［挪］奎纳尔·希尔贝克、尼尔斯·伊耶《西方哲学史 从古希腊到二十世纪》，童世骏、郁振华、刘进译，上海译文出版社2004年版，第42页。

② 转引自［挪］奎纳尔·希尔贝克、尼尔斯·伊耶《西方哲学史 从古希腊到二十世纪》，童世骏、郁振华、刘进译，第51—53页。

③ 转引自［挪］奎纳尔·希尔贝克、尼尔斯·伊耶《西方哲学史 从古希腊到二十世纪》，童世骏、郁振华、刘进译，第56—58页。

④ 转引自［英］罗素《西方哲学史》，张作成译，北京出版社2007年版，第38页。

对可靠的，是因为这些命题必然是真的，并且能够通过有效论证推断出同样可靠的其他命题。① 亚里士多德把知识的获取过程看成一个从感觉经验到本质洞见的过程，一个朝向对本质和共相事物定义的抽象过程。② 在他看来，"善"作为人类生活的目的，不是独立于人存在的，而是存在于人类生活中。③ 相比柏拉图，亚里士多德认为，知识起源于感觉经验④，感觉经验和理性具有一种同等的地位。⑤ 尽管亚里士多德声称只有个别事物或实体是独立存在的，但他同时认为我们寻求的知识应该是关于普遍本质属性的知识。⑥ 亚里士多德的知识观强调由归纳推理得出对本质的定义，而从定义出发又可进行演绎推理。⑦

法国笛卡尔认为，哲学中唯一确定的方法是演绎的数学方法。⑧ 他提出"我思故我在"是演绎体系中完全确定而真实的前提。也就是说，他认为，"我"作为一个怀疑者，不能否定"我"在怀疑。"我思故我在"是一种无法拒绝的反思的洞见。⑨ 笛卡尔的唯理论认识论的出发点是：有效洞见的标准不是经验的支持，而是观念对我们的理性显得清晰而明白。⑩ "笛卡

---

① 转引自［挪］奎纳尔·希尔贝克、尼尔斯·伊耶《西方哲学史 从古希腊到二十世纪》，童世骏、郁振华、刘进译，上海译文出版社2004年版，第88页。

② 转引自［挪］奎纳尔·希尔贝克、尼尔斯·伊耶《西方哲学史 从古希腊到二十世纪》，童世骏、郁振华、刘进译，第79页。

③ 转引自［挪］奎纳尔·希尔贝克、尼尔斯·伊耶《西方哲学史 从古希腊到二十世纪》，童世骏、郁振华、刘进译，第92页。

④ 转引自［挪］奎纳尔·希尔贝克、尼尔斯·伊耶《西方哲学史 从古希腊到二十世纪》，童世骏、郁振华、刘进译，第102页。

⑤ 转引自［挪］奎纳尔·希尔贝克、尼尔斯·伊耶《西方哲学史 从古希腊到二十世纪》，童世骏、郁振华、刘进译，第79页。

⑥ 转引自［挪］奎纳尔·希尔贝克、尼尔斯·伊耶《西方哲学史 从古希腊到二十世纪》，童世骏、郁振华、刘进译，第80页。

⑦ 转引自［挪］奎纳尔·希尔贝克、尼尔斯·伊耶《西方哲学史 从古希腊到二十世纪》，童世骏、郁振华、刘进译，第102页。

⑧ 转引自［挪］奎纳尔·希尔贝克、尼尔斯·伊耶《西方哲学史 从古希腊到二十世纪》，童世骏、郁振华、刘进译，第236页。

⑨ 转引自［挪］奎纳尔·希尔贝克、尼尔斯·伊耶《西方哲学史 从古希腊到二十世纪》，童世骏、郁振华、刘进译，第237页。

⑩ 转引自［挪］奎纳尔·希尔贝克、尼尔斯·伊耶《西方哲学史 从古希腊到二十世纪》，童世骏、郁振华、刘进译，第237页。

尔的真理标准是唯理论的。理性在系统的、周密的推理中确认为清晰明白的东西，就可以被接受为是真的。感觉经验应当被付之于理性的证实。"①他认为，只有由思想获得的知识才是清晰可靠的，是人类所独有的。②

荷兰斯宾诺莎认为，人类理性有能力借助于公理和演绎推理而获得绝对确定的洞见③，我们可以借助于理性直觉而获得有关事物本质的知识。④他把知识分为三个等级，即感性知识、理性知识和直觉知识。他将感性知识称为意见或想象，并区分为由传闻得来的知识与由泛泛的经验而得来的知识。他认为，感性知识是初步的知识，带有不确定性，而理性知识与直觉知识则具有必然性和确切性，称为真知识。

法国康德设法在经验论和唯理论之间建立某种综合。他把主客体关系颠倒过来，主张我们必须设想是客体受到主体的影响。⑤也就是说，我们所认识的客体是由经验方式和思维方式形成的。作为认识论前提的这种转换被称为哲学中的哥白尼式的革命。康德认为，经验中是有必然的和普遍有效的东西的，必定存在着一些东西是赋予我们的经验以结构和秩序的。⑥也就是说，给我们的经验以秩序和结构的东西本身无法来自经验，因而这种赋予秩序和结构的能力必须在我们之内存在。换句话说，康德预设了一种主体和客体的二元论。康德还预设所有人类都具有同样的原则性的"形式"，知识必定是由这些形式塑造而成的，这些形式是普遍而有效的和必然的。⑦他所寻求的"形式"则是所有知识的完

---

① ［挪］奎纳尔·希尔贝克、尼尔斯·伊耶：《西方哲学史 从古希腊到二十世纪》，童世骏、郁振华、刘进译，上海译文出版社2004年版，第238页。

② 参见石中英《知识转型与教育改革》，教育科学出版社2001年版，第14页。

③ 参见［挪］奎纳尔·希尔贝克、尼尔斯·伊耶《西方哲学史 从古希腊到二十世纪》，童世骏、郁振华、刘进译，第256页。

④ 参见［挪］奎纳尔·希尔贝克、尼尔斯·伊耶《西方哲学史 从古希腊到二十世纪》，童世骏、郁振华、刘进译，第258页。

⑤ 参见［挪］奎纳尔·希尔贝克、尼尔斯·伊耶《西方哲学史 从古希腊到二十世纪》，童世骏、郁振华、刘进译，第367页。

⑥ 参见［挪］奎纳尔·希尔贝克、尼尔斯·伊耶《西方哲学史 从古希腊到二十世纪》，童世骏、郁振华、刘进译，第387—368页。

⑦ 参见［挪］奎纳尔·希尔贝克、尼尔斯·伊耶《西方哲学史 从古希腊到二十世纪》，童世骏、郁振华、刘进译，第368页。

全普遍的特征。① 康德想要一劳永逸地找到知识的所有基本原则，并且在认识主体那里寻找这些原则。

理性主义知识观将知识视为客观的、普遍有效的、绝对可靠的、不可改变的真理或理念，认为知识来源于理性的洞见和逻辑思维。理性主义知识观认为，知识是独立于认识主体的，认识的主体和客体是相互分离的，不受外界环境的影响。在理性主义知识观下，教师的知识是客观的、普遍有效的、绝对可靠的、不可改变的，独立于教师、学生、教育环境，与教师个体无关，不会随着教育教学情境的改变而改变。教师自身不会生成和发展关于教育教学的知识。

（二）经验主义知识观

在西方知识哲学中，经验主义知识观认为，知识的获得要通过感觉经验，将实在的知识回溯到经验，反对知识来源于理性直觉的观点。其代表人物是英国约翰·洛克和英国大卫·休谟。

对于知识的来源，洛克认为，我们的一切知识都建立在经验之上，而且最后是导源于经验的。② 知识的检验标准建立在经验辩护的基础上，而不是建立在个人经验的基础上。③ 也就是说，我们不仅要亲身经验到某事物是清晰的，而且要求用知觉或内省进行检验。关于知识形成的理论，洛克认为：

> 我们在出生的时候就像一块白板，并没有任何天赋观念。外部对象向我们提供简单的知觉观念，这些知觉观念中既有外部事物的真实属性，也有我们加在外部事物之上的那些感性属性。我们还拥有来自我们的内心活动和状况的简单的内省观念。从这种材料出发，心灵形成各种复杂观念。我们就这样获得了建立在简单的知觉观念

---

① 参见［挪］奎纳尔·希尔贝克、尼尔斯·伊耶《西方哲学史 从古希腊到二十世纪》，童世骏、郁振华、刘进译，上海译文出版社2004年版，第369页。

② 参见［挪］奎纳尔·希尔贝克、尼尔斯·伊耶《西方哲学史 从古希腊到二十世纪》，童世骏、郁振华、刘进译，第271页。

③ 参见［挪］奎纳尔·希尔贝克、尼尔斯·伊耶《西方哲学史 从古希腊到二十世纪》，童世骏、郁振华、刘进译，第273页。

和简单的反省观念基础之上的知识，但知识并不能还原为这些观念。①

洛克把知识分为三个等级，即直觉知识、论证知识和感觉知识，而以感觉作为知识的基础。洛克所持的并不是一种彻底的经验主义立场，而是部分地主张一种温和的经验论立场，部分地持一种唯理论的立场。②

在休谟看来，存在着两种形式的知识：一是建立在感性知觉基础上的知识，即经验知识；二是建立在关于概念之间关系的约定规则基础上的知识，即逻辑知识。③ 他认为，我们不可能具有我们无法经验到的知识。休谟作为知识论的经验主义者，接近于激进的经验主义的立场。我们所获得的感觉印象，经过我们的组合和排列，创造出我们的各种观念。④ 休谟认为，我们的感觉印象仅仅来自各种可感的性质，我们并不感觉到被认为处于这些感觉印象背后的任务物质实体。⑤

可见，经验主义知识观认为，感知经验是知识获得的基础。但经验主义知识观同理性主义知识观一样，认为知识是客观的、不变的、非个体的，否认个体的主观能动性在知识形成中的重要作用。在经验主义知识观下，教师知识仍然被认为是客观的、恒定不变的，是不会因环境和个体的变化而改变的。

（三）实用主义知识观

实用主义哲学批判传统哲学，认为认识和实践的过程是经验的过程，即真理的发展过程。实用主义者认为，真理和知识源于人的实践，真理

---

① 转引自［挪］奎纳尔·希尔贝克、尼尔斯·伊耶《西方哲学史 从古希腊到二十世纪》，童世骏、郁振华、刘进译，上海译文出版社2004年版，第273页。

② 转引自［挪］奎纳尔·希尔贝克、尼尔斯·伊耶《西方哲学史 从古希腊到二十世纪》，童世骏、郁振华、刘进译，第275页。

③ 参见［挪］奎纳尔·希尔贝克、尼尔斯·伊耶《西方哲学史 从古希腊到二十世纪》，童世骏、郁振华、刘进译，第297页。

④ 参见［挪］奎纳尔·希尔贝克、尼尔斯·伊耶《西方哲学史 从古希腊到二十世纪》，童世骏、郁振华、刘进译，第297页。

⑤ 参见［挪］奎纳尔·希尔贝克、尼尔斯·伊耶《西方哲学史 从古希腊到二十世纪》，童世骏、郁振华、刘进译，第298页。

和知识的检验标准是实际的效果。实用主义知识观将主体的理性与客体的属性统一于个体的行动和经验中。其代表人物有美国的查尔斯·桑德斯·皮尔士、威廉·詹姆士、约翰·杜威。

皮尔士是实用主义创始人。他把真理等同于人们对于对象的信念，这种信念只是作为人的一种主观的意识状态，并不需要具有意识以外的客观根据。[①] 皮尔士认为，可感觉的实际效果是信念的内容，信念则是这些效果在人的意识中的表现形式。[②] 他认为，真理就是信念，确定真理的标准就是使人满意的实际效果。他把真理局限于人的主观信念范畴。他认为，"真的东西不过是认识中令人满意的东西"，但这种满足是通过科学的方法排除怀疑，经过探索，达到信念的确立，即"怀疑—探索—真理"的动态循环的探索过程。因此，在寻求知识的过程中，获得的知识可在某种程度上被证明是正确的，但并非绝对正确的知识。

著名心理学家詹姆士提出，真理等于有用。他说，只要观念（它本身是我们经验的一部分）有助于它们与我们经验的其他部分处于圆满的关系中，有助于我们通过概念的捷径，而不用特殊现象的无限继续，去概括它、运用它。这样观念就成为真实的了。[③] 他把真理看作经验（观念）之间的联系，但并不认为任何经验的联系都是真理，只有当这种联系能给人带来利益、效果时，才算作真理。因此他认为，没有绝对的真理，真理取决于行为的实际效果，适合时代环境变化的有效用的东西就是真理。詹姆士的真理观强调真理的主观性、真理的价值作用和效果，但忽视了真理的客观性，用价值评价代替了事实检验。

在杜威的哲学思想中，他将观念视为动态的、可变的、具有工具性的指导效用，使人适应外在变化的环境。杜威对"经验"一词的解释不同于传统的经验论。经验不仅是个人的认知，还蕴含着个人所感受到的情感。人们的经验是对情境的整体反应。在杜威看来，个体的经验是与其存在的情境相关的，并不断发展着的。他认为，知识不是

---

① 参见刘放桐《实用主义述评》，天津人民出版社 1983 年版，第 126 页。
② 参见刘放桐《实用主义述评》，第 127 页。
③ 参见刘放桐《实用主义述评》，第 133 页。

独立于认知者，知识是认知主体与认知客体或个体与环境相互作用的结果。杜威认为，知识乃是通过操作把一个有问题的情境改变成为一个解决了问题的情境的结果。① 知识作为一种行动，就是考虑我们自己和我们生活的世界之间的联系，调动我们一部分心理倾向，以解决一个个令人困惑的问题。② 只有已经组织到我们心理倾向中的那种知识，使我们能让环境适应我们的需要，并使我们的目的和愿望适应我们所处的环境，才是真正的知识。③ 因此，杜威对知识的看法，是解决个体对某一情境所引起的疑虑的工具主义"知识观"。

实用主义知识观带来的转向主要表现在这些方面：知识不再被看作永恒不变的、普遍使用的、独立于认知主体之外的绝对客观的理念，而是不断变化的，具有相对性、情境性；知识的认知主体与认知客体不再是彼此分离的，而是统一于认知主体的行动和经验中；强调实践经验和人的主观能动性在知识获得中的重要作用，具有能动性和实践性；知识的真实性在于它们的实际效果和功用。实用主义知识观使人们对"什么是知识"这一问题的认知更加丰富和深刻。在教育领域，实用主义知识观极大地影响了关于教师知识的研究，教师知识不再被看作脱离教师个体的客观的、确定不变的理论知识，而是在实际的教育教学实践中解决了疑难问题的被确定为"有用的""真的"信念。

（四）后现代主义知识观

20 世纪后半叶，后现代哲学批判与解构了知识是一种客观的、普遍的、绝对的、可靠的真理或信念，认为知识问题是与社会现实、人们的日常生活实践相关的，注重知识的文化性、建构性、价值性、情境性、个人性等特征。其代表人物有让—弗朗索瓦·利奥塔、米歇尔·福柯、卡尔·波普尔、迈克尔·波兰尼。

利奥塔是一位后现代主义哲学家。在《后现代状态：关于知识的报告》（1979）中，他将知识问题与社会现实相联系，系统论述了知识的话

---

① ［美］约翰·杜威：《确定性的寻求 关于知行关系的研究》，傅统先译，上海人民出版社2004 年版，第 245 页。

② ［美］约翰·杜威：《民主主义与教育》，王承绪译，人民教育出版社 2001 年版，第 363 页。

③ ［美］约翰·杜威：《民主主义与教育》，王承绪译，第 362 页。

语方式、知识的形成或建构方式（"叙事方式"问题）、知识的立法原则等。利奥塔反对把知识等同于科学的一般观点。[1] 他认为，知识不限于科学，甚至不限于认识。[2] 除科学知识之外，利奥塔从人们日常生活实践出发讨论和分析知识的实质，论述了知识的另一种重要形式——叙事知识。在他看来，人们在使用"知识"一词时根本不是仅指全部指示性陈述，这个词中还掺杂着做事能力、处世能力、倾听能力等意义。[3] 知识不仅被看作以语言或文字表现的关于对象的认识，而且是一种实践能力，它不仅是认识和描述对象的能力，而且是处理问题、社会交往和人际沟通的能力。[4] 利奥塔认为，知识超出了主观反映客观的真伪范围，伦理评价关系和审美体验关系也进入了知识的内涵。[5] 这里涉及的是一种能力，它超出了确定并实施唯一的真理标准这个范围，扩展了其他的标准，如效率标准（技术资格）、正义和/幸福标准（伦理智慧）等。[6] 利奥塔的后现代知识观，将知识界定为日常生活的实践能力。[7] 因为日常生活实践是一个综合性过程，真、善、美三种生活目标或评价标准在日常生活中是未分化的，所以日常生活实践的能力一定是笼统地、模糊地、直接地感受、评价和体验着三种目标或标准。[8] 叙事知识的建构能力不像科学知识的建构能力是在确定的条件和原则中进行的，它如同风俗、习惯以及民间传说等文化传统的建构能力一样，尽管具有直观性和模糊性，是通过潜移默化的形式完成的，但是它对一个民族的文化传统和生活方式的建构作用是不可低估的。[9] 利奥塔所说的叙事知识同日常语言和生活世界都是相同层面上的，不仅是其他知识的基础，其他知识的根据或合法性要在其中得到论证，而且叙事知识

①　刘少杰：《后现代西方社会学理论》，北京大学出版社 2014 年版，第 124 页。
②　［法］让－弗朗索瓦·利奥塔：《后现代状态 关于知识的报告》，车槿山译，生活·读书·新知三联书店 1997 年版，第 40 页。
③　刘少杰：《后现代西方社会学理论》，第 124 页。
④　参见刘少杰《后现代西方社会学理论》，第 124 页。
⑤　参见刘少杰《后现代西方社会学理论》，第 124 页。
⑥　［法］让－弗朗索瓦·利奥塔：《后现代状态 关于知识的报告》，车槿山译，生活·读书·新知三联书店 1997 年版，第 41 页。
⑦　参见刘少杰：《后现代西方社会学理论》，第 125 页。
⑧　参见刘少杰：《后现代西方社会学理论》，第 125 页。
⑨　参见刘少杰：《后现代西方社会学理论》，第 125 页。

因为具有基础地位，它的根据或合法性也没必要从自身之外去寻找。①

福柯在《规训与惩罚》一书中，采用谱系学的研究方法，揭示了权利同知识的关系。按照谱系学的观点，人体不仅是知识的反映、分析对象，而且是权利的具体的作用对象，人体由此而获得一种权利与知识的中介关系。② 福柯认为，人体是社会生活中具体的人，作为人的感性存在展开为种种经验活动，并折射出各种历史条件和社会环境的影响。③ 把人体引入权利—知识结构的意义在于，使权利与知识的讨论超越传统认识论或传统知识论，使权利与知识关系不可回避地展开于社会过程之中。④ 福柯的观点包含三个层面：其一，知识是在权利的制约中形成与发展起来的，没有脱离权利关系的抽象知识；其二，权利离不开知识，不仅权利在特定的知识背景、知识结构中形成，而且知识本身就是权利；其三，权利同知识不可分，只有在权利与知识的联系中才能把握权利的实质与作用。⑤ 福柯认为，知识是以话语形式表现和展开的，话语的存在形式和实践过程都是在特定历史条件中存在的，都受与某种历史条件统一的社会制度、文化传统和价值取向所制约，所以话语摆脱不了某种支配力量的作用。⑥

波普尔的知识论思想集中体现在《客观知识》一书中，他主张一种客观的本质上是猜测性的知识的理论。波普尔关心的是知识的增长问题，即在什么意义上可以论及或怎样取得知识的增长或进步，而非知识的可靠性和可证明问题。也就是说，探索真理，而不是证明真理。波普尔接受常识理论，这一理论认为真理是与事实（或实在）的符合，或者更确切地说，一个真理是真的，当且仅当它符合事实。⑦ 他认为：

> 所有的知识的增长在于修改以前的知识——或者改造它，或者

① 参见刘少杰：《后现代西方社会学理论》，北京大学出版社 2014 年版，第 127 页。
② 参见刘少杰：《后现代西方社会学理论》，第 114 页。
③ 参见刘少杰：《后现代西方社会学理论》，第 114 页。
④ 参见刘少杰《后现代西方社会学理论》，第 114 页。
⑤ 参见刘少杰《后现代西方社会学理论》，第 114 页。
⑥ 参见刘少杰《后现代西方社会学理论》，第 115 页。
⑦ ［英］卡尔·波普尔：《客观知识 一个进化论的研究》，舒炜光等译，上海译文出版社 2005 年版，第 50 页。

是大规模地抛弃它。知识不能始于虚无，它总是起源于某些背景知识——在当时被认为是理所当然的知识——和某些困难以及某些问题。这些困惑和问题通常有两个方面的冲突：一方面是我们背景知识中的内在期望，另一方面则是某些新的发现，诸如我们的观察，或由观察所提示的某些假设。①

波普尔区分了两种知识，即主观意义上的知识和客观意义上的知识，前者是由生物体的倾向构成的，后者是由我们的理论、退出、猜想的逻辑内容构成的。② 他还划分了三个世界，称物理世界为"世界1"，称我们的意识经验世界为"世界2"，称书、图书馆、计算机贮存器以及诸如此类事物的逻辑内容为"世界3"。③ 波普尔的观点是，主观意义上的知识（世界2的知识）是一种极其复杂、深奥但却惊人的、准确的调节手段的基本要素，和客观的推测性知识一样，它主要是通过尝试和除错的方法，通过推测、反驳和自我校正方法而起作用。④ 知识的客观确定性根本不存在。在日常生活中，我们必须不停地行动，并且我们总是根据不完全的确定性进行活动。⑤ 从客观知识的观点来看，所有理论仍然是推测性的。⑥ 知识是通过批判和创造而增长的。⑦ 波普尔认为，世界2即主观经验后的个人经验世界可以跟世界1和世界3的任何一个发生相互作用，世界1和世界3发生作用需要通过世界2的干预。⑧ 客观意义上的知识（世界3）是实在的或自主的，同时是人类活动的产物，正如蜂蜜是蜜蜂的产物，蜘蛛网是蜘蛛的产物一样。⑨

---

① ［英］卡尔·波普尔：《客观知识 一个进化论的研究》，舒炜光等译，上海译文出版社2005年版，第80—81页。

② ［英］卡尔·波普尔：《客观知识 一个进化论的研究》，舒炜光等译，第84页。

③ ［英］卡尔·波普尔：《客观知识 一个进化论的研究》，舒炜光等译，第84页。

④ ［英］卡尔·波普尔：《客观知识 一个进化论的研究》，舒炜光等译，第88页。

⑤ ［英］卡尔·波普尔：《客观知识 一个进化论的研究》，舒炜光等译，第91页。

⑥ ［英］卡尔·波普尔：《客观知识 一个进化论的研究》，舒炜光等译，第91页。

⑦ ［英］卡尔·波普尔：《客观知识 一个进化论的研究》，舒炜光等译，第96页。

⑧ ［英］卡尔·波普尔：《客观知识 一个进化论的研究》，舒炜光等译，第178页。

⑨ ［英］卡尔·波普尔：《客观知识 一个进化论的研究》，舒炜光等译，第183页。

波兰尼的个人知识纲领集中体现在他最具代表性的著作《个人知识 朝向后批判哲学》中，在哲学、教育学等领域具有广泛的影响。波兰尼的个人知识纲领认为，任何知识都涉及特定的、具体的认知个体，认知过程不是预设了某种非个人化的纯然中立的认知机器，而是具有情感、意志、倾向、信念、既有知识框架、特定认知环境等个人因素的生物认知体——人。① 他认为，个人知识虽然是个人的科学研究，但是个人知识是与实在世界相接触的，知识由于与实在世界的真实接触，从而具有了客观知识的地位。他承认知识由于与实在发生关涉，从而具有客观性。这种关涉是知识预示着未来发现的无限可能性，未来将有无限可能的发现来证实知识的有效性和真理性，这种预期能力或预示能力是知识客观性的基本特征。或者说，知识是朝向实在，而非当下符合实在的，这种知识的渐近主义类似于波普尔的"逼真性"理论和皮尔士的"真实之物"理论。因此，个人知识与实在世界发生真实接触，从这个意义上讲，个人知识是客观的。由于我们要接受实在世界的约束，同时又要服从特定的科学标准，这意味着"人类可以通过满怀热情地努力在普遍标准之下完成他的个人义务，从而超越自身的主观性"②。波兰尼对"个人知识"的性质做了阐述：（1）精确科学体系的理解和运用离不开个人参与；（2）精确知识的运用和学习是某种个人化的技能或技艺；（3）语言呈现和理性层面的知识需要以非语言、非理性的默会知识或者意会知识作为基础；（4）认知活动涉及个人的情感因素；（5）个人化的知识可以通过默会共享成为社会共识；（6）知识中总有某些不可怀疑、不可批判的个人预设；（7）知识是一种个人的信托或者寄托行为。③

后现代主义知识观认为，知识是与人们的生活实践相关的，是一种处理问题、社会交往和人际沟通多种能力的综合，受到社会制度、历史条件、文化传统和价值取向的制约，其建构受到人的情感、倾向、信念、认知等因素的影响，是人类实践活动的产物。20 世纪 80 年代后，教师知

---

① ［英］迈克尔·波兰尼：《个人知识 朝向后批判哲学》，徐陶译，上海人民出版社 2017 年版，译者前言 3。

② ［英］迈克尔·波兰尼：《个人知识 朝向后批判哲学》，徐陶译，译者前言 4。

③ ［英］迈克尔·波兰尼：《个人知识 朝向后批判哲学》，徐陶译，译者前言 5—8。

识的研究受到后现代主义知识观的影响。在后现代主义知识观下，教师被看作教师知识建构与生成的能动的主体，教师知识是在教师个体和外部社会文化环境交互作用中建构与发展的。后现代知识观为教师实践性知识的合理性与立法提供了知识论的基础。

二　什么是实践：要义

"实践"也是教师实践性知识中的核心概念，研究中需要对其加以阐释和界定。实践范畴的内容是变动的，不同时期和领域的学者对实践的解释亦不相同。从最初亚里士多德将"实践"概念引入哲学体系，到马克思主义哲学的实践范畴，再到后现代视域中的实践观，"实践"这一概念的内涵得到不断完善与丰富。

（一）古希腊亚里士多德的实践理论

亚里士多德最先将"实践"概念引入哲学体系，第一次使用实践概念来分析和反思人类行为。[①] 他认为，实践活动包括政治活动和道德活动。人的每种实践与选择，都以某种善为目的。[②] 实践的逻各斯只能是粗略的、不很精确的。[③] 具体行为并不是确定不变的，只能因时因地制宜。他认为："明智是与实践相关的，而实践就是要处理具体的事情。不知晓是与实践相关的，而实践就是要处理具体的事情。所以，不知晓普遍的人有时比知晓的人在实践上做得更好。"[④] 亚里士多德的实践观对哲学史上实践内涵的发展具有深远影响。但是亚里士多德所指的"实践"仅是道德实践和政治实践，窄化了实践活动的对象。从亚里士多德对实践内涵的论述中可知，"实践"具有道德性、目的性、模糊性、情境性并受到普遍知识的指导的特点。

（二）近代西方哲学家对实践的论述

在近代西方哲学中，实践概念的发展与当时实验科学的发展以及认

---

① 丁立群：《亚里士多德的实践哲学及其现代效应》，《哲学研究》2005 年第 1 期。

② ［古希腊］亚里士多德：《尼各马可伦理学》，廖申白译注，商务印书馆 2003 年版，第 3 页。

③ ［古希腊］亚里士多德：《尼各马可伦理学》，廖申白译注，第 38 页。

④ ［古希腊］亚里士多德：《尼各马可伦理学》，廖申白译注，第 177 页。

识论问题的研究密切相关。其代表人物有英国的弗兰西斯·培根、法国的德尼·狄德罗。

培根被称为近代唯物主义和实验科学的始祖，他对实践范畴的发展有着重大贡献。他说："一切比较真实的对于自然的解释，乃是由适当的例证和实验得到的。感觉所决定的只接触到实验，而实验所决定的则接触到自然和事物本身。"① 他认为，对于自然真实的解释和事物本质的揭示，只有通过实验才能达成。培根还认为，实践是真理的保证，科学的价值是由实践决定的，"在自然科学中，实验的结果不仅仅是改进人类福利的手段而已。它们也是真理的保证"② "科学在人的心目中的价值也必须由它的实践来决定。真理之被发现和确立是由于实践的证明而不是由于逻辑或者甚至于观察的证明的"③。培根认识到，实践在人类研究自然和改造自然中的关键作用，实践是检验真理的标准。他为实践范畴的发展做出了重要贡献。但是培根将实践局限于科学实验，窄化了实践的范围，因此他对实践的认识仍然是不全面和片面的。

狄德罗较全面地阐述了实践及其在认识中的作用。他提出认识有三种主要方法："对自然的观察、思考和实验。观察搜集事实，思考把它们组合起来，实验则用来证实组合的结果。对自然的观察应该是专注的，思考应该是深刻的，实验则应该是精确的。"④ 他强调："实验应该一再重复，以弄清各种情况的细节，并认识其界限。应该把那些实验转施于各种不同的对象，使它们更复杂，并以一切可能的方式把它们联合起来。"⑤ 他还把实验作为检验正确与错误的标准："除了实验以外，没有别的办法可以识别错误。"⑥ 同时他还强调，必须让实验有它的自由，如

---

①　北京大学哲学系外国哲学史教研室编译：《十六—十八世纪西欧各国哲学》，生活·读书·新知三联书店 1958 年版，第 17—18 页。

②　转引自［英］法灵顿《弗兰西斯·培根》，张景明译，生活·读书·新知三联书店 1958 年版，第 55 页。

③　转引自［英］法灵顿《弗兰西斯·培根》，张景明译，第 55 页。

④　［法］狄德罗：《狄德罗哲学选集》，江天骥、陈修斋、王太庆译，商务印书馆 1979 年版，第 61 页。

⑤　［法］狄德罗：《狄德罗哲学选集》，江天骥、陈修斋、王太庆译，第 86 页。

⑥　［法］狄德罗：《狄德罗哲学选集》，江天骥、陈修斋、王太庆译，第 182 页。

果只是显示它能证明的方面而掩盖它抵触的方面，那就是把它当俘虏了。① 综上所述可知，狄德罗强调实验在认识和科学研究中的作用，对唯物主义实践观的发展做出了杰出的贡献，但他仍将实践局限于自然科学的实验，没有认识到社会生活的本质就是实践，忽略了社会生活中其他方面的实践，因而他对实践的认识仍然是不完整的和片面的。

（三）德国古典哲学家对实践的探讨

实践范畴在德国古典哲学中受到进一步的重视。德国古典哲学家对实践进行了探讨，如伊曼努尔·康德、约翰·戈特利布·费希特、格奥尔格·威廉·弗里德里希·黑格尔等。

德国古典哲学的创始人康德从道德和善的角度提出"实践"问题，把理性分为理论理性和实践理性。康德指出："当纯粹思辨理性和纯粹实践理性结合在一个认识中时，如果这种结合并不是偶然的、任意的，而是先天地建立在理性自身上的，是必然的。那么，后者就占了优先地位。"② 康德肯定了思辨和实践可以结合，并必然地建立在理性自身之上，实践高于思辨。他还强调：我们不能颠倒秩序，而要求纯粹实践理性隶属于思辨理性之下，因为一切要务终归属于实践范围，而且甚至思辨理性任务也只是受制约的，并且只有在实践运用中才能圆满完成。③ 从中可以看出，康德已经意识到思辨要受实践的制约。但是康德指出，凡是在理论上正确的，在实践上也必定有效。④ 理论之所以对实践无用，其咎不在理论，只怪现有的理论还不够充分。⑤ 这里，康德认为，实践是从属于理论的。在康德对实践的阐述中，实践仍然是指人们的道德活动。尽管如此，康德对实践范畴的发展还是有重要贡献的。

费希特进一步发展了康德关于实践的思想。费希特把客体作用于主

①　［法］狄德罗：《狄德罗哲学选集》，江天骥、陈修斋、王太庆译，商务印书馆1979年版，第89页。

②　［德］康德：《实践理性批判》，关文运译，商务印书馆1960年版，第124页。

③　［德］康德：《实践理性批判》，关文运译，第124页。

④　参见李武林《欧洲哲学范畴简史》，山东人民出版社1986年版，第800页。

⑤　中国社会科学院哲学研究所西方哲学史研究室编：《国外黑格尔哲学新论》，中国社会科学出版社1982年版，第2页。

体称作理论活动，而把主体创造客体称作"实践活动"。他把知识分为"理论部分"和"实践部分"，认为实践部分比理论部分更加重要，"决不是理论能力使实践能力成为可能，而是相反，实践能力使理论能力成为可能"①。他提出"理论从属于实践"的论断，认为"所有的理论法则都依赖于实践法则；如果只有一条实践法则，那么它们就都依赖这一条实践法则"②。他将经营或者经济（为满足人的物质需要或创造资料）、法律和道德归为实践理性的范围。③

黑格尔认为，实践是一种理念活动和人能动地改变现实的活动，还把实践看作认识向客观真理过渡的必经环节。④ 黑格尔认为，实践具有以下几个方面的属性和作用：首先，实践具有目的性。他说：人类自身具有目的，就是因为他自身中具有"神圣"的东西——那便是我们从开始就称作"理性"的东西，又把它的活动和自决的力量，称作"自由"。⑤ 黑格尔认为，实践是由主观的目的达到客观现实，"行为的必然性在于目本来就是与现实关联着的，而且目的与现实的这个统一性就是行动的概念"⑥。其次，实践目的性的实现需要通过手段。他说：目的通过手段与客观性相结合，并且在客观性中与自身相结合。⑦ 他进一步指出：当有限概念的主观性轻蔑地抛掉手段时，它在它的目的中便不会达到（比手段）更好的东西。⑧ 主观性目的的实现离不开手段。再次，实践高于理论。实践不仅具有普遍的资格，而且具有绝对现实的资格。⑨ 最后，真理或"绝对观念"就是"理念观念和实践观念的同一"。他认为，认识过程包括"观念的理念活动"和"观念的实践活动"两个方面。只有通过实践，才

---

① 参见中国社会科学院哲学研究所编《论康德黑格尔哲学 纪念文集》，上海人民出版社1981年版，第298页。

② 参见中国社会科学院哲学研究所编《论康德黑格尔哲学 纪念文集》，第298页。

③ 参见李武林《欧洲哲学范畴简史》，山东人民出版社1986年版，第802页。

④ 参见冯契、徐孝通主编《外国哲学大辞典》，上海辞书出版社2000年版，第569页。

⑤ 参见李武林《欧洲哲学范畴简史》，第804页。

⑥ ［德］黑格尔：《精神现象学》（上），贺麟、王玖兴译，商务印书馆1979年版，第271页。

⑦ ［德］黑格尔：《逻辑学》（下），杨一之译，商务印书馆1976年版，第433页。

⑧ ［德］黑格尔：《逻辑学》（下），杨一之译，第445页。

⑨ ［德］黑格尔：《逻辑学》（下），杨一之译，第523页。

能扬弃主观和客观的对立，克服认识的主观性，使之成为"完全的客观性"，达到客观真理。黑格尔关于实践问题的论述是马克思主义哲学实践范畴的重要思想基础。但是，由于黑格尔整个哲学体系都是唯心主义的，他所讲的实践，只是"绝对精神"的活动，而不是真正现实的、感性的活动。

（四）马克思主义哲学的实践范畴

马克思和恩格斯批判性地吸取了哲学史上的积极思想成果，对实践概念做了科学的规定。马克思主义认为，实践是人类有目的地能动地改造和探索现实世界的一切社会性的客观物质活动。① 全部社会生活在本质上是实践的。② 马克思主义哲学把实践理解为以物质生产劳动为核心的有目的人的一切形式的感性活动，认为"全部人的活动迄今为止都是劳动"③。实践不仅包括人们通常所说的生产实践、阶级斗争以及科学实验等能够直接改造客观对象的活动，而且包括教育过程、科学考察、社会调查等虽不直接改造客观对象但又是改造对象不可缺少的活动。④ 其中生产实践是人类最基本的实践活动。实践的主要特征在于：它是人的主观的感性的活动；是主体凭借物质手段改造客观对象的能动的物质过程，集中体现了人类特殊的自觉能动性；任何实践都是社会的人在一定社会关系中的活动；实践是历史的活动，是不断变化、发展着的人们世代相继的历史活动。⑤ 马克思主义哲学认为，实践是认识的基础、动力、目的和检验真理的最终标准。马克思主义哲学的实践范畴揭示了主客观之间通过人们的社会历史活动而达到的具体的统一，纠正了哲学史上割裂主体与客体、主观与客观、精神与物质的种种错误。因此，马克思主义哲学的实践范畴第一次在辩证唯物主义的基础上对实践的内涵和意义进行了科学的阐释，使人们对客观世界的认识有了正确的途径。

---

① 参见李武林《欧洲哲学范畴简史》，山东人民出版社1986年版，第810页。
② 《马克思恩格斯选集》（第1卷），人民出版社1995年版，第56页。
③ 韦建桦：《马克思恩格斯文集》（第1卷），人民出版社2009年版，第193页。
④ 李武林：《欧洲哲学范畴简史》，山东人民出版社1986年版，第786页。
⑤ 冯契、徐孝通主编：《外国哲学大辞典》，上海辞书出版社2000年版，第570页。

（五）后现代社会学中的实践内涵

法国皮埃尔·布迪厄是后现代社会学中把理论与实践紧密结合在一起的思想家。布迪厄关于实践的思想受到马克思早期思想、韦伯思想、以梅洛—庞蒂为代表的知觉现象学的影响。他关注社会生活实践，坚持从实践出发审视社会问题。[①]但他侧重于讨论实践中的精神因素，指出实践具有逻辑的模糊性，侧重论述实践中的习惯、感受和体验等感性因素。[②]布迪厄还认为，真实发生着的实践过程并非完全根据理性逻辑展开的，具体的、活生生的人是凭着模糊的直接感受而展开各种实践活动的，只有揭示那些作为心理底层的、在逻辑层面之下的感性意识过程，才能真正把握人的实践过程。[③]布迪厄强调实践是理论规定着的实践，没有同理论完全脱离的实践，理论同实践是一种相互蕴含的关系。也就是说，实践活动都是在一定的理论观念规定下进行的，实践包含着理论；没有哪种理论是离开特定实践条件而形成的，理论中包含着实践条件的制约。

通过上述阐述可知，布迪厄关注社会生活实践，强调实践逻辑的模糊性，强调人的感性因素在实践过程中的重要作用，强调理论与实践活动是相互蕴含而不可分割的。因此，教师的实践是在一定的理论规定下进行的，同时也受到实践主体的感性因素的制约。教师的实践是在理论与实践的共同作用下，受到可以察觉的理性因素与逻辑层面下的感性自觉的共同影响，是以教育目的达成的向善的实践活动。

三　教师实践性知识的内涵

关于"知识"和"实践"概念的解析，为我们理解教师实践性知识的内涵奠定了理论基础。20 世纪 80 年代以来，国内外研究者从不同视角分析了"教师实践性知识"的内涵。艾尔贝兹认为，实践性知识包括实践的知识和以实践为中介的知识，这种知识产生于实践并应用于实践之中。[④]她解

---

① 参见刘少杰：《后现代西方社会学理论》，北京大学出版社 2014 年版，第 144 页。

② 参见刘少杰：《后现代西方社会学理论》，第 145 页。

③ 参见刘少杰：《后现代西方社会学理论》，第 145 页。

④ Freema Elbaz, "The Teacher's 'Practical Knowledge': Report of a Case Study," *Curriculum Inquiry*, Vol. 11, No. 1, 1981.

释说：

　　这些知识包括学生的学习风格、兴趣、需求、优势和困难的第一手经验，以及教学技巧和课堂管理技能；教师了解学校的社会结构及其对师生生存和成功的要求；教师知道学校所在的社区，也知道学校会接受什么，不会接受什么。这些经验性知识是基于学科内容、儿童发展、学习和社会理论领域的理论知识。所有这些类型的知识被整合为教师个人的价值观和信念，并以实践场景为导向，在这里被称为"实践性知识"。①

　　康奈利和克兰迪宁认为："个人实践知识存在于教师以往的经验中，存在于教师现时的身心中，存在于未来的计划和行动中。个人实践性知识贯穿于教师的实践过程，也即对任何一位教师来说，它有助于教师重构过去与未来以至于把握现在。"② 芬斯特马赫区分了两种主要的知识类型：一是主要由研究人员所知和产生的、可以被描述为教师知识的知识，被称为"正式知识"；二是主要由教师知道并产生的知识——教师的知识，被称为"实践性知识"。他将实践性知识定义为教师自身作为教师的经历和对这些经历的反思所产生的知识。③ 梅叶、沃勒普等人将教师实践性知识定义为：作为教师行为基础的知识和信念；这种知识是个性化的，与环境和内容相关，通常是缄默的，基于经验的反思。④ 他们在分析已有研究成果的基础上，概括出教师实践性知识具有六个方面的特征：

---

① Freema Elbaz, *Teacher Thinking: A Study of Practical Knowledge*, New York: Croom Helm, 1983, p. 5.

② F. Michael Connelly and D. Jean Clandinin, *Teachers as Curriculum Planners*, New York: Teachers College Press, 1988, p. 25；迈克尔·康内利、琼·柯兰迪宁、何敏芳：《专业知识场景中的教师个人实践知识》，《华东师范大学学报》（教育科学版）1996 年第 2 期。

③ Gary D. Fenstermacher, "The Knower and the Known: The Nature of Knowledge in Research on Teaching," *Review of Research in Education*, 1994.

④ Paulien C. Meijer and Nico Verloop and Douwe Beijaard, "Exploring Language Teachers' Practical Knowledge about Teaching Reading Comprehension," *Teaching and Teacher Education*, Vol. 15, No. 1, 1999.

（1）它是个人的，每一位教师的实践性知识在一定程度上都是独特的；（2）它具有情境性，即在课堂情境中产生并适应课堂情境；（3）它是基于经验的反思，表明它起源于教学经验，并通过教学经验而发展；（4）它指导教学实践；（5）它主要是默会性的，这表明教师往往不习惯表达他们的知识；（6）它与内容有关，这意味着它与所教的学科有关。①沃勒普、贝贾德认为，教师实践性知识构成教师实践行为的所有知识和洞察力，是隐含在教师行为背后的知识和信念。②

中国学者也对"教师实践性知识"的内涵做了相应的界定，如林崇德、申继亮、辛涛认为，教师实践性知识是教师在面临实现有目的的行为时所具有的课堂情境知识以及与之相适应的知识。具体地说，这种知识是教师教学经验的积累。③叶澜认为：实践性知识一般是指教师关于课堂情境和在课堂上如何处理所遇到的困境的知识，是建立在专业学科知识和一般教学法知识基础上的，是一种体现教师个人特征和智慧的知识，它更能集中反映课堂教学的复杂性和互动性的特征。④陈向明将"教师实践性知识"定义为：教师真正信奉的，并在其教育教学实践中实际使用和（或）表现出来的对教育教学的认识。⑤曹正善将教师实践性知识定义为以人类美好生活为目的，以教师的教育生活经验的反思为基础，并用一切具有典型意义的概括形成清晰的意识，再回到具体的教育实践中，以得出一些因时因地因不同情境而异的行为指导性知识。⑥钟启泉认为，"实践性知识"是教师作为实践者发现和洞察自身的实践和经验之中的

---

① Paulien C. Meijer and Nico Verloop and Douwe Beijaard, "Exploring Language Teachers' Practical Knowledge about Teaching Reading Comprehension," *Teaching and Teacher Education*, Vol. 15, No. 1, 1999.

② Nico Verloop and Jan Van Driel, "Teacher Knowledge and the Knowledge Base of Teaching," *International Journal of Educational Research*, Vol. 35, No. 5, 2001.

③ 林崇德、申继亮、辛涛：《教师素质的构成及其培养途径》，《中国教育学刊》1996 年第 6 期。

④ 叶澜：《教师角色与教师发展新探》，教育科学出版社 2001 年版，第 200 页。

⑤ 陈向明：《实践性知识：教师专业发展的知识基础》，《北京大学教育评论》2003 年第 1 期。

⑥ 曹正善：《论教师的实践知识》，《江西教育科研》2004 年第 9 期。

"意蕴"的活动。①

之后，中国学者在分析已有研究成果的基础上理解"教师实践性知识"的内涵。如姜美玲认为，教师实践性知识是指教师在具体的日常教育教学实践情境中，通过体验、沉思、感悟等方式来发现和洞察自身的实践和经验之中的意蕴，并融合自身的生活经验以及个人所赋予的经验意义，逐渐积累而成地运用于教育教学实践中的知识以及对教育教学的认识，它实质性地主导着教师的教育教学行为，有助于教师重构过去经验与未来计划以至于把握现时行动。② 陈静静认为，教师实践性知识是教师建立在对个人生活史的评估和反思基础上的，被教师认可并在日常教育和教学活动中实际使用的、与情境相适应的、动态的知识体系。③

陈向明课题组对教师实践性知识的研讨和实地研究，进一步深化了对教师实践性知识的认识。他们将其含义凝练为教师对自己的教育教学经验进行反思和提炼后形成的，并通过自己的行动做出来的对教育教学的认识。④ 他们认为，教师实践性知识的本质是对教育教学的认识，来源于教育教学经验，并需要对这些经验进行反思和提炼才可生成，并表现于自己的行动中。该定义说明了教师实践性知识与教师的教育教学经验的区别与联系，比较全面地揭示了教师实践性知识的内涵。

综上所述，研究者对教师实践知识界定的侧重点有所不同，一般涉及以下几个方面：（1）将教师实践性知识的本质归为教师对教育教学的价值观、信念、洞察力、意蕴或认识；（2）教师实践性知识是以教师个人的教育教学经验和个人生活经验为基础的；（3）教师实践性知识的生成需要通过教师对教学经验或个人生活史的体验、评估、反思和提炼；（4）教师实践性知识产生于实践、指导实践，是与实践情境相适应的，具有个体性。本书在已有研究的基础上，将教师实践性知识的内涵界定为：教师对自己

---

① 钟启泉：《"实践性知识"问答录》，《全球教育展望》2004 年第 4 期。

② 姜美玲：《教师实践性知识研究》，博士学位论文，华东师范大学，2006 年。

③ 陈静静：《教师实践性知识及其生成机制研究》，博士学位论文，华东师范大学，2009年。

④ 陈向明：《搭建实践与理论之桥 教师实践性知识研究》，教育科学出版社 2011 年版，第67 页。

以往的教育教学实践和经验进行反思，这些实践和经验可用于指导未来的教育教学行动，并通过提炼总结后形成对教育教学的认识。

四　民族院校教师实践知识的内涵

民族院校是党和国家为解决国内民族问题，以招收少数民族学生为主的，为少数民族和民族地区培养各级各类人才而单独设立的，并冠以"民族"称谓的综合性普通高校。[1] 民族院校是中国高等院校的重要组成部分，兼具教育工作和民族工作的双重属性。随着中国社会经济文化的发展，民族院校目前具有与普通高等院校相同的社会职能，即人才培养、科学研究、社会服务、文化传承与创新、国际交流与合作。与此同时，民族院校要始终贯彻"为少数民族服务，为民族地区服务"的办学宗旨。民族院校除了具有与普通高等院校相同的办学规律之外，还具有自身的办学特点。首先，教育对象的文化多元性和差异性。民族院校以招收少数民族学生为主，绝大多数学生来自少数民族和民族地区，少数民族学生占全校学生的比例大都在 60% 左右。其次，教师队伍的多民族性。民族院校少数民族专任教师占有一定的数量，在培养少数民族人才中发挥着重要作用。如 2010 年、2011 年、2012 年西藏民族大学少数民族专任教师数分别为 70 人、69 人、72 人，西北民族大学少数民族专任教师数分别为 309 人、321 人、343 人，中央民族大学少数民族专任教师数分别为 441 人、440 人、433 人，中南民族大学少数民族专任教师数分别为 478 人、550 人、521 人。[2] 最后，校园文化的多元性。各民族的学生和教师在从中国的各个地区来到民族大学之前，他们受到自身成长与生活环境的影响，带有鲜明的文化符号特征。不同民族和地区的学生和教师汇聚到民族院校这个大家庭里，共同学习与生活，多样的民族风俗习惯和文化相互碰撞、交流与融合，最终形成了具有多元文化的校园特色。因此，民族院校是一个由多民族文化和区域文化交织融合在一起的具有多元文

---

① 吴霓等：《中国民族教育发展报告 2013》，教育科学出版社 2015 年版，第 4 页；张俊豪、丁月牙、苏红：《中国少数民族教育探索》，民族出版社 2017 年版，第 17 页。

② 吴霓等：《中国民族教育发展报告 2013》，第 94 页。

化特色的教育场域。

民族院校的教育教学和发展既要借鉴和遵循普通高等院校教育教学的基本经验和一般规律，还要探索符合自身特点的教育教学规律和发展经验。民族院校教师实践性知识是民族院校教师对自己以往的教育教学实践和经验进行反思，将这些实践和经验用于指导未来的教育教学行动，并通过提炼总结后形成的对民族院校教育教学的认识。具体而言，它受到民族院校教师所在的教育教学场域的影响，是民族院校教师在民族院校中逐渐形成和发展的关于民族高等教育教学的认识和体验。它来自教育教学实践，并应用于教育教学实践，指引着民族院校教师的教育教学工作。

第二节 理论基础

理论是对某个现象的一种理解和解释，它给予研究者观察某个现象的感知力和洞察力，并加深研究者对现象的理解。约瑟夫·A. 马克斯威尔将研究中使用的理论形象地比喻为"探明灯"。他这样解释道：

> 一个实用的理论照亮你所看到的一切，它吸引你的注意力，它让你注意到特定事件或现象，并帮助你建立事物之间的关系，否则这些关系可能被忽视或误解了。然而，一个理论照亮了一个区域，它也会把其他地方留在黑暗中；没有哪一种理论可以照亮一切。[1]

下面阐述本书在分析和解释民族院校教师实践性知识生成与发展时所使用的理论。

一 建构主义学习理论

建构主义学习理论兴起于 20 世纪 80 年代，在教育研究领域中产生了非常深刻的影响。建构主义认为，人是以原有知识经验为基础建构自己

---

① ［美］约瑟夫·A. 马克斯威尔：《质的研究设计 一种互动的取向》，朱光明译，重庆大学出版社 2007 年版，第 33 页。

对现实世界的解释和理解的，个人的知识是由人建构起来的，意义不是独立于我们而存在的。① 它强调学习者的学习过程是学习者积极主动的意义建构过程，常常是在与社会文化互动过程中完成的。建构学习理论强调知识的动态性，学习者经验世界的丰富性和差异性，学习者的主动性、社会互动性和情境性。② 建构主义理论大致可以分为个人建构主义和社会建构主义两种取向。个人建构主义关注个人是如何建构某种认知方面的（如知识理解、思维技能）或者情感方面的（如信念态度、自我概念）素质的，其基本观点是：学习是一个意义建构过程，学习是学习者通过新、旧知识经验的双向相互作用，来形成、丰富和调整自己的认知结构的过程。③ 社会建构主义所关注的是学习和知识建构背后的社会文化机制，其基本观点是：学习是一个文化参与的过程，学习者通过借助一定的文化支持参与某个共同体的实践活动来内化有关的知识。④

二　教师反思理论

教师反思理论自 20 世纪 80 年代先在美国、加拿大、英国和澳大利亚等西方国家教育界兴起，之后迅速波及并影响世界各国。

（一）杜威的反思思维

最早将反思引入教学领域的是美国哲学家、教育家杜威。杜威认为，思维的较好的方式是反思思维，这种思维乃是对某个问题进行反复的、严谨的、持续不断的深思。⑤ 反思思维一旦形成，它便具有自觉的和有意义的努力，在证据和合理性的坚实基础上形成信念。⑥ 根据探寻的作用，杜威将反思思维定义为：现有的事物暗示了别的事物（或真理），从而引

① 陈琦、刘儒德主编：《教育心理学》，高等教育出版社 2011 年版，第 152 页。
② 陈琦、张建伟：《建构主义学习观要义评析》，《华东师范大学学报》（教育科学版）1998 年第 1 期；张建伟：《从传统教学观到建构性教学观——兼论现代教育技术的使命》，《教育理论与实践》2001 年第 9 期。
③ 陈琦、刘儒德主编：《教育心理学》，第 156—157 页。
④ 陈琦、刘儒德主编：《教育心理学》，第 156—157 页。
⑤ ［美］约翰·杜威：《我们怎样思维·经验与教育》，姜文闵译，人民教育出版社 2005 年版，第 11 页。
⑥ ［美］约翰·杜威：《我们怎样思维·经验与教育》，姜文闵译，第 16 页。

导出信念，此信念以事物本身之间的实在关系为依据，即以暗示的事物和被暗示的事物之前的关系为依据。① 反思思维和一般所谓的思维具有显著的不同，反思思维包括：（1）引起思维的怀疑、踌躇、困惑和心智上的困难等状态；（2）寻找、搜索和探究的活动，求得解决疑难、处理困惑的实际办法。② 反思思维是受意识控制的，在整个反思思维的过程中，居于持续的和主导地位的因素是解决疑惑的需要。③ 问题的性质决定思维的目的，而思维的目的则控制思维的过程。④ 他认为，反思思维具有以下特点：（1）反思思维是有意识的；（2）反思思维是连续的；（3）反思思维是严谨的；（4）反思思维旨在求得结论；（5）思维实际上是信念的同义词；（6）反思思维激励人们去探索。⑤ 在杜威看来，反思思维的过程是：感觉问题所在、观察各方面的情况、提出假定的结论并进行推理、积极地进行实验和检验。⑥ 杜威指出，培养反思思维需要虚心的态度、全身心地投入、责任心。⑦

（二）舍恩的反思行动思想

虽然杜威最先将反思应用于教育领域，但人们对教师反思的关注却始于美国学者唐纳德·A. 舍恩的研究。舍恩一直专注于研究杜威哲学思想，致力于如何帮助专业工作者胜任实践工作，强调"行动中反思"的学习理论与反思行动的方法。自20世纪80年代中期迄今，舍恩的反思行动思想在教育领域产生了重要的影响。舍恩指出，科技理性视角下的专业实践是一个问题解决的过程，也就是说，专业实践者首先需要明确所要解决的问题，其次再选择一个最能有效实现目标的手段。然而，我们实际生活中的问题情境大多数是复杂的、不确定的、不稳定的、独特的和具有价值冲突的，不以实践者所假设的模样出现，它们是令人困惑的、

---

① ［美］约翰·杜威：《我们怎样思维·经验与教育》，姜文闵译，人民教育出版社 2005年版，第18页。

② ［美］约翰·杜威：《我们怎样思维·经验与教育》，姜文闵译，第19页。

③ ［美］约翰·杜威：《我们怎样思维·经验与教育》，姜文闵译，第20页。

④ ［美］约翰·杜威：《我们怎样思维·经验与教育》，姜文闵译，第21页。

⑤ ［美］约翰·杜威：《我们怎样思维·经验与教育》，姜文闵译，第14页。

⑥ ［美］约翰·杜威：《我们怎样思维·经验与教育》，姜文闵译，第166页。

⑦ ［美］约翰·杜威：《我们怎样思维·经验与教育》，姜文闵译，第33—37页。

苦恼的及未确定的问题情境，同时不符合科技理性的模式。于是，舍恩提出以"行动中反思"和"对行动的反思"为核心概念的反思行动思想。他还论述了"与情境进行反思性对话""重新框定"和"框定实验"的概念。我们的认识通常是内隐的，内隐于我们行动的模式中，潜在于我们处理事务的感受里。我们的认识存在于行动之中。[①] 通过反思，他能揭露和批判存在于一个专精化实践工作中的重复性经验的内隐知识，而且如果他允许自己去体验，他就能对情境的不确定性或独特性产生新的理解。[②] 舍恩指出，被我们看作实践性知识的大部分内容实际上是行动中的默会知识以及实践者就复杂情境的突发性问题展开现场反思和实验的能力，舍恩将这种行动称为行动中反思。[③]"对行动的反思"，即是对过去经验中学习的反思转化。[④]

（三）范梅南的教师反思思想

范梅南在《教学机智　教育智慧的意蕴》中将行动与反思的关系分为四类：行动前反思、行动中反思、一种全身心的关注和对行动的反思。（1）行动前反思。它能使我们对各种可能的选择进行仔细反思，决定行动路线，计划我们需要做的各种事情，以及期望我们和他人由于我们计划的行动结果而可能得到的经历。[⑤]（2）主动的或交互性的反思有时也被叫作"行动中的反思"。它使我们能够与我们立刻就要面对的情境或问题相协调，这种临场性的反思让我们当机立断地做出决策。[⑥]（3）还有一种常见的经历，它由交互作用的教育时机本身构成，以一种不同的反思类

---

① ［美］唐纳德·A. 舍恩：《反映的实践者 专业工作者如何在行动中思考》，夏林清译，北京师范大学出版社 2018 年版，第 42 页。

② ［美］唐纳德·A. 舍恩：《反映的实践者 专业工作者如何在行动中思考》，夏林清译，第 52 页。

③ ［美］克里斯·阿吉里斯、唐纳德·A. 舍恩：《实践理论：提高专业效能》，邢清清、赵宁宁译，教育科学出版社 2008 年版，第 7—8 页。

④ ［美］唐纳德·A. 舍恩：《反映的实践者 专业工作者如何在行动中思考》，夏林清译，第 5 页。

⑤ ［加］范梅南：《教学机智 教育智慧的意蕴》，李树英译，教育科学出版社 2014 年版，第 97 页。

⑥ ［加］范梅南：《教学机智 教育智慧的意蕴》，李树英译，第 97 页。

型为特征：一种全身心的关注。① 当我们在与人互动时，我们通常没有时间和机会对正在发生的经历进行反思，瞬间的行动通常并不是由反思产生的，这种交互作用的经历或者说"冲动"本身可能就是充满了全身的关注。（4）追溯性的反思，也称对行动的反思。对行动的反思是回忆性的，它总是发生在事情过去之后。② 可见，范梅南对行动与反思关系的论述是对舍恩研究的补充和创新。

范梅南还根据反思所涉及的对象和性质，将教师的反思分为三类③：第一类，技术合理性。它被认为是对事件的反思，依赖于个人经验或观察，而不考虑系统或理论；它通常不被认为是有问题的。重点是课堂能力和有效性，通过可衡量的结果来证明。这个层次的教育工作者只考虑教育知识和基本课程原则的技术应用，以达到既定的目的。课堂、学校、社区或社会的目的和制度背景都不是有问题的。范梅南把这一层次称为经验—分析范式，并把它归类为反思的最低层次。第二类，实践行动。它通过整合一个系统或理论超越了技术理性；它通常认为事件是有问题的，但往往表现出个人的偏见。在这个层次上，教师分析学生和教师的行为，观察目标和目的是否达到，以及如何达到。教育选择是基于对某种信仰框架的价值承诺。教育工作者不是仅仅描述一个客观的结果，而是基于他们对所涉及情况的主观感知来解释可测量的结果。范梅南将其定义为解释学—现象学范式。第三类，批判反思。它将道德和伦理标准纳入具有开放思想的实际行动话语中，例如，是否满足了重要的人类需求。在这里，教学（目的和手段）和周围的环境被视为是有问题的，也就是说，作为一个更大的可能性世界的价值支配的选择。在这个层面上，教育工作者关心的是知识的价值和对学生有益的社会环境，而不是扭曲的个人偏见。范梅南将其定义为批判—辩证范式，并将其归类为最高层次的反思。

---

① ［加］范梅南：《教学机智 教育智慧的意蕴》，李树英译，第97页。

② ［加］范梅南：《教学机智 教育智慧的意蕴》，李树英译，教育科学出版社2014年版，第110页。

③ Edward G. Pultorak and Debbie Barnes, "Reflectivity and Teaching Performance of Novice Teachers: Three Years of Investigation," *Action in Teacher Education*, Vol. 31, No. 2, 2009.

（四）格里菲斯和唐的教师反思思想

格里菲斯和唐在舍恩二分法的基础上，提出反思的五个水平，通过反思实践将个人理论与公共理论联系起来。① 大多数行动研究的工作集中在一个层面的反思上，如"行动中的反思"是舍恩工作的主要关注点；范梅南区分了三个层次的反思，每一层次都高于上一层次，并取代上一层次。他们认为，不同层次的反思水平对于职业生涯不同阶段的教师来说都是必要的和重要的。格里菲斯和唐提出的反思的五个水平更接近于杜威的"反思思维"过程。其反思的五个水平为：快速反应、修正、回顾、研究、重建理论和重新制定。这五个水平以不同的速度和意识水平发生，都是有价值和必要的反思实践。

第一种类型：行动中的反思：可能是个人的和私人的。水平1：快速反应。在这个层面上，教学行动是即时的和自动的。水平2：修正。在这个层次上，虽然有思考的停顿，但它是"当场"的，而且非常快。

第二种类型：对行动的反思：可能是人际关系和同僚关系。水平3：回顾。在这个层次上，思考和反思是在行动完成之后进行的。前两个水平都是"行动中的反思"，但从这里开始，所有的水平都是"对行动的反思"。这可能发生在正常工作时间的任何时候——在休息时间，回家的车上，在一天的结束或周末。老师会仔细思考或谈论某个小组或某个孩子的进步。这可能是由于记忆或标记工作的结果。因此，现有的教学计划可能会被修改。老师可能会重新评估如何管理孩子，或者重新思考课堂上的群体关系。水平4：研究。在这个层次上，观察变得有系统和高度集中。收集、分析和评估信息的过程可能需要几周或几个月的时间。教师收集关于某一特定问题的信息，然后仔细地反思问题产生的原因，以及信息收集本身的有效性和可靠性。水平5：重建理论和重新制定。这是一种抽象的、严格的反思，经过几个月或几年的时间，就能得到完整的表述和重新表述。在这个过程中，教师自身的理论将发生变化，公认的理论有可能受到挑战。除非老师批判性地阅读理论，否则这个水平是不可

---

① Morwenna Griffiths, "Using Reflective Practice to Link Personal and Public Theories," *Journal of Education for Teaching*, Vol. 18, No. 1, 1992.

能达到的。

格里菲斯和唐所构建的五个水平的反思，扩展和细化了舍恩的行动中的反思和对行动的反思的思想，使人们的反思实践过程更为具体和直观，有助于个人实践的理论化。

三 社会文化理论

社会文化理论是在苏联心理学家列夫·维果斯基创立的文化—历史理论的基础上发展起来的，是研究人类认知发展的理论。该理论强调在不脱离社会文化环境的基础上研究人类认知和心理机能的发展，因为人类认知与心理机能的起源和发展包含在社会文化的互动中。① 社会文化理论是用于解释人类认知与文化、历史和教育背景之间关系的理论。② 维果斯基认为，社会实践、个人意识和物质文化相互融合都是人类思维发展的一部分，但这并不意味着社会和心理是混为一体的，它们彼此是相互协调的关系。③ 社会文化理论认为，所有知识的学习都是从社会开始的，然后才是个体，也就是说，人类的认知发展首先是人与人之间的互动，然后才是个体的大脑内部。④ 社会文化理论关注人的心理、社会文化背景以及对人类认知或者思维功能有调节作用的文化产物三个方面的互动研究。⑤ 该理论强调社会、文化因素在人的认知发展中的核心作用，人的认知发展是个体内部与外界环境共同作用的结果。

中介、内化、活动、最近发展区是社会文化理论的基本概念。（1）"中介"是社会文化理论的核心思想，其基本观点可归纳为：人所特

① 梁爱民、陈艳：《维果斯基社会文化理论混沌学思想阐释》，《山东大学学报》（哲学社会科学版）2013 年第 5 期。

② James P. Lantolf, "Language Emergence: Implications for Applied Linguistics: A Sociocultural Perspective," *Applied Linguistics*, Vol. 27, No. 4, 2006.

③ 詹姆斯·P. 兰托夫、秦丽莉：《社会文化理论——哲学根源、学科属性、研究范式与方法》，《外语与外语教学》2018 年第 1 期。

④ 詹姆斯·P. 兰托夫、秦丽莉：《社会文化理论——哲学根源、学科属性、研究范式与方法》，《外语与外语教学》2018 年第 1 期。

⑤ 詹姆斯·P. 兰托夫、秦丽莉：《社会文化理论——哲学根源、学科属性、研究范式与方法》，《外语与外语教学》2018 年第 1 期。

有的高级心理机能（如记忆、注意和理性思维等）是社会文化的产物，需要通过语言符号、文化产品、活动、概念的中介或调节来实现（语言是首要的调节手段）。（2）维果斯基认为：所有高级的社会历史的心理活动形式，首先都是作为外部活动的形式，而后内化为在头脑中进行的内部活动。① 这种从外部、人际的活动形式向个体内部的心理过程的转变就是"内化"。② 个体所有的高级心理机能都是社会关系的内化，正是这些内化了的社会关系构成了个性的社会结构。③（3）维果斯基受到马克思主义实践观的影响，认为人的高级认知功能是在社会活动实践中发展起来的。④ 因而，人的行为是个体和社会文化环境相互作用的结果。也就是说，个人生活与工作在特定的社会文化环境中，在与他人和周围环境的互动过程中，自我认知得到发展。（4）维果斯基认为，儿童的智力发展有两种水平：一是现有水平，即儿童当前所达到的智力发展状态；二是在现有状态的基础上，经过努力所能达到的一种新的发展状态。⑤ 这两种水平状态间存在着差异，这个差异地带就是"最近发展区"。该理论科学地阐释了教学与发展的关系。

---

① L. S. Vygotsky, *Mind in Society*: *Development of Higher Psychological Processes*, Boston: Harvard University Press, 1978, p. 22.

② 梁爱民、陈艳：《维果斯基社会文化理论混沌学思想阐释》，《山东大学学报》（哲学社会科学版）2013 年第 5 期。

③ L. S. Vygotsky, *Mind in Society*: *Development of Higher Psychological Processes*, Boston: Harvard University Press, 1978, p. 22.

④ 王光荣：《文化的诠释 维果斯基学派心理学》，山东教育出版社 2009 年版，第 20 页。

⑤ 张向葵、刘秀丽主编：《发展心理学》，东北师范大学出版社 2002 年版，第 60 页。

第 二 章

研究设计

　　本书的开展依据的是质的研究设计。质的研究设计是一个进行中的过程，它需要处理评价目的、理论、研究问题、方法以及相互间的效度和这些要素之间的关系，在所设计的各个要素之间不断来回"走动"。[①]如图 2-1 所示，各要素形成一个综合、互动的整体，其中每一个要素都与其他几个要素密切相连。[②] 下面将对本书的具体研究问题、概念界定和概念框架、研究范式的选择、具体研究方法、研究过程的展开、研究中的效度问题——进行详细阐述和说明。

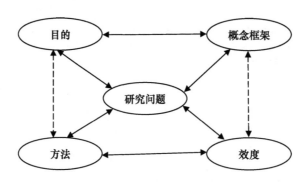

图 2-1　一种互动的研究设计模式

---

　　① ［美］约瑟夫·A. 马克斯威尔：《质的研究设计 一种互动的取向》，朱光明译，重庆大学出版社 2007 年版，第 3 页。

　　② ［美］约瑟夫·A. 马克斯威尔：《质的研究设计 一种互动的取向》，朱光明译，第 4 页。

第一节 研究问题

本书旨在研究民族院校教师实践性知识的内容、生成过程及影响其发展的因素，并针对现实情况为民族院校教师教学发展和教学改革提供建议和对策。具体研究问题如下：

研究问题1：民族院校教师实践性知识的内容是怎样的，以及这些实践性知识所蕴涵的教育意义？

研究问题2：民族院校教师实践性知识的生成过程是怎样的？

研究问题3：影响民族院校教师实践性知识发展的因素是什么，以及各因素在其发展中起着怎样的作用？

第二节 概念界定及概念框架

一 概念界定

研究中对关键概念进行界定可以明确研究对象和研究内容，有利于研究的顺利开展。围绕本书的研究问题，下面对本书中所涉及的核心概念——"知识""实践""教师""教师的实践""教师实践性知识""民族院校教师实践性知识""教师教学发展"的含义进行说明，以使本书的开展具有可操作性。

知识：本书融合实用主义知识观和后现代主义知识观，将"知识"界定为：在社会生活实践中认知主体和认知客体在相互作用过程中，认知主体对认知客体主观能动地意义建构的认识结果。知识的建构不仅涉及特定的、具体的认知个体，还受到特定历史条件、社会制度、文化传统和价值取向等的影响和制约。知识是人类活动的产物，它的增长是通过批判和创造对已有知识进行不断改造或抛弃。知识不仅被看作以语言或文字表现的关于认知客体的认识，而且是一种实践能力；它不单单是认识和描述对象的能力，还是处理问题、社会交往和人际沟通的能力。知识的评价超出了确定且唯一的真理标准，还包括效率标准、正义和幸福标准等。知识具有文化性、建构性、情境性、个体性、价值性、有效性等特点。

实践：马克思主义哲学对实践的范畴进行了科学阐释，后现代主义丰富了实践的内涵。实践是人类有目的地改造世界的感性物质活动，是对人类自身社会历史活动本质的概括。[1] 它是人类在理性指导下的感性活动，是理论规定着的实践，具有实践逻辑的模糊性。实践的过程是人类在社会生活实践中能动地改造外在环境来满足自己生存和发展的需要。实践的生活与"变化"的事物相关，也就是与变化的世界相关，这种变化的世界是一个我们行动的世界。

教师：广义的教师是指从事教育教学活动的教育者，狭义的教师专指教授某一学科的教师。在本书中，教师的含义取狭义的理解，是指讲授某一学科的教师。

教师的实践：是指教师通过教育教学实践活动主动地、有目的地促进学生的学习和成长，是向善的、道德性的教育教学活动。教师的实践是教师在理性指导下的感性活动，能动地改造外在环境来满足自身的专业发展。教师的实践随着教育教学情境的变化而改变。

教师实践性知识：是指教师对自己以往的教育教学实践和经验进行反思，这些实践和经验可用于指导未来的教育教学行动，并通过提炼总结后所形成的对教育教学的认识。

民族院校教师实践性知识：是指民族院校教师对自己以往的教育教学实践和经验进行反思，这些实践和经验可用于指导未来的教育教学行动，并通过提炼总结后所形成的对民族院校教育教学的认识。高校教师，一般来说，都是某一专业或领域的专家[2]，具有丰富的学科知识，然而，他们关于如何教育教学的知识各不相同。本书旨在探讨民族院校教师在拥有丰富的学科知识的基础上，是如何进行教育教学的以及对教育教学的认识和理解，即关于民族院校教育教学的实践性知识。

教师教学发展：在个体层面上，教师教学发展是指教师个体教学能力提升的过程，是教师不断提升自己教书育人的意识和责任感、发掘自己已

---

① 冯契、徐孝通主编：《外国哲学大辞典》，上海辞书出版社2000年版，第569页。

② 潘懋元、刘丽建、魏晓艳选编：《潘懋元高等教育论述精要》，福建教育出版社2015年版，第62页。

有的教育教学知识、建构新的教育教学的知识，并不断增强教育教学能力的过程。在集体层面上，教师教学发展指的是教师作为学校群体中的一员，其教学发展影响着学校的教学质量、培养人才的质量和内涵式发展。

二　概念框架

"概念框架"是以图表或叙述的形式解释有待于研究的主要事物。[①]它是研究者的初步理论设想，通常包括：（1）组成研究问题的重要概念以及这些概念之间的各种关系；（2）研究问题的范围、内容维度和层次；（3）研究者自己发展出来的工作假设。[②]建立概念框架可以帮助研究者在研究之前将研究问题所包括的重要方面呈现出来，可以进一步加深对研究问题的理解，并为发展新的理论奠定基础。笔者通过已有的理论和研究以及自己的经验知识，建构出本书的概念框架（见图2-2）。

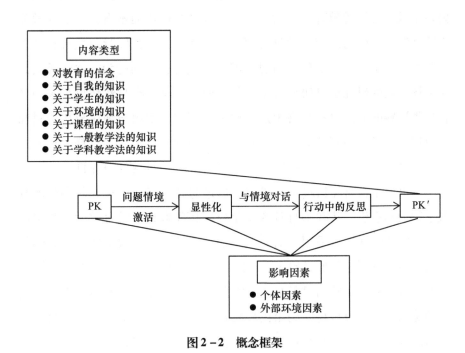

图2-2　概念框架

---

① ［美］约瑟夫·A. 马克斯威尔：《质的研究设计 一种互动的取向》，朱光明译，重庆大学出版社2007年版，第25页。

② 陈向明：《质的研究方法与社会科学研究》，教育科学出版社2000年版，第91页。

第三节　质的研究范式

"范式"是指我们对世界本质（本体论）以及我们如何理解这种本质（认识论）的一种普遍的哲学假设，这些假设往往为特定领域或传统中的研究者所共有。[①] 研究问题和研究目的决定了研究范式的选取，一个清晰的范式立场有助于指导本书的设计与分析。本书通过对民族院校教师的教育教学行为和思想的深度访谈、观察和体验，探究其关于教育教学的实践性知识，理解和解释其教育教学实践。教师的教育教学行为和思想与他们所处的教育教学场域的文化情境密不可分。教师面临的教育教学情境是变化的、不确定的、复杂的。情境性是教师实践性知识的本质特征。教师的实践也具有模糊性和不确定的特性。大部分教师实践性知识内隐于教师日常的教育教学行为中，教师经常使用而不自知。研究教师实践性知识需要通过与教师进行深入的对话与交流，倾听与挖掘教师在日常教育教学行为中的所做所思，感受和理解教师的行为，并赋予其意义解释。质的研究是以研究者本人作为研究工具，在自然情境下采用多种搜集资料的方法对社会现象进行整体性探究，使用归纳法分析资料和形成理论，通过与研究对象互动对其行为和意义建构获得解释性理解的一种活动。[②] 因此，质的研究范式符合本书的研究问题和研究目的。

本书就是在自然情境下，研究者通过与教师互动来探究教师的教育教学行为和思想，从教师自身的视角分析和理解其在教育教学过程中所采用的实践性知识。采用质的研究有助于了解和理解教师的教育教学行为和思想以及影响其形成的内外部因素，有助于透过对看似寻常、普通、重复的教育教学实践活动的分析，以及影响其教育教学实施的内外部因素的深入剖析，分析与归纳出民族院校教师实践性知识的内容并揭示其背后的教育意涵，以及获得对民族院校教师实践性知识生成过程的理解

---

① ［美］约瑟夫·A. 马克斯威尔：《质的研究设计 一种互动的取向》，朱光明译，重庆大学出版社 2007 年版，第 2 页。

② 陈向明：《质的研究方法与社会科学研究》，教育科学出版社 2000 年版，第 12 页。

和意义的阐释。

第四节　研究方法

本书在对教师实践性知识相关研究成果梳理的基础上，采用"自上而下"与"自下而上"相结合的收集资料与分析资料的研究路径。以一所有代表性的民族院校为研究场域，通过对教师的日常教育教学行为和思想的深入考察、分析与理解，来探索民族院校教师实践性知识的内容、生成过程以及影响其发展的因素。研究方法的选择需要考虑所要研究的问题和研究现象与特点。在研究过程中，采用的具体研究方法为文献分析法、个案研究法和叙事探究法。

一　文献分析法

本书是在文献分析的基础上展开的，主要在以下方面采用文献分析法：一是梳理民族院校教师教学发展或专业发展、国内外学者关于教师实践性知识的已有研究成果，目的在于帮助笔者理清研究问题，探索新的看问题的视角，奠定研究的基础；二是收集、整理与分析关于高校教育教学改革、高校教师、民族教育等相关政策文件，所选取学校的办学理念、师生情况、教学与教师方面的文件等，这是顺利开展研究、分析研究现象的基础；三是广泛汲取哲学、社会学、教育学等多学科的理论资源，这些理论有助于厘清本书的核心概念，帮助笔者分析与阐释民族院校教师实践性知识的内容、生成过程及发展的影响因素。

二　个案研究法

个案研究是指将当前现象比如"个案"置于现实世界的情境中所做的实证探究，尤其是在现象和社会背景情境没有明显边界的情况下。[①] 殷认为，个案研究最适合的三种情形是：（1）研究问题的类型是"怎么样

---

① ［美］罗伯特·K. 殷：《案例研究方法的应用》，周海涛、夏欢欢译，重庆大学出版社2014 年版，第 4 页。

的”“为什么”；（2）研究者对正在发生的事件不能进行控制或仅能进行低程度的控制；（3）研究的重点是当前的现象或正在发生的事件。① 个案研究既可以是对单个个案的研究，也可以是对单个个案中的多个个案的研究。本书主要关注民族院校教师实践性知识的实际情况，选取一所民族院校，通过对多位民族院校教师的教育教学行为和思想的深入描述和分析，理解和解释民族院校教师在真实的教育教学场域中所具有的实践性知识及其生成过程和影响因素，即研究民族院校教师实践性知识"是什么""怎么样""为什么"的问题。在对多个个案进行综合分析的基础上，通过分析性归纳和推理，对研究发现进行理论化，形成对民族院校教师实践性知识的认识和理解。通过上述分析可知个案研究法适合用于探索本书的问题。

三　叙事探究法

叙事是人类最重要、最基本的话语方式，从本质上讲是对过去经验的一种语言表征。② 它是和人类历史一样古老的一种交际行为，是人类赖以生存的一种交际能力。③ 教育叙事探究是研究者通过描述个体教育生活，搜集和讲述个体教育故事，在解构和重构教育叙事材料过程中对个体行为和经验建构获得解释性理解的一种研究。④ 丹麦学者曹诗弟将教育叙事这种研究路向称为"从下而上"，也就是"从普通教师、学生及家长的经验与感受出发，为中国教育研究开辟另一条意义丰富的言说道路"⑤。米尔斯也提出，理论研究必须根植于研究者的人生体验，或者说，理论研究的本质其实是个人生活叙事。⑥ 而教师实践性知识与教师的生活经历、求学经历、工作经历、教育教学的信念和价值观等密切相关，具有个体性、情境性、缄默性、不确定性等特征。因此，教育叙事探究的方

---

① ［美］罗伯特·K. 殷：《案例研究 设计与方法》，重庆大学出版社 2017 年版，第 19 页。

② 丁建新：《叙事的批评话语分析 社会符号学模式》，重庆大学出版社 2014 年版，第 1 页。

③ 丁建新：《叙事的批评话语分析 社会符号学模式》，第 1 页。

④ 傅敏、田慧生：《教育叙事研究：本质、特征与方法》，《教育研究》2008 年第 5 期。

⑤ 转引自周勇《教育叙事研究的理论追求——华东师范大学丁钢教授访谈》，《教育发展研究》2004 年第 9 期。

⑥ 转引自周勇《教育叙事研究的理论追求——华东师范大学丁钢教授访谈》，《教育发展研究》2004 年第 9 期。

法与教师实践性知识研究具有契合性。通过教育叙事探究，研究者可以理解、解释和重构教师教育教学的观念、行为和经验，捕捉、提炼和呈现教师的实践性知识；教师在与研究者互动的过程中，也会解构与重构自身的实践性知识。

第五节 研究过程的展开

本书的目的在于了解民族院校教师在日常教育实践中所呈现出的实践性知识及其生成与发展。这与教师自身的成长经历、受教育经历、工作经历、所处的教育教学场域等因素密切相关。因此，本书研究内容具有复杂性，研究线索是逐渐展开和聚焦的过程。

一 研究对象

研究对象的选取采用目的性选样，选择能够为本书问题提供最大信息的学校和教师。

（一）学校和教师的选取

1. 学校的选取

本书选取 W 民族大学作为本书的研究场域。W 民族大学在中国民族院校中具有代表性和典型性，以招收少数民族学生为主，被誉为"少数民族人才培养的摇篮"。W 民族大学是党和国家为解决中国民族问题、培养少数民族干部和高级专门人才而创建的一所具有鲜明特色的高等学校。W 民族大学建校较早，为中国培养了大批少数民族杰出人才，为中国的民族团结进步事业和民族地区经济社会文化建设做出了重要贡献。

W 民族大学的办学定位是：为国家战略和民族团结进步事业服务，为少数民族和民族地区发展服务。目前，W 民族大学具有教学科研单位 29 个，其中有本科教学单位 25 个、预科教学单位 1 个。学校现有本科专业 65 个，涵盖工学、理学、文学、法学、经济学、管理学、哲学、教育学、历史学、艺术学 10 个学科门类。W 民族大学有本科在校生 1.1 万多人，其中少数民族学生占 55% 左右。W 民族大学现有专任教师 1000 多人，少数民族教师占比接近 40%。

2. 教师的选取

按照研究的目的，研究抽取能够为研究问题提供最大信息量的研究对象①，笔者在 W 民族大学选取了能够比较完整地、相对准确地回答研究问题的 16 名任课教师（教授本科学生或预科学生）。新手教师由于从教经验不足，实践性知识较少，难以捕捉和提炼实践性知识；而对优秀教师实践性知识的研究对他们的专业成长会有指导作用。② 在教师的选取中，主要考虑以下因素：（1）在教学方面取得良好评价的教师，如根据学生对教师教学效果的评价，或者教师所获得的荣誉进行选取；（2）拥有丰富教学经验的教师，如根据教师的教龄进行选取；（3）为保证被选教师的多样性，在选取教师时，尽量保证教师在性别、专业背景、年龄、教龄、民族等方面的信息具有一定的区分度；（4）教师愿意在繁忙的工作安排中抽出时间来接受笔者的访谈、观察，给予笔者理解、支持与配合，给笔者提供获取充足信息的机会，这也是本书在选取教师时考虑的关键因素。本书共选取了 16 名教师③作为研究对象。

（二）被选教师的背景信息介绍

A 老师，哈萨克族，生长于 20 世纪 80 年代中国的西北民族地区。本科、硕士就读于 W 民族大学，博士留学于瑞典。2014 年，在博士毕业后，A 老师进入 W 民族大学开始从事教育教学工作。A 老师对教学认真负责，曾荣获校级课堂教学效果奖④，深受学生们的喜爱。A 老师教授的课程有《语言学概论》《初级哈萨克语》《中级哈萨克语》《高级哈萨克语》等。A 老师教授的是哈萨克语言文学专业班级（简称"哈语班"）的学生和哈萨克语零起点班⑤（简称"零起点班"）的学生。哈语班的学生都是哈萨克族，为哈萨克语言文学专业。零起点班是多民族学生的班级，

---

① 陈向明：《质的研究方法与社会科学研究》，教育科学出版社 2000 年版，第 103 页。

② 陈向明：《教师实践性知识再审视——对若干疑问的回应》，《北京大学教育评论》2018 年第 4 期。

③ 对教师的称呼，依次按照 26 个英文字母对其进行匿名处理。

④ 课堂教学效果奖，教学效果测评得分位于本单位的前 5%。

⑤ 着眼于中国的民族团结进步事业发展需要，着力培养精通哈萨克语和哈萨克族文化的复合人才。

有哈萨克族、汉族、蒙古族、柯尔克孜族、维吾尔族、藏族、朝鲜族、满族等，这些学生来自于新疆、北京、甘肃、河南等地方，他们从零开始学习哈萨克语。

B 老师，彝族，出生于 20 世纪 60 年代中期。笔者能够访谈到 B 老师，是由 L 老师推荐的。L 老师谈道："B 老师在学生中口碑很好，教学方法应该有独到之处。她是彝族，给藏族学生上课，体会应该比藏族教师要深一些。"B 老师本科、硕士就读于 W 民族大学。1988 年本科毕业后，B 老师留校工作。B 老师本科的专业是经济学，出于一直以来对文学的喜爱，在工作期间考取了古代文学专业的硕士研究生。B 老师先开始讲授的是经济学的相关课程，后来改为教授文学的相关课程。她感慨地说："其实教书真是要找一个自己特别有感情的这种学科来教。你就会感觉你有无限的能量可以释放。"目前，B 老师给藏语言文学专业的学生教授《文学概论》《中国现当代文学》。班级中的学生主要是藏族，有的时候也会有汉族、回族、蒙古族、土族等。

C 老师，汉族，生长于 20 世纪 80 年代初期中国的华北地区。C 老师本科所学为工科类专业，在大三的时候，发觉自己对所学专业的兴趣不是特别浓厚，而是对教育学比较感兴趣，因而决定考教育学专业的研究生。之后，C 老师考上了家乡的一所综合性大学的教育学专业的硕士研究生，开始学习教育学，之后，前往德国攻读博士学位。C 老师博士毕业后，顺利进入 W 民族大学从事教育教学工作，到目前已经工作 4 年。从教以来，C 老师访学于美国、芬兰、印度三国。现在 C 老师很高兴自己能够从事与教育学相关的研究与教学工作，并将此作为一生追求的事业。C 老师给本科生教授的课程有《教育学原理》《终身学习导论》《教育学导论》等。

D 老师，汉族，生长于 20 世纪 80 年代初期中国的华东地区。在2001 年至 2008 年期间，D 老师相继取得历史学的学士、硕士、博士学位。2008 年，D 老师进入 W 民族大学从事教育教学工作，目前已有 12 年教龄。D 老师曾荣获市级高等学校青年教学名师奖。D 老师说话铿锵有力。学生评价她：睿智、幽默、上课认真、专业才能出众。D 老师为本科生开设《中国古代史》《汉唐考古》《古文精读与点校》《中国古代经济史》《中国古代生活史》等课程。

E 老师，汉族，生长于 20 世纪 70 年代初期中国的华北地区。本科、硕士就读于中国一所著名师范大学，专业分别为基础数学、数学教学。博士就读于中国社会科学院，攻读数学哲学专业。E 老师的父亲是教师，从小受到父亲的影响，想要成为一名教师。2001 年，E 老师进入 W 民族大学从事教育教学工作。自参加工作以来，E 老师一直教授信息与计算科学（藏班）高等数学方面的课程，并担任信息与计算科学（藏班）的班主任。在 2012 年之前，该班只招收来自西藏的学生。2012 年，为加大对民族地区和少数民族理科人才的培养，民族实验班开始招收来自四大藏区的学生，即青海、云南、四川、甘肃四省藏区的学生。师生们习惯将信息与计算科学（藏班）称为"藏班"。E 老师多年来给予藏族学生无微不至的关怀。

F 老师，汉族，生长于 20 世纪 70 年代初期的华中地区。本科和硕士就读于家乡所在地的一所综合性大学，先后获得历史学学士学位和历史学硕士学位。F 老师硕士毕业后留校工作，从事教育教学工作。工作 6 年后，F 老师在教育部直属的一所师范大学攻读历史学博士学位。2004 年，F 老师博士毕业后，进入 W 民族大学从事教育教学工作。F 老师曾荣获"宝钢优秀教师"和 W 民族大学本科教学"十佳教师"的称号。已毕业多年的学生感慨道："F 老师几十年如一日，一如既往地对学生那么好、重视教学。"F 老师为本科生讲授《中国古代史》《中国思想史》《明史》《中国古代经济史》和《中国旅游史》等课程。F 老师所在学院每年招收本科生 50 余人，来自 20 多个民族，少数民族学生所占比例大约为 40%。

G 老师，汉族，生长于 20 世纪 70 年代末期中国的东北地区。G 老师本科和硕士就读于家乡的大学，博士就读于北京的一所大学，相继获得管理学的工学学士学位、经济学硕士学位、经济学博士学位。2007 年，G 老师博士毕业后就职于 W 民族大学从事教育教学工作，至今已有 12 年。G 老师的课堂深得学生们的欢迎，他连续两年获得校级的本科课堂教学效果奖。学生对 G 老师的评价是：风趣幽默、知识渊博、和蔼可亲等。G 老师给本科生讲授的课程有《国际投资》《国际税收》《国际经济学》《国际贸易运输与物流》《经济学说史》。一个班级大约有 40 人，其中汉族学生占了大多数，少数民族学生大概有 20 人左右，少数民族学生来自新疆、内蒙古、云南、广西、青海、吉林等地区。

H 老师，蒙古族，生长于 20 世纪 50 年代中期中国东北民族地区。1982 年，H 老师本科毕业于 W 民族大学，并留校任教，至今从事教育教学工作已有 38 年。现在 H 老师已退休，被学校返聘。H 老师于 20 世纪初期和末期先后留学于蒙古国和日本。20 世纪中期，H 老师在蒙古国获取硕士学位。21 世纪初期，H 老师在 W 民族大学攻读并获得博士学位。H 老师曾荣获市级优秀青年骨干教师称号，校级课堂教学效果奖。H 老师致力于中国少数民族语言文学学科建设和蒙古文学教学科研工作，给本科生讲授《蒙文写作》《文学理论》《蒙古文论》《马列文论》等课程。H 老师教授的学生都是蒙古族，使用蒙语授课。

I 老师，壮族，生长于 20 世纪 60 年代后期中国的西南民族地区。I 老师本科、硕士就读于 W 民族大学，专业为壮语言文学，先后获得文学学士学位和语言学硕士学位。硕士毕业后，在某市粮食局工作了 5 年。1996 年，I 老师回到 W 民族大学开始从事教育教学工作。21 世纪初，I 老师前往泰国访学。他曾荣获校级课堂教学效果奖。I 老师总是微笑面对学生，非常有耐心地解答学生的问题，用欣赏的眼光看待学生。I 老师讲授的本科课程有《民族语基础（壮语）》《壮族文化》《泰语》等。他所教授的学生基本上来自西南地区，有壮族、布依族、水族、侗族、黎族、瑶族等。

J 老师，维吾尔族，生长于 20 世纪 80 年代中国的西北民族地区。J 老师本科和硕士就读于自己家乡的一所综合性大学，博士就读于 W 民族大学。2014 年，J 老师博士毕业后留校工作，开始自己的教师职业生涯。J 老师的教学受到学生的喜爱，曾荣获校级课堂教学效果奖。J 老师教授的本科课程有民族班的《翻译理论与实践》《翻译技巧》《术语学》等和维吾尔语零起点班的《初级维吾尔语》《中级维吾尔语》《高级维吾尔语》等。民族班学生的专业为汉维翻译方向，大部分是维吾尔族学生，也有回族、乌孜别克族的学生。维吾尔语零起点班大部分是汉族学生，为中国培养维吾尔语方面的人才。

K 老师，汉族，生长于 20 世纪 70 年代初期中国的华东地区。K 老师硕博就读于 W 民族大学。2001 年硕士毕业后，K 老师留校工作。到目前为止，K 老师在 W 民族大学从事教育教学工作已有 19 个年头。他给本科生讲授的课程有全校公共课《民族理论与民族政策》，民族理论与民族政策专业的《马克思主义民族理论基础》《外国民族问题与民族政策》《民族理论研究方法》等。K 老师教授的班级有藏汉双语基地班、哈萨克语言文学班、维吾尔语言文学班、蒙古语文学班，以及民族理论与民族政策专业的班级。

L 老师，藏族，生长于 20 个世纪 60 年代中国的西北民族地区。在小的时候，由于生长在游牧民族家庭，家附近没有学校，直到定居后，他才开始上小学。小学毕业后，L 老师进入当地的民族师范学校（中专）继续学习。中专毕业后，他成为当地的一名记者，从事新闻记者工作长达 12 年。2001 年，L 老师取得了硕士学位，选择进入 W 民族大学工作，开始了自己的教师生涯。L 老师从事民族高等教育工作已有 18 个年头，在此期间又获得了博士学位。L 老师曾荣获宝钢优秀教师特等奖提名奖、市级优秀教师的称号和校级"课堂教学效果奖"。学生对他的课堂教学质量评价分数一直在 90 分以上。他主要给本科生讲授文学写作类的课程，如《藏文写作》《藏文新闻写作》《小说写作》等。学习这些课程的学生大部分是藏族，也有少数的汉族、蒙古族、回族、土族、傈僳族、裕固族等民族学生，他们来自西藏、青海、甘肃、四川、云南等地区。

M 老师，汉族，生长于 20 世纪 80 年代末中国的华北地区。她本科就读于一所理工科大学，专业为英语。由于本科学习的院校是工科院校，英语专业并不是特别地受到重视，所以 M 老师立志要到一所英语专业被重视的高校攻读研究生。通过大学四年的不懈努力，她如愿以偿，顺利考入 Z 外国语大学。2014 年，M 老师硕士毕业后，就职于 W 民族大学，从事民族预科生的英语教学工作，到目前为止已经有 5 个年头。M 老师具有较强的忧患意识，不墨守成规，不断地思考、尝试和试验新的教学方法，激发学生学习的兴趣，希望自己成为一位知识启发者，而不是知识的灌输者，将学生培养成有批判性思维的、有自我学习能力的、有内在学习驱动力的人。她经常与学生交谈，通过各种形式，了解学生的学习状况，学习英语的意愿、困难。M 老师所教授的班级为民族预科班①，学生是来自全国各地的少数民族。M 老师多次荣获校级的课堂教学效果奖，在教学方面取得优异成绩。

N 老师，蒙古族，生长于 20 世纪 70 年代中期中国的东北民族地区。N 老师本科毕业于 W 民族大学，后留校工作。2000 年，N 老师开始从事教育教学工作，主要从事计算机基础教育工作，主讲课程有《计算机文化基础》《计算机技术基础》《计算机实用技术》等。N 老师曾荣获青年教师教学基本功大赛二等奖，多次获得校级课堂教学效果奖。N 老师对待教育教学认真负责，经常为学生无偿补课，深得学生和同行的好评。

O 老师，汉族，生长于 20 世纪 70 年代初期中国的华北地区。O 老师硕士和博士就读于中国的一所传媒大学。2001 年取得硕士学位后，她进入 W 民族大学从事教育教学工作，到目前已经走过 19 个春秋。2010—2011 年，O 老师前往美国访学。O 老师曾荣获市级师德先进个人、宝钢优秀教师特等奖提名奖，深受学生和同行好评。O 老师的教学与科研领域为新闻学与传播学，讲授的本科课程有《新闻传播学导论》《传播学理论》《传播学研究方法》等。

P 老师，汉族，生长于 20 世纪 50 年代后期中国的华北地区。P 老师在读中学的时候就喜欢教学，向往当老师。高中毕业后，P 老师选择留校当老师，他说："那时候没打印机，我刻板、油印，自己编讲义、刻讲义，我喜欢啊，自己刻完、印完，发给学生，给学生讲。那种感觉挺好。咱不管知识深浅，就从教育教学的角度来说，感觉挺满足的。"1977 年，高考恢复，P 老师考入中国一所著名师范大学的数学系。本科毕业后，P 老师就进入 W 民族大学从事教育教学工作，如今已将近四十年。他教授高等代数、线性代数、高等数学等课程。从教以来，他曾经荣获校本科教学"十佳教师"的称号、校课堂教学效果奖等，被评为市优秀青年骨干教师、市师德先进个人。他在学校组织的历次教学评估中均被评为优

---

① 少数民族预科班是根据少数民族学生的特点，采取特殊措施，着重提高文化基础知识，加强基本技能的训练，使学生在德育、智育、体育几个方面都得到进一步发展与提高，为在高等院校本、专科进行专业学习打下良好基础所开设的一种教学班制度。

秀，教育教学工作受到学生的广泛好评。他的教学宗旨是"千方百计让学生愿意听、用心听、听进去"，换言之就是"要把教师的教学意图变成学生的意图，使学生自己行动起来"。

二 研究关系的建立

在质的研究中研究者如何同参与者建立关系并协商这些关系是研究的关键。[①] 在质的研究中，研究者是研究的工具，研究关系是研究得以实施的手段。[②] 研究者与参与者的关系会影响参与者的选择、资料的收集、数据的真实程度，从而影响研究的质量。在一项成功的研究中，研究者需要与参与者建立的关系是研究者合乎道德地获得回答本书问题的信息。

从研究一开始，我就努力与参与的教师建立起一种轻松舒适且相互信任的关系。第一，通过在 W 民族大学的校网上查找曾经荣获教学方面奖励的教师，通过导师获取荣获过学校课堂教学效果奖的教师名单并收集在学生口中得到好评的教师信息，以此来初步确定预选取的教师。第二，联系期望可以参与到本书研究中的教师，并征得教师本人的同意。由于笔者与研究中的绝大部分教师并不相识，因此如何联系到被选教师，并尽可能地使老师同意接受并参与笔者的研究是非常重要的环节。笔者首先查好预选取教师的课程安排，了解老师在什么时间和地点上课，趁老师上课之前或下课之余去教室找他们，跟老师取得联系，向老师做自我介绍并说明来意，并将自己提前准备好的知情同意书呈给老师，以便老师详细地了解本书的研究目的、研究方法、匿名承诺等。笔者尊重老师是否愿意接受研究的意愿。第三，如果老师同意参与本书研究，笔者会完全根据老师的情况，再跟老师预约访谈时间。在与老师进行访谈之前，笔者一般会提前询问老师是否方便接受访谈。如果老师临时有其他安排，笔者会再次寻找老师方便接受访谈的时间。第四，访谈的地点，笔者会遵循老师的意愿，根据当时的情况，灵活选取访谈地点。第五，

---

① ［美］约瑟夫·A. 马克斯威尔：《质的研究设计 一种互动的取向》，朱光明译，重庆大学出版社 2007 年版，第 63 页。

② ［美］约瑟夫·A. 马克斯威尔：《质的研究设计 一种互动的取向》，朱光明译，第 63 页。

在整个研究过程中，笔者始终需要有换位思考的意识，多为老师考虑。比如，老师平时的工作比较繁忙，访谈的时间一般也都是在老师的工作之余，如果老师将访谈地点约定在办公室，笔者会提前给老师准备一杯咖啡或茶饮。第六，在平时与老师交流的过程中，笔者始终以尊敬老师的态度、学习者的心态真诚地与老师交流。在研究过程中，不掩饰自己研究的目的。

在研究中，需要考虑你能够给予参与者什么，以回报他们因为你的研究所花费的时间和带来的麻烦。其实，笔者作为一名普通的学生，并不能给高校老师带来什么。我给他们准备的表达谢意的小礼物，老师们也都不会在意。在研究的过程中，笔者可以真切地感受到老师们能够接受本书研究主旨，最主要的原因是老师们的教育情怀和乐于帮助学生的品质。因为在开展这项研究之前，我与好多老师素未谋面，但当我联系他们的时候，他们也欣然接受了邀约。下面的情境也许可以表明这一点，比如，当 D 老师很爽快地答应笔者的访谈请求的时候，笔者特别兴奋地向 D 老师表达自己的感激之情，D 老师说："我也是从这个阶段走过来的，我知道你们这会儿是最艰难的时候，能帮就帮。"在对 H 老师访谈结束后，闲聊之余，笔者问及 H 老师为什么会接受访谈时，H 老师说："本来我想着自己已经退休了，现在也只是返聘，但当我看到你期待的眼神的时候，就答应了。"笔者每次向 J 老师表达谢意时，J 老师总是很谦虚地说："不用客气，多交流么。"A 老师赠送了笔者一块巧克力，是她妹妹从哈萨克斯坦带回来的。当笔者向 L 老师表达自己的感谢之情时，L 老师说："每个人都有困难的时候，都有需要帮助的时候。帮助别人就是帮助自己。"在研究的过程中，虽然也会遇到种种困难和艰辛，但老师们给予笔者的一次次感动给笔者带来继续前进的勇气。笔者也许能做到的就是专注地倾听老师们叙说自己的教育教学实践，以及表达对老师们诚挚的感谢。

笔者与老师们建立了良好的互动关系，从开始的拘谨到与老师们轻松愉快地交谈。有的老师会跟笔者诉说他们在教育教学中的困惑和工作中的烦恼和压力。平时在校园里碰到这些老师，彼此也会热情地打招呼，老师们会询问笔者论文的进度，并鼓励笔者。在学业和生活方面，有些老师也会给予笔者诚恳的建议。

反思研究关系的建立，笔者认为，向老师匿名承诺、坦诚地与老师交流、始终具有换位思考的意识、营造令老师轻松舒适的交流氛围、与老师建立相互信任的关系、引导老师的表达欲望等，这些是保证老师能够客观地、放下顾虑地表达自己的观点和思想的基础。

三 研究资料的收集

本书运用多种方法和渠道收集资料，这可以使笔者对研究问题获得一个更加广泛而正确的理解。访谈是理解人们观点的一种有效、合法的途径，也是一种获取行动与事件——对于发生在过去的事件或者你无法直接观察的事件做出描述的有用方法。① 观察可以对人们的观点进行推断，是了解人们的行为和行为发生的背景的一种直接、有效的方法。② 实物可以扩大我们的意识范围，提供被研究者言行的背景知识，表达一些语言无法表达的思想和情感。③ 在这种情况下，访谈、观察和实物收集可以提供比单一方法更为全面而准确的说明，因此，本书选择这三种方法收集资料。

（一）访谈法

访谈是研究者通过口头谈话的方式从被研究者那里收集第一手资料的一种研究方法。④ 它是研究者与被研究者双方相互作用、共同建构"事实"和"行为"的过程。⑤ 教师在教育教学实践中实际使用的实践性知识具有缄默性和情境性。因此，本书采用半开放式访谈法，激发教师对自己教育教学实践的回忆与叙述，从而提取教师通过多年的教育教学实践所积累的实践性知识，以及这些实践性知识生成的过程是怎样的，受

---

① ［美］约瑟夫·A. 马克斯威尔：《质的研究设计 一种互动的取向》，朱光明译，重庆大学出版社 2007 年版，第 72 页。

② ［美］约瑟夫·A. 马克斯威尔：《质的研究设计 一种互动的取向》，朱光明译，第 72 页。

③ 陈向明：《质的研究方法与社会科学研究》，教育科学出版社 2000 年版，第 265—266 页。

④ 陈向明：《质的研究方法与社会科学研究》，第 165 页。

⑤ 陈向明：《质的研究方法与社会科学研究》，第 169 页。

到哪些因素的影响。本书需要进行多次访谈，访谈的过程遵循由浅入深、由表层到深层、由事实信息到意义解释，并且遵循尽可能地使收集的资料达到饱和状态的原则。① 访谈的内容主要包括：（1）了解教师的过往学习和工作经历；（2）了解教师的职业成长经历；（3）了解教师关于学生、教学、学校文化环境、课程等的经验和认识，以及教师的教育信念；（4）了解教师在职业成长过程中对其有深刻影响的人与事；（5）了解教师教育教学的行为和思想受到哪些因素的影响，以及教师对教育教学行为的意义解释；（6）了解教师对民族院校教育教学的看法与认识等。另外，笔者还围绕课堂观察情况，对教师进行课后追溯访谈。正式访谈是由访谈提纲引导而对被访教师进行的系统访问。在每次正式访谈时，笔者都在征得被访老师的同意后对访谈内容进行录音。除了正式访谈之外，笔者还就相关问题对老师进行了多次非正式访谈。与教师的非正式访谈有时候发生在办公室，有时候发生在老师下课后回办公室的途中，有时候发生在校园里。笔者没有对与老师这种偶然的、非计划性的自然交流进行录音，但笔者会在与老师交流后及时回想并客观地记录交流的内容。此外，在后期对数据进行系统分析时，笔者也会对有疑问或不确定的内容，通过微信向教师进行追问，这也是本书中访谈数据的一部分。

在访谈实施过程中，在访谈老师之前，笔者都会做好充足的准备，如打印好访谈提纲并熟悉访谈内容，熟悉受访老师的个人情况，检查录音笔等。在访谈中，根据每位老师的不同情况及访谈时的具体情境，灵活调整访谈顺序、访谈的侧重点、针对老师的叙事进行追问，努力做到深入地与教师展开交流和对话。在每次访谈之后，笔者都会及时转写访谈录音内容，整理与分析出还未访谈的内容或者需要进一步追问或澄清的问题，方便下一次有计划地收集资料。直到没有新内容出现，资料达到饱和，访谈才结束。在整个访谈过程中，笔者始终怀着学习、求教的心态与受访老师进行交流，并积极维护与受访老师之间的关系，努力与受访老师建立一种理解和信任的关系。

表 2-1 记录了笔者对 16 名被选教师进行面对面的正式访谈的时间、

---

① 陈向明：《质的研究方法与社会科学研究》，教育科学出版社 2000 年版，第 173 页。

地点、时长以及转写成文字的字数。正式访谈的时长总共为 2444 分钟，被转写成的文字共计 349022 字。

表 2 - 1 正式访谈信息一览

序号	被访谈者	访谈日期	访谈开始时间	访谈时长（分钟）	转写字数（字）	地点
1	A 老师	2019 - 6 - 21	11：11	50	10554	W 民族大学院系会议室
		2019 - 6 - 28	9：40	71	15609	W 民族大学院系会议室
		2019 - 11 - 26	12：52	48	8888	W 民族大学校内咖啡馆
2	B 老师	2019 - 6 - 19	14：09	86	19824	W 民族大学教师课间休息室
		2019 - 11 - 6	16：49	103	21515	W 民族大学教师课间休息室
3	C 老师	2019 - 6 - 10	13：54	112	26794	W 民族大学教学楼一层大厅
		2019 - 11 - 04	16：42	34	9800	W 民族大学校园
4	D 老师	2019 - 5 - 14	12：05	49	5782	校外咖啡馆
5	E 老师	2019 - 5 - 9	15：11	78	4278	W 民族大学家属院老师家里
		2019 - 5 - 23	15：51	65	3088	W 民族大学家属院老师家里
		2019 - 5 - 30	16：39	95	5352	W 民族大学家属院老师家里
6	F 老师	2019 - 6 - 2	14：59	135	13295	W 民族大学老师办公室
		2019 - 11 - 23	15：06	36	8560	W 民族大学老师办公室
7	G 老师	2019 - 7 - 8	13：10	133	31954	W 民族大学校内咖啡馆
		2019 - 11 - 4	13：10	33	8607	W 民族大学校内咖啡馆
8	H 老师	2019 - 6 - 27	9：55	76	13914	W 民族大学老师办公室
9	I 老师	2019 - 6 - 5	9：58	92	9607	W 民族大学院系会议室
		2019 - 6 - 12	9：55	58	3015	W 民族大学校内咖啡馆
		2019 - 11 - 21	12：21	40	6884	W 民族大学校内咖啡馆
10	J 老师	2019 - 6 - 11	10：00	81	10077	W 民族大学老师办公室
		2019 - 11 - 25	10：47	52	8951	W 民族大学院系会议室
11	K 老师	2019 - 6 - 4	16：43	153	16560	W 民族大学老师办公室
12	L 老师	2019 - 5 - 29	9：49	106	6331	W 民族大学老师办公室
		2019 - 5 - 31	15：26	57	3290	W 民族大学老师办公室
		2019 - 7 - 9	12：51	58	4989	W 民族大学校内咖啡馆
		2019 - 10 - 17	17：45	48	3065	W 民族大学老师办公室

序号	被访谈者	访谈日期	访谈开始时间	访谈时长（分钟）	转写字数（字）	地点
13	M 老师	2019 - 6 - 6	11：43	37	5014	W 民族大学校内咖啡馆
		2019 - 6 - 14	13：04	95	15240	校外咖啡馆
		2019 - 6 - 22	12：47	22	2991	校外咖啡馆
		2019 - 10 - 21	11：59	22	3320	校外咖啡馆
14	N 老师	2019 - 5 - 23	19：00	93	1973	W 民族大学老师办公室
		2019 - 6 - 14	12：00	31	3259	W 民族大学老师办公室
15	O 老师	2019 - 6 - 12	11：25	47	10392	W 民族大学老师办公室
		2019 - 7 - 17	15：37	55	11738	W 民族大学老师办公室
16	P 老师	2019 - 7 - 3	10：03	93	14512	W 民族大学教学楼一层大厅

（二）课堂观察法

实地观察是研究者在自然环境下对当时正在发生的事情进行观看、倾听和感受的一种活动。[1] 为了深入理解受访教师的教育教学行为和思想，体验真实的教学氛围与环境，笔者分别对被选教师的课堂进行了两个课时的非参与观察。通过非参与观察，笔者可以在具体的教育教学情境脉络中，通过看、听、体会，更为直观地了解教师的教育教学行为和思想。观察的内容包括教师的教姿教态、教学方法、师生互动、学生的学习状态等方面。在课堂观察过程中，重点记录课堂教学过程中不同时间的教学内容要点、教学行为、课堂互动情况、学生课堂反应、有重要意义的课堂事件和细节以及及时记录研究者的感受和思考，从而增加对教师的教育教学行为和思想的理解。另外，在观察过程中，研究者需要时刻牢记自己的研究问题，并对自己的观察进行不断反省。

（三）实物收集法

任何实物都是一定文化的产物，都是在一定情境下人对一定事物的看法的体现，因此这些实物可以被收集起来，作为特定文化中特定人群

---

[1] 陈向明：《质的研究方法与社会科学研究》，教育科学出版社 2000 年版，第 228 页。

所持观念的物化形式进行分析。[①] 本书尽量收集一些能够反映教师教育教学行为和思想的其他材料，包括学生对受访教师的主观评价、学生作业、公开发表的文章、教案、教学课件、授课材料等实物资料。这些实物资料是随着与教师交流的不断深入，在研究开展的过程中逐渐收集的，是可遇而不可求的。研究中对相关实物资料的分析，有助于深入了解教师的教育教学行为及其背后的教育理念，并有利于对教师的教学行为和思想进行意义解释。

四 研究资料的整理与分析

研究资料的整理与分析是根据研究目的，对所获得的原始资料进行系统化、条理化，然后用逐步集中和浓缩的方式将资料反映出来，最终目的是对资料进行意义解释。[②] 这是研究者通过一定的手段将资料"打散""重组""浓缩"的一个过程。[③] 资料的整理与分析是同时进行的。本书按照自下而上的归纳分析与自上而下的演绎分析相互结合的步骤，展开循环往复的分析过程。

（一）资料的整理

分析前对原始资料进行整理、归类和编号，形成分析文本。本书收集到的研究资料有访谈资料、课堂观察笔记、实物资料。在数据收集的过程中，及时将访谈录音逐字逐句地转写成文字资料和整理课堂观察笔记。课堂观察笔记包括笔者对课堂中所发生事件的客观记录和由课堂观察中的所思所想所感撰写的研究备忘录。将收集到的资料整理成电子文档的形式进行存档，并对资料进行编号，即"信息提供者 + 民族 + 学科 + 资料获取的途径"，如"A 老师—哈萨克族—少数民族语言学—访谈""A 老师—哈萨克族—少数民族语言学—课堂观察笔记""A 老师—哈萨克族—少数民族语言学—实物资料"。

（二）资料的初步分析

反复阅读并分析整理后形成的文本资料，根据研究问题，将资料

---

① 陈向明：《质的研究方法与社会科学研究》，教育科学出版社 2000 年版，第 257 页。

② 陈向明：《质的研究方法与社会科学研究》，第 269 页。

③ 陈向明：《质的研究方法与社会科学研究》，第 269—270 页。

"打散"成具有一定意义单位的词、短语、句子或段落，对这些意义单位进行编码，寻找意义单位之间的关系，再以新的方式重新组合在一起。在这个过程中，尽量使用教师自己的语言，即对他们自己来说有意义的"本土概念"，作为码号，可以更加真切地表达他们的教育教学行为和思想。在对资料进行初步编码之后，依据本书的研究问题，将已经编写好的码号汇集起来，组合成一个编码本。编码本可以反映对研究资料进行初步分析后的基本框架，码号的类型、码号所代表的意义以及码号之间的相互联系，这为今后码号的调整、修改、查找及深入分析提供了便利。在整个资料的分析过程中，既要牢记本书的研究问题，同时又要尊重资料本身，保持资料的"原汁原味"。

（三）资料的归类和深入分析

由于本书的目的是对民族院校教师实践性知识内容、生成过程、发展影响因素的描述与解释，并且教师实践性知识的生成具有过程性和动态性，因此对资料的整理和分析采取类属分析与情境分析相结合的方法，也是以问题聚焦和个案聚焦相结合的分析方法。在类属分析中，通过对资料的同一性和差异性、不同的资料之间、同一资料中事件发生的前后顺序进行比较，在资料中寻找反复出现的现象以及可以解释这些现象的重要概念，将表述意义相同或相似的资料归为同一类别，并以一定的概念命名，并寻找类属之间所存在的逻辑关系。将类属之间存在的关系建立起来以后，可以发展出更具有上位意义的、统领其他类属的核心类属，以及每一个类属下面还可以发展出该类属所包含的意义维度和基本属性的下属类属。在情境分析中，通过将资料先分散再整合的方式，按照教师教育教学的实践逻辑、实践过程、实践的前后顺序、实践的前因后果进行描述性分析，将一位教师的几次访谈连接成完整的教育教学事件，也包括教师教育教学的情景片段。

（四）理论建构

在研究界关于教师实践性知识领域已经建立起来的理论，研究者自己对本书现象的假设、观点等以及研究者通过对原始资料进行分析而获得的意义解释的基础上，也就是说，通过已有理论、研究者的"前见"与"原始资料"三者不断互动分析各概念之间的关系，从而归纳出关于民族院校教师实践性知识的理论。费孝通先生指出："我们的理论不在道破宇宙之秘，只是帮你多看见一些有用的事实，理论无非是工具。"①

上述资料的整理与分析工作并非一次完成的，而是多次、反复进行的，最后完成对数据的呈现和解读。正像列维—斯特劳斯所说：一个情景的真相并不能在日常的观察中看到，而是要在一种耐心的、一步一步慢慢来的蒸馏过程中寻找。②

第六节　研究的效度

研究的效度是用来衡量研究结果的可靠性，即研究的结果是否反映了研究对象的真实情况。③ 效度是相对的，它只能在研究目的与情境的关系中进行评价，而不是一个脱离情境的方法或终结性特征。④ 本书通过描述型效度、解释型效度、理论型效度和评价型效度四种效度来确保研究过程中的效度问题。

一　描述型效度

描述型效度指的是对外在可观察到的现象或事物进行描述的准确程度。⑤ 在研究过程中，笔者为了降低由于描述不准确而带来的效度威胁，采取的做法是：（1）静下心、认真地听访谈录音，将访谈录音逐字逐句地转录成文本资料；（2）在转录与分析资料的过程中，对不确定或模糊的问题进行追问，而不是妄加猜测。

二　解释型效度

解释型效度指的是研究者了解、理解和表达被研究者对事物所赋予

---

① 参见陈向明《质的研究方法与社会科学研究》，教育科学出版社 2000 年版，第 321 页。

② ［法］列维—斯特劳斯：《忧郁的热带》，王志明译，生活·读书·新知三联书店 2000 年版，第 44 页。

③ 陈向明：《质的研究方法与社会科学研究》，教育科学出版社 2000 年版，第 389 页。

④ ［美］约瑟夫·A. 马克斯威尔：《质的研究设计 一种互动的取向》，朱光明译，重庆大学出版社 2007 年版，第 33 页。

⑤ 陈向明：《质的研究方法与社会科学研究》，第 392 页。

意义的"确切"程度。① 笔者为减少对教师话语意义的理解和解释所带来的差错，具体做法是：静下心、反复阅读与理解转录成文本的访谈资料，认真并谨慎地分析访谈资料，再邀请接受访谈的教师对资料和结论做出反馈。这是消除对参与教师的言行意义和他们对事情的看法与观点产生误解的重要方法，同时也是寻找自己对研究现象的内隐偏见和误解的方法。

三　理论型效度

理论型效度是指研究所依据的理论以及从研究结果中建立起来的理论是否真实地反映了所研究的现象。② 为了保证本书的理论效度，对所建构的理论进行如下方面的检验：检验所建构的理论中的"概念"是否来源于研究中的原始资料，是否可以找到丰富的资料内容作为论证的依据，"概念"与"概念"的关系是否合理，每一个概念与其他概念之间是否具有系统的联系。

四　评价型效度

评价型效度指的是研究者对研究结果所作的价值判断是否确切。③ 该效度检验的基本原则是笔者在将研究结果提升为理论时需要注意同时照顾到资料内部的相同点和不同点，严格检查与结论相同的材料和不一致的材料，从而判断到底应该保留还是修改这些结论，避免为了使理论看上去完满、清晰而牺牲资料的丰富性和复杂性。检查偏见和假设以及逻辑或方法的不足，并请求别人给予反馈。在保留多重声音的同时，笔者力图在一个更高的理论层次上对不同人的不同观点进行整合。

---

① 陈向明：《质的研究方法与社会科学研究》，教育科学出版社2000年版，第393页。
② 陈向明：《质的研究方法与社会科学研究》，第395页。
③ 陈向明：《质的研究方法与社会科学研究》，第395页。

第 三 章

民族院校教师实践性知识的内容

本章通过分析民族院校教师的实践性知识，探究其拥有怎样的实践性知识，以及这些实践性知识背后所隐含的教育意义，以期为促进民族院校教师教学发展提供参照。通过对数据的分析可知，民族院校教师实践性知识的内容主要由七种类型构成，即教师关于自我的知识、教师关于学校文化环境的知识、教师关于学生的知识、教师关于一般教学法的知识、教师关于学科教学法的知识、教师关于师生交往的知识和教师关于教育的信念，并且它们之间并不是相互独立的，而是相互联系、相互影响的，在教师的教育教学活动中作为一个整体共同发挥作用。以下将对这七类知识所包含的具体内容及其所蕴涵的教育意义逐一进行阐释。

第一节　教师关于自我的知识

教师关于自我的知识是指教师对自己的个性特征、自我认同、自我教学效能感、带进教育教学的个人背景知识、自我的理解和定位等方面的认识。① 这些知识是不断发展和变化的，贯穿于教师的教育教学实践中，影响着教师教育教学的实施。教师能否对自我有清晰的认识，是其积累教育教学经验、生成实践性知识的前提。下面从四个方面分析教师关于自我的知识。

---

① 陈向明：《搭建实践与理论之桥 教师实践性知识研究》，教育科学出版社 2011 年版，第 77 页；姜美玲：《教师实践性知识研究》，华东师范大学出版社 2008 年版，第 105 页。

一　对教师职业身份的认识

教师职业身份是指教师如何界定自我、如何看待自己的教师职业。帕克·J. 帕默尔指出：真正好的教学不能降低到技术层面，真正好的教学来自教师的自身认同与自身完整。① 老师们谈到了他们对自身教师职业的体验和认识。

B 老师非常热爱自己的教师职业和她所承担的文学类课程，她十分欣慰地说："我特别满足于我的职业（教师），我特别满足我自己的爱好（文学）。"B 老师带着一种情怀走进教室，在给学生上课的过程中全身心地投入，将自我热爱的情感融入课堂教学中，她的这种情感能带动课堂的氛围。她感慨道"教书能给人带来幸福感"。B 老师的言语中无不透露出她对自己教师职业身份的认同：

> 我在上大学的时候，越来越明白的事儿就是，我的情感寄托在没有读过的书上，所以我就如饥似渴地读书。我觉得经济学对我而言，我一直都爱不上它。后来我为什么会放弃经济学？因为你发现你教书的时候，你一点都不快乐。你不快乐，你就没有办法把你真正想讲的东西传递给学生，因为你都不爱它，所以你也发现你成不了一个优秀的老师。优秀的老师自己会"嗨"起来，会在教室里面放飞自己。之后，有一个十分重大的命运契机，就是我们系调整教学方案，把语言文学作为重点。我在研究生时期是学文学的，所以我就转到文学方面的教学上。我当时觉得真是上天助我。你发现你在讲文学的时候，上课是非常快乐的。教书就像要赴一场约会，我每次都迫不及待地想要把我讲的内容跟学生交流。讲到教学，我就特别有体会，就说你喜欢的东西，你对你的职业的热爱，还有你有种特别想表达那种情感的感觉，这些都能让你获得幸福。这是我当老师的一个体会。
>
> （B 老师—彝族—现代文学—访谈）

---

① Parker J. Palmer, *The Courage to Teach: Exploring the Inner Landscape of a Teacher's Life*, San Francisco: Jossey-Bass, 1998, p. 10.

F 老师对自己的教师职业怀有高度的责任感，全心全意地为学生着想、为学生服务。尽管担任院系领导，要处理各种繁杂事务，但他每学期完成的教学课时量和对学生的指导丝毫未减。他说，"教师是一份责任""教育是影响孩子一辈子的事情"。学生给予 F 老师很高的评价，他深受学生的爱戴。

> 我感觉首先得对自己的职业有个理解，你就是培养学生的。其实高校教学还是第一位。因为老师用不用功，学生是知道的，他们能感觉到你是否在应付他。这个教学还真的是你要热爱它，如果讨厌它，还想利用这个平台，可能就有违自己的职业道德了啊！
>
> （F 老师—汉族—历史学—访谈）

L 老师认为自己适合做教师，对教师职业具有积极的认同，真正将教书育人看作自己的责任。他说："当老师，就是要好好上课"，将"上好课"比喻为"给学生提供优质的产品"。从如下语言中可以捕捉到 L 老师对教师职业和学生认真负责的态度。

> 学生给予了自己这个职业，自己的报酬是学生的学费。上好课，就相当于给学生提供优质的产品，这样才能对得起自己的所得。凭良心吃饭。
>
> 学生的 45 分钟与我的 45 分钟是对等的，如果把人家的 45 分钟浪费了，我觉得在某种程度上是一种犯罪。
>
> （L 老师—藏族—藏族文学—访谈）

教师对自身职业的认识和理解对教师教学发展有重要影响。M 老师在从教第一年的时候，与学生之间有比较强的距离感，产生教学的挫败感。从教第二年，她与学生的距离拉近了，但有了被人工智能取代的恐惧，怀疑自我教师职业的价值，对自我职业的发展产生了危机感。于是，M 老师开始寻求改变，尝试新的教学方法，探索如何从"教书匠"转变为有创造力的、有批判精神的、有人文主义思想的老师，摆脱被人工智能取代的恐惧。M 老师在试图创造一种新的课堂的时候，她在教学中找到了自己的位置，职业认同感也随之得到提升。

　　我第一年来的时候，跟学生有比较强的距离感。我现在反思啊，我第一年当老师，我的职业认同可能还没有形成，我觉得跟学生也没有什么差别。我给学生讲课啊、留作业啊，还是从学生的角度考虑，认为学生可能不想（老师）留太多作业，所以，我尽量把作业在课上完成。所以，那一年，我觉得我已经挺为学生考虑的了，你不用多用功、不用花太多时间。但是，学生学得也不是那么好，最终的学习成果也没有达到最初我心里的那个教学目标。所以第一年，教学当中我的挫败感还是有一些的，我觉得我没有当好老师。

　　但从第二年开始，我逐渐觉得跟学生的距离感明显地拉近了。那一年，我教的是 Z 外国语大学的预科班，就是我直属的学弟和学妹，我心理上的感觉一下子就拉近了。他们英语水平特别高。除了课文内容，我还开始讲一些课外的东西，然后，我也会让他们更多地用英语讨论社会问题，用英语辩论一些社会问题。那一年刚好有个戏剧节，我们就一起排练。从那一年开始，我们的距离就缩小了。

　　我有段时间特别迷茫，不知道要干嘛。大家经常提 AI（人工智能），我觉得我一定会被 AI 代替。一开始，我完全全以课本为主，就是先讲单词、再讲词组。我就觉得这些东西，学生查个字典不就都明白了吗，何必由我来费口舌呢！所以我就觉得自己这个工作没有什么特别大的意义，是能够被一个电子词典、一部手机所替代的。所以，那个时候，我非常的迷茫，我不知道我到底该教什么。在一段时间之内，我完全被人工智能的恐惧笼罩着。我每天起床上班都会觉得，呀，我的工作不保了呀，怎么办呀，而且我还是硕士。我天天非常恐慌。

　　之后我做了很多尝试，做过线上的老师，还去 Z 外国语大学教雅思。那一年，我尝试了特别多的东西。我觉得我始终没有摆脱掉"教书匠"这三个字。后来，我知道我得转变了，我需要变成没法被人工智能代替的那种老师，是有创造力的、有批判精神的、有人文主义思想的老师。那个时候，我就开始看一些关于外语教学和批判性思维之类的书、听一些课和讲座。我觉得要能创造性地上一堂课。所以，我开始做后面的一些尝试，比如小组教学之类的，创造一种课堂、教学的新方式。那个时候，我算是找到了我在教学中的位置，我的职业认同感就蹭蹭地往上升。我开始从老师的角度考虑问题，站在老师的立场上去想："我不能为了让学生轻松，就不让他们学习，不给他们留作业。真正认真、负责的老师，也许是对他们很严厉，是真正让他们学习到东西的老师。"所以，我留的作业越来越多，让他们做的事情也越来越多。那会，我感觉跟学生的距离比较近了。他们也愿意来找我，说一些事情，听我的意见。可能那个时候，我真正地适应了教师这个角色。

（M 老师—汉族—英语—访谈）

二 对自我文化背景的理解

不同文化中的人在价值观、动机、认知、语言自我概念形成等方面存在着差异，而处于相似文化中的个体在这些方面具有更多的相似性。教师对自我文化背景的理解会潜移默化地影响他们的教育教学理念和教育教学方式的选择。

B 老师自身是彝族，从小随父母离开了彝族聚居区，到其他地方生活，所以她对彝族文化的继承性比较弱。但 B 老师来到 W 民族大学读书后，在多民族文化氛围的感染下，她对自我的民族身份有了更为清晰的认知。从教以来，B 老师自我的民族情结与对少数民族学生的情感相互交织，她将对少数民族学生爱的情感和对少数民族学生身上所具有的文化的认同和欣赏融入了她的教育教学中。

我对自己的一个认知，就是少数民族，它有自己的特点。尽管我自己不是在彝族地区长大的，但是毕竟这是文化在血脉里的一个继承，不管你记不记得，它都存在。我觉得我爱我的学生，我认同少数民族这样的一种情感纽带，我能够理解，能够热爱我们这些孩子身上的少数民族情感和那种身份，甚至这种文化。我对我们这些孩子实际上就是带有我少数民族身份的不知不觉的一种很细微的变化，这个变化就是我会发自肺腑地觉得我欣赏这些孩子身上少数民族那种文化的一些特征。因为我也认为我自己身上是有这样的特点的，可能别人看我更清楚。这是我觉得融合得比较好的一点，就是我十分欣赏他们。我也会自觉地把民族之间的这种情感内化：在我与学生的交流当中，我们是没有区别的。

（B 老师—彝族—现代文学—访谈）

I 老师生长于西南民族地区，对自我的学习经历有深刻的体会。他能够理解学生的文化背景、语言差异对学生学习的影响。I 老师提到，从民族地区来的学生比较腼腆，有些学生有自卑心理，需要对这些学生多加鼓励、不能批评。

我们的思维是民族语思维。我们七岁之前都是说民族语，七岁以后才学汉语。我们那边是壮族多、汉族少，汉族学生反而会说壮语，所以课间的交流都是用壮语。在课堂上，老师讲普通话，课后，会说民族语的老师就用民族语交流，不会的老师就用当地的官话。在整个小学阶段，我们都是这样过来的。到中学以后，我们才开始说一些普通话，但不多说，不好意思说。所以，在学习上，我们跟汉族学生相比，还是有差距的。

（I 老师—壮族—少数民族语言学—访谈）

L 老师生长于民族地区，并且经常前往四川、青海、甘肃、西藏等民族地区调研。他了解民族地区的风土人情，理解民族地区的文化习俗，熟悉学生生活与成长的环境。他与所教授的学生有着相似的文化背景，能够将学科知识与学生的文化相结合而实施教学，使学生更容易理解。例如，通过课堂观察，他将"有些新闻作品的结构"比作在藏族地区家喻户晓的"福禄箭"①，将"箭"本身看作新闻的主要思想，福禄箭上五

---

① 福禄箭是一支拴着五彩布条的箭，藏语称阳达，是用来招福、招财的宗教器物。

彩的"布条"被视作证明观点的各种具体的事实和依据。他也指出：

> （在教育教学过程中）关键一点，是如何把自己所知道的知识教授给学生，而且能够让学生十分轻松愉快地接受知识。这里面肯定要考虑到学生的文化背景、知识结构。藏族孩子的文化背景大多差不多。将学生的文化背景知识融入专业知识教学过程中，尽量采用学生身边的例子，学生就会容易理解。这样的话，一是学生能够接受这位老师，二是教师所讲的内容，学生易于理解。
>
> （L老师—藏族—藏族文学—访谈）

三　对自我教学发展的认知

教师教学是一个连续不断的发展过程。它是教师不断丰富自身实践性知识，提高自己的教学技能，从新手走向成熟的过程。老师们讲述了他们的教学能力是如何一步步发展的。

A老师谈到，在刚开始教学的时候，"会感到紧张""急于把这门课讲完""可能对所讲内容解释得不太透彻""自己不满意"等。但随着教学次数的增多，她对教学内容的熟悉度增高，慢慢地就知道学生在哪些地方难以理解、哪些地方比较容易理解，再针对重点和难点给学生们讲解。

> 刚开始会比较困难，但是慢慢地可能会比较顺手，到最后你就会更好地懂学生。
>
> （A老师—哈萨克族—少数民族语言学—访谈）

D老师在刚开始教学的时候，"念教材""没有讲解的过程""没有将知识内化""语速快"等。随着教学经验的积累，D老师说："有点驾轻就熟的感觉"。

> 刚开始上课的时候完全没有经验，念教材，没有讲解的过程，没有将自己的知识内化成完全掌握的知识传授给大家，语速很快，

别人 get 不到（知识点）。后来呢，你想一下子将你的理念和观点传达给别人，需要对方有个短时间的思考。从教五年之后，有点驾轻就熟的感觉。首先对教材熟悉，然后了解新的研究成果和发现，这个需要时间的积累。以前课件不会做，每次上课之前都会改进，大学老师的备课，一直会持续，不断思考。

（D 老师—汉族—历史学—访谈）

随着自身教学的发展，G 老师逐渐明白教师的职责以及如何教学，关注点从自身转移到学生身上。根据学生的情况，G 老师调整教学进度和方法，让学生轻松愉快地接受知识。他指出，自身教学发展是一个螺旋式上升的过程，在熟练掌握学科知识的前提下，通过自己的思考和对学生学习状态的观察，不断地改进自己的教学。

我上课基本上是"野路子"。我不是师范院校毕业的，也没有上过关于教学方法、教学技巧的培训课程。刚开始当老师的时候，我就想，除了讲解知识点之外，我应该讲点什么。刚开始上课的时候，我还给学生放过电影、流行歌来吸引学生的注意。我现在想起来，（感觉）太"扯"了。因为你如果放电影，除非电影和你的教学是相关的，要不然，我觉得对你的上课是没有意义的，没有意义的东西就是没有价值的。所以，我觉得当时我不知道在干什么。现在的话，其实我就很清楚，作为老师最重要的就是你必须把课程里需要传达的知识传达给学生。第二重要的是，在传达的过程当中，你怎么尽可能地让这个过程比较轻松、学生比较容易接受。这就需要一些技巧性的东西。

那么，在这个过程中，我觉得最重要的是自己的思考。因为你总在想："在上课过程当中，我想达到什么样的目的？我通过什么手段可以实现这些目标？"这个东西如果你自己不思考的话，是没有人告诉你现成的答案的。

第二个，我想了一些东西，我也确实（将其）应用到了教学实际当中，要看学生的反馈。也许你精心准备的一个案例，觉得学生在听完之后会感到很高兴。如果学生听完之后都没有任何的表情，那么你就要想，你的例子是不是不合适？或者说，你是不是没有十分清楚地让学生了解到你想表达的东西。所以说，这个东西就是教学相长。我给你呈现了什么，然后你给我的反馈是什么，我通过你的反馈再来改变我的呈现方式。这是一个螺旋式上升的感觉。

还有一个就是对讲授内容的认知和熟悉程度。最开始讲课的时候，也有过类似的事情，就是讲那个东西我自己也没有完全明白，然后我就给学生讲。那就意味着你自己都没有明白的东西，你怎么给别人讲明白，这是不可能的。你要求老师在上一门新课之前，所有知识点全都很清楚，这也是不现实的。所以说，一门课，至少讲个三轮之后，你才能说你已经入门了。你对一门课讲过七轮八轮之后，如果不要求新知识的情况下，那么基本上这门课的讲授方式就差不多定型了。

我现在上课，很多时候都是凭直觉的。这直觉，就是说，我之前这么上课，我觉得好像不太对、效果不好，我就稍微换一个方式。那么，基本教学模式的成形也是最近三五年的事儿，我之前一直在进行各种摸索。

（G 老师—汉族—经济学—访谈）

L 老师对自身教学能力的发展有着清晰的认知。他在刚开始教学的时候，由于缺乏经验，无法很好地把控一堂课的教学时间和组织一堂课的教学内容。此后，他逐渐意识到，要抓住一堂课的重点和难点，围绕重点和难点组织课堂内容，就容易掌控一堂课的教学节奏了，进而安排好一学期的课程。

2001 年，刚开始上课时，确实有些困难。原来一节课是 50 分钟，在 50 分钟内，我应该讲什么，大概多长时间能讲完，对这个时间掌控不好。这时候，我感觉教学内容组织起来就非常困难。比如说，马上讲到重点了，下课了，这个课就等于没上。就像电视剧，刚高潮，啪，到下一集了。

就是说，重点是什么，难点是什么，要将这些抓住。然后，将前面的内容该讲的讲，该加的加，你再重新组织的时候，课堂时间的安排慢慢地就掌握了。这样呢，把重难点全部讲完之后，最起码这节课的内容，学生完全掌握了。这样，这节课的内容跟下节课的内容无论相关还是无关，都不会影响下节课的教学。要不然，先开始没有重点，下节课还得重新来。

一学期 18 周、36 课时，如何安排需要讲授的内容，这就需要有个好的教学计划和大纲。如果没有教学计划和大纲，一学期下来，讲到哪里算哪里，这样绝对不行。有些老师前面讲得细，讲到后面时间不够了，那就往前赶，这不对。如果前面讲得快了，半学期的时候，课程内容全上完了，这肯定也不对。我觉得整个课程的计划、安排确实要合理，这是改善教学的基础。这需要经验，刚开始当老师，要掌握这个节奏可能有些困难。

（L 老师—藏族—藏族文学—访谈）

对于自身教学风格的形成，L 老师在慢慢地熟悉了教学内容之后，就开始渐渐地了解学生、关注学生、关心学生掌握知识的情况。随着教学经验的丰富，他进而考虑授课方法的问题，如何才能"讲得好，学生记得住，还愿意听"。在具备了精通课程内容、了解学生、掌握方法的前提下，L 老师又开始发挥自己与其他人不一样的教学风格。

当老师后，首先对教材有个认识，考虑讲好课，准备得多，但考虑学生少了些，与学生的互动少了些。然后，教材熟悉了、教学内容掌握得差不多了，这时开始掌握学生的情况，关心学生掌握知识的情况。后来，讲究方法的问题。讲得好，学生记得住，还愿意听。这可能有个过程。在这三个条件具备的前提下，再发挥自己与其他人不一样的教学特点、教学风格，这样会好一些。这个教学风格是有基础的。这样的话，大概三年左右，我就慢慢形成了自己的一些教学方法。

（L 老师—藏族—藏族文学—访谈）

P 老师经常"琢磨怎么让学生愿意听、愿意学，怎么能学进去"。他说到刚开始教学时自己给自己讲、不注意学生的感受，后来逐渐考虑学生的感受并与学生互动。

> 刚开始上课的时候，（我总是）自己对自己说，不太注意学生的感受。这样的话，在课堂上跟学生交流不够，就顾自己上课了。这时候，学生就容易开小差，他就不听，不跟你互动。后来我慢慢就注意到了这事儿，（开始）考虑学生的感受。我上课这么多年，必须感到大多数学生跟着我、跟我互动，我讲课才带劲儿。如果大多数学生没有跟我互动，我就觉得上课特别没劲。
>
> （P 老师—汉族—数学—访谈）

四 对自我教学与科研关系的认识

高校教师如何平衡教学和科研的关系，如何在教学与科研间定位自己的角色，这是一个由来已久的问题。教师清晰地认知自己如何权衡教学和科研的关系，有利于自身的教学发展。老师们谈到了他们对教学与科研关系的看法。

L 老师以教育为主，以科研促进教学。

> 老师这个职业应该是以教育为主，以教学为主。……但是老师根本不抓科研也是错的。老师如果不做研究，就无法很好地教授学生。大学的教学并非只是书本知识的传授。老师需要通过研究与分析，发现新的知识。我觉得老师做科研还是比较重要的，这样可以更新自我的知识结构，给学生新的观点与发现，这有利于学生吸纳相关领域的前沿动态。我是做文学的，培养作家更重要。我是以教学为主，尽量多培养一些学生。但自己也需要做一些研究，不断地更新自己的知识结构，与前沿俱进。
>
> （L 老师—藏族—藏族文学—访谈）

D 老师通过科学研究，将研究的热点问题、研究的方法和理论等内容融入教学中，从而丰富教学内容，以科研带动教学。

> 科研对大学老师是至关重要的。如果你跟不上科学研究的热点问题、基本的方法、理论刺激，你的课堂一定是不精彩的。
>
> （D 老师—汉族—历史学—访谈）

H 老师将自我的科研与教学融为一体，认为科研与教学是相互促进的。他坚决"反对重视科研，忽视和轻视教学"，秉持对学生负责的态度。

> 教学与科研相结合，我一直坚持了 30 多年，将我的科研成果用在教学上。我的教材，既是我研究出来的新的科研成果，又是我们的教科书。结合教学搞科研，我反对重视科研，忽视和轻视教学，不能误人子弟。我是一名教师，人民教师有人民教师的责任，对学生负责。我的观点一直是这样的，教学科研必须相结合。光教学，也不行，不深入地研究，你的教学就深入不了，所以我们大学老师还得搞研究。如果我们的老师不负责任，给学生稀里糊涂讲课，将大部分精力和时间花到自己的科研上，这不是害一个人而是害一代人。
>
> （H 老师—蒙古族—蒙古文学—访谈）

第二节　教师关于学校文化环境的知识

学校作为一种社会组织形式，它是社会文化的载体，不仅会体现出一些社会文化的特征，而且自身也蕴含着一定的文化特征。学校有其自身的文化，这种文化包括参与者的行为规范和维持这些规范并以其为基础的价值观。[①] 郑金洲在《教育文化学》中，将学校文化界定为"学校

---

① George Spindler, *Education and Cultural Process*：*Toward an Anthropology of Education*，New York：Holt，Rinehart and Winston，1974，p. 41.

全体成员或部分成员习得且共同具有的思想观念和行为方式"①。威拉德·沃勒认为学校文化有五个方面的特性：（1）学校文化既反映了大社会的文化，又有其独特性；（2）学校文化是一种综合性文化，包括世代传袭下来的文化与学校内部的文化；（3）对立和整合并存；（4）积极功能与消极功能兼具；（5）可有意安排或引导发展方向。② 教师是学校组织中的一员，他们的思想观念和行为方式会受到学校文化环境的形塑。下面分析教师所感受到的 W 民族大学的文化环境。

一 "美美与共"的学校文化氛围

不同的民族文化哺育了不同的民族心理和精神气质，各民族有其独特的思想、感情及行为方式。W 民族大学是由 56 个民族的师生共同组成的大家庭，大家并没有因为彼此的不同或差异而产生冲突或不和谐，而是形成了各民族"美美与共"的文化氛围。"美美与共"的文化观念在师生中得到传承。正如老师们所切身感受到的：

> 我亲历了民族大学的 80 年代、90 年代到现在，它真是在一点点地发生变化，但是变来变去，最不变的就是民族大学的传统。这个传统就是它始终是一个以民族为主体的高校。那么，它的民族文化在高校里的氛围就特别浓烈，我们"美美与共"的这个学校的校训就非常好地体现了这样一个关系。那这个关系是我们切身体会的，不同民族同学之间的爱，还有老师对学生的爱。民大环境里边的文化的氛围跟其他高校不一样。这是民族大学特有的特色。
>
> （B 老师—彝族—现代文学—访谈）

> 咱们民族大学，给我的整体感觉就是非常包容、非常接纳，互相之间很少有因为文化或者说差异性而产生的不协调或者不和谐的情况。给我的整体感觉就是，大家其实是希望多了解彼此的文化的，

① 郑金洲：《教育文化学》，人民教育出版社 2000 年版，第 240 页。
② 参见郑金洲《教育文化学》，第 240—241 页。

在这个基础之上能够更多地接纳对方，然后甚至是互相学习的这种感觉。所以说，我感觉现在好多人对民族的这种差异，他认为是一种比较新奇的或者比较有意思的事情，他愿意学习，更愿意尝试。比如说对民族的服饰、饮食、习惯、风俗这些东西，大家愿意感受一下、喜欢它们。

（C 老师—汉族—教育学—访谈）

我觉得校园文化实际上体现在我们日常行为活动中，大家都知道，我们学校各方面的活动还是蛮多的。这其实也突显出这样一种文化底蕴，就在于非常的活泼，载歌载舞，突显出每个民族不同的文化特色。给我的感觉就是，每个民族有每个民族的特色，特色聚合到一起之后，就变成了一种非常鲜明的综合体。这种综合体就给人一种"美美与共"这个词的意思。大家真的是在相互融合。

（C 老师—汉族—教育学—访谈）

尤其是来自不同民族的学生，真的是"美美与共"，大家都能欣赏对方。这种意识可能比其他学校要强一些。虽然差异性大一些，但是大家能够相处得比较和谐。

（E 老师—汉族—数学—访谈）

民族高校，总体上它的文化更加宽容、包容，人跟人之间更平等一些，师生关系更融洽一些。我爱人在传媒大学教学，我也是传媒大学毕业的。我和学生之间的师生关系，他有的时候就很羡慕。在其他高校，相对来说，人和人之间的距离要远一些，民族高校师生之间的距离要更近一些。所以，我觉得这些确实还是跟别的高校有差异的地方。

（O 老师—汉族—新闻与传播学—访谈）

从上述老师们的言语中可知，"美美与共"的文化氛围体现在学生和老师的言行举止中，表现于老师对各民族学生的关爱之中，表露于各民族师生之间的包容、理解与欣赏中，以及展现在各民族师生融洽的关系中。

二　文化的多元与学生成长评价的多元

W 民族大学的学生大多数来自中国的民族地区，他们具有自身的文化特点，在学业水平、学习风格、性格特点、特长能力等方面与内地学生存在着差异性。面对学生的差异性和多元性，老师们对学生的评价，不以学业水平为唯一的评价标准，而是用多元的、欣赏的眼光来看待学生。这也正是在 W 民族大学多元文化环境下，老师们具有的多元文化的评价理念。这一点从对老师们的访谈中可以感受到。

> 我就告诉我的学生，我说民族大学的传统是我们从来都不要求学生去追求那些很浮华的东西。我们的孩子，包括我们的老师都特别朴实，而这个朴实的东西就是作为人根本的一种品质的要求。这样的一种朴实，或者说这样的一种精神上的爱，这样的一种标准，给我们学生带来了什么样的优势呢？我们的学生在毕业以后，用人单位都很欣赏我们的孩子身上的这种品质，因为他是值得人信任的、信赖的。
>
> 还有一点，我不仅欣赏，我自己也一点一点地把这种欣赏放大。我就告诉我的孩子，我说你看我们的藏族孩子多么快乐。舞蹈，每周五都在跳。然后我看我们藏族孩子穿民族服装的时候，我就觉得真的非常美。当他们出现这样的一种辐射的时候，我觉得就印证了那句话，"只有民族的才是中国的，才是世界的"，因为它非常独特。我会很欣赏，不是带有另外一种文化去审视这个东西，而是一种发自肺腑的欣赏和接受。
>
> （B 老师—彝族—现代文学—访谈）

> 我们看到的就是学生身上带有得非常朴实的、非常有韧性的、非常内敛的品质。那么，这些品质其实也就形成了民族大学的一种共识。我们欣赏这样的品质，我们赞美这样的品质。这种品质已成

为我们民族大学学生的一种默默追求，这是在我们学校的孩子身上所看到的。

还有一点，民族大学的孩子因为来自少数民族地区，所以相对来说，在来到发达地区以后，他对于外面这个繁华的花花世界，就会有一种热情，或者会有一种心理，想更多地接触它们。那么在接触的过程当中，因为我们来自少数民族地区，相对而言，可能是比较落后的，所以在他们身上又体现出另外一种品质，就是很谦逊。他们对于他们未知的东西，总是有这样的胸怀，谦逊地接受或者认知这些东西。这也是我在学生身上看到的好的品质。因为你未知的所有东西，都可能是有力量的。我们应该抱着什么样的胸怀，什么样的态度去看待你未知的另外的世界的东西，就是你要谦逊一些，有胸怀地去接触这样的文化。这样给我们带来的生活就会远远大于我们可能期待的结果。因为你的态度，或者说你接受的这样一个视角，就会帮助你很容易走进它。这是我在学生身上看到的另外一个特点。我觉得这是我们跟别的高校的区别。

（B 老师—彝族—现代文学—访谈）

教育本身就是要把人类十分美好的爱，重要的文明传承下去，那人性要体现出它的美好，实际上就要有一套东西作为标准。谦逊、善良和人际交往当中的那种礼仪，文明的接待方式，其实都是可以体现的。这就是我们孩子身上所具有的。

（B 老师—彝族—现代文学—访谈）

B 老师教授来自藏区的学生，她将学生看作"我们的孩子"，就像看待自己的子女一样看待自己的学生。从 B 老师的言语中可以感受到她对学生关爱的情感。她欣赏学生身上的文化，不以单一的维度评价学生，看到学生朴实、谦逊、坚韧、内敛的品质。

民族大学的学生总体上发展得还是比较好的，这可能也是基于在学校里头，我们各种各样的评价，没有那种单一的维度和刻度。

我觉得学校对学生的评价，总体上还是比较宽松的。相对来说，它的文化是多元的、包容的。比如说，带藏班①的孩子，就很有意思，就是这个班的孩子，他很少去争抢，包括在评奖学金的过程中，互相谦让的情况也很多。这个班和我们普通班会不一样，我们普通班的学生可能和其他的高校相比，在这个方面已经表现出了更多的宽容和包容性，藏班的孩子比他们更加宽容和包容。"我做得好，那就……我做得不好，我确实不应该跟人去抢。"所以，我觉得整体上多元的文化带给大家潜移默化的影响，他会包容、宽容地看待很多事情。

（O 老师—汉族—新闻与传播学—访谈）

我们的学生，因为是在美美与共的校园环境里，他们比别的学校的学生能够有更好的跨文化交流能力，能够更多地理解他文化，这也是我们的学生的独特性所在。

（O 老师—汉族—新闻与传播学—访谈）

面对多元的学生，O 老师说到，W 民族大学对学生的评价是多元的，不是只有单一的评价维度。由于教育的不均衡，藏班学生的基础知识相对来说比较薄弱。但 O 老师强调"他们大部分都是从当地考过来的，所以考到咱们学校来的也都是当地的佼佼者，所以你一定要知道他们也很优秀。"她看到学生互相谦让、宽容和包容的品质，以及学生所具有的比较强的跨文化交流能力。

F 老师评价学生具有质朴、踏实、包容等品质。

多元民族啊，不同民族之间，总体上是比较包容的。我们学生的特点是：质朴、踏实、基本功扎实、能吃苦、非常包容，能与 56 个民族的学生融合在一起。

（F 老师—汉族—历史学—访谈）

---

① 新闻学的藏汉双语实验班，班级中学生的民族成分都是藏族。

三　文化的多元与相对宽松的教育环境

W 民族院校是一个多元文化的教育场域，肩负着为各民族和少数民族地区培养人才、传承和创新民族文化、促进民族团结和维护国家统一的使命。它肩负着特殊的使命，承担着比普通高校更多的责任。这样的教育场域接受和包容不同民族的文化，鼓励学生的特长、爱好和个性的展示，不束缚各民族学生个性、爱好、文化的多样化发展。因而，民族院校的学生与普通高校的学生相比，拥有丰富的校园文化活动和相对宽松的教育环境。有的老师在体验到民族院校多元文化的同时，也感受到学生在学习的投入度上略显不足。

G 老师在进入 W 民族大学从教前，一直生活与求学在以汉族为主的地方。来到 W 民族大学后，他感受到学生的文体活动比较多，学习的努力程度不足。

> 学校的差异可能是很大的。在民大，文体活动非常多。这也就涉及了一个问题，整体来说，民大学生的学习压力并不大。因为学习压力不大，所以才有这么多的时间放在其他活动上面。这又造成另外一个问题，也就是说，因为压力不大，所以说他们努力学习的程度相对其他学校的学生也是有一定差距的。
>
> （G 老师—汉族—经济学—访谈）

M 老师刚来 W 民族大学时，感受到 W 民族大学的学习氛围与其他高校是不一样的，认为学生学习不好、没有很好的学习习惯。后来，她会觉得 W 民族大学是一个多元的学习与生活环境，注重学生的全面发展和民族文化的弘扬。

> 我第一年从 Z 外国语大学毕业到民大工作的时候，特别不习惯。因为我没有见过这么放松的学生。我在 Z 外国语大学，大家早晨起来去自习，在图书馆门口排队，我有一次拿着电脑，后边排了一个女生，然后门开的时候，我的东西掉了一地，我就在那收拾，结果

我就挡住她了。那个女孩就"啧"了我一声。我当时回说道,对不起,挡住你了,挡住你一分钟没去自习。Z 外国语大学的学生走在校园里面,速度是很快的(加重了语气)。而到了民大之后,速度就慢了很多(语气平稳了)。就是,学生们聊的东西也不再是你作业写了多少,昨天晚上写作业写到几点。而是说今天晚上咱们去看哪个学院的晚会,今天咱们什么时候去看新生风采大赛。最开始,我还真的觉得不一样,很不一样。后来,我会觉得这是一个比较放松的生活状态。我最开始觉得这些学生学习不好,没有很好的学习习惯。可是后来我会觉得也蛮好的,对于学生来说是一个更为全面发展的环境。当我看到他们很会享受生活,会找到不同的乐趣的时候,我特别地为他们感到高兴。我很希望更多的人是他们这样的状态,一边好好学习,一边找到很多的乐趣。我觉得很好的。

(M 老师—汉族—英语—访谈)

F 老师也有同样的体会。

民族院校孩子们的课外活动可能更多一些,课外创造性的作业多一些。这样的校园文化,还是比较宽容,比较率性的。

(F 老师—汉族—历史学—访谈)

教师对学校教育的理解有所不同。学校的校园文化是对学校教育活动的完善、调节和补充。[①] 如果将学生的学习过程与教室外的生活隔绝开来,那么学校教育对人的全面发展的作用就会受到局限。W 民族大学以学生为主体,尊重学生的自主选择性、自觉塑造和自发创造性,在相对较为宽松的教育环境中,促使各民族学生的全面发展。

四 文化的多元与学生管理上的严格相互交织

由于民族院校的学生在行为方式、生活习惯、学习的能动性、个性特

---

① 潘懋元、王伟廉主编:《高等教育学》,福建教育出版社 2013 年版,第 251 页。

点等方面存在多元性和差异性，学校在学生的管理上相对比较严格。O 老师和 F 老师谈到学校的管理环境，认为老师在学生的管理上投入过多。

> 管得严，咱们在这方面的投入是过多的，和别的学校相比，别的学校没有老师像我们这样坐班的。别的学校的领导们都是忙自己的事情就行了，日常办公室有老师在就行了，我们是要坐班的。所以，这些东西，我们从别的学校到咱们学校来，其实不太适应。
>
> （O 老师—汉族—新闻与传播学—访谈）

> B 大学、R 大学、B 师范大学，我知道它们对学生的管理主要采取放羊的方式。咱们对学生的管理还是蛮严格的，对学生的投入比较多。
>
> （F 老师—汉族—历史学—访谈）

第三节　教师关于学生的知识

关于学生的知识是指教师对学生的文化、认知、学习动机、学业表现、学习能力、学习态度等方面的感知和理解。[①] 教师教育教学的前提是要对所教授的学生有所了解。L 老师用"倒茶，需要先将杯子盖打开"来形象地比喻"教育学生，首先需要了解学生"，强调"在了解学生的前提下，才会有关心"。F 老师说，"在教学方面，我感觉总结的经验，还真是要结合我们学生的特点""其实，老师是为学生服务的，当你感觉到某一种方法对学生起不到太好的作用的时候，你可能就会去做调整"。这里从四个方面来分析民族院校教师关于学生的知识。

一　对不同文化背景学生的了解和理解

文化对教师的教与学生的学有着深远的影响。民族院校的学生大多来

---

① Lee Shulman, "Knowledge and Teaching: Foundations of the New Reform," *Harvard Educational Review*, Vol. 57, No. 1, 1987；陈向明：《搭建实践与理论之桥 教师实践性知识研究》，教育科学出版社 2011 年版，第 92 页。

自民族地区，各地区由于自然生态的不同，存在着不同的生产生活方式，不同的生产生活方式往往会对学生的认知以及个性的发展产生不同的影响。学生的认知方式及个性特点受到其所处的自然地理环境、社会文化环境以及生产生活方式的影响，这又影响着学生的学习和生活。对于教师来说，了解学生的文化背景，是有效教学的第一步。老师们在教育教学过程中对不同文化中学生认知方式及个性特点的差异有着自己的理解和认识。

文化的许多方面影响着学习者的自我认同和自我概念，影响着学习者的信念、价值观、态度与期望、社会关系、语言交流以及其他行为方式。[①]

L 老师谈道："各个民族的思维方式不同，在教学中要顾及学生的思维方式与特点。不然知识点是一样的，你跟他的思维方式不一样，还是会出现问题的。"他通过对不同文化中人们关于"大"的认知、生产方式与时间观念的关系、语言表达与思维方式的关系，表达了不同文化中学生认知方式和个性特点的差异。

> 实际上，学生的思维方式与文化是有关系的。比如说"大"，不同文化背景的人们对"大"的理解是不一样的，我们文化中的"大"是参照草原的面积来衡量的，汉族文化中的"大"是参照农田的面积来衡量的。比如，农耕民族与草原民族的生产周期是不一样的。汉文化中的生产周期是按月计算的，草原民族的生产周期是按年计算的。比如羊、牛长到三岁到五岁之后才能变成商品，着急也没有用。所以，时间观念就不一样。另外，草原很大，不用竞争，没有竞争一说，你放你的羊，我放我的羊。因此，学生本身是一个不着急的人。例如，我是某某民族大学的老师。在英语表达中，一句话中关键的部分"老师"在前面，修饰语"某某民族大学"在后面，即 I am a teacher of ×××Minzu university。而藏语的顺序是：我某某民族大学的老师是。"是"在一句话的最后面，说了半天不知道说

---

① ［美］罗伯特·斯莱文：《教育心理学 理论与实践》，吕红梅、姚梅林等译，人民邮电出版社 2018 年版，第 105 页。

了什么，最后"是"说出来了之后，才知道这句话要表达的意思。

（L老师—藏族—藏族文学—访谈）

I老师通过汉语与民族语词汇的丰富程度和抽象概括程度的对比，来解释不同文化背景中学生思维方式的不同。

汉民族跟少数民族的思维方式可能不太一样。汉民族善于抽象、总结、概括。汉语的词汇很丰富，抽象性和概括性比较强。在涉及概括性、抽象性的词汇的时候，少数民族语言的词汇里是没有的。那么，在表达的时候，需要通过解释的方式来达到目的。少数民族的思维方式大多是形象化、具体化的。所以，我们在做翻译的时候，必须意译，需要解释性地理解。因为有的汉语词汇，在少数民族语言中没有相对应的词汇。我们的语言中涉及政治、经济等抽象概念，都来自于汉语，不然就是通过解释来表达。事实上，我们的语言里面没有的词，我们就拿来。所以，我们少数民族，尤其是南方少数民族，包容性很强，很容易接受汉文化。

（I老师—壮族—少数民族语言学—访谈）

O老师和P老师也都谈到了学生已有的生活经验和思维方式的不同。学生在先前的学习和生活经验、认知方式和学习风格方面存在很大的差异，这些都会影响学生对于知识的理解和吸收。

我们的学生大多数来自民族地区，他们的生活经验，他们所具有的地方性知识，会不一样。

（O老师—汉族—新闻与传播学—访谈）

藏族学生，他们的思维方式有自己的特点。用汉语思维跟他们说话，他们可能得反应一下。不像咱们这么说话，藏族学生的思维方式跟汉族还是有点区别的。

（P老师—汉族—数学—访谈）

另外，老师了解学生的文化，可以传达出老师对于学生的认可、消除学生的顾虑、拉近学生与老师的距离、排除师生间交流的障碍，从而激发学生对于课程内容的兴趣，正所谓"亲其师，信其道"。老师们谈道：

> 接触各民族的学生，例如土族，你跟他接触时，最起码要对土族有所了解。这个效果就不一样，你对他认可，这样他对这门课就感兴趣了。他愿意跟你接触，愿意跟你聊，愿意接受你讲的东西。是这样的，你自己把手伸出去之后，跟他握手，他一般也愿意跟你握手。这样会消除学生觉得老师是否会接受自己的顾虑，排除交流的障碍。
>
> （L老师—藏族—藏族文学—访谈）

> 一般老师就是进行管理和教学工作，跟我们这么多年对他们（藏班的学生）的了解和理解是不一样的。他们的文化跟我们不一样，在不了解的情况下特别容易带来偏见。我给他们代课、当班导师，与这些孩子接触得多一些。藏班的孩子不着急。你教育他们的时候，就像教育自己的孩子，还是会要求他，而不是不管他。他们其实很细腻，你得有耐心，孩子会体会到你对他们的好。
>
> （E老师—汉族—数学—访谈）

> 对于民族的、对于文化的这种认识和理解比原来确实是多了很多。这个班（藏汉双语实验班）是我们和藏学院一起合作办学，因为培养的学生要懂得藏汉双语，在专业课上，我们更多的是强化学生的汉语能力。学生的母语藏语这方面能力，更多的还是由藏学院的几门课程来承担。在藏汉双语办学的过程中，这种认同的力量，与他们比较难以建立起彼此认同的这种困难，其实我都感觉到了。在合作办学的过程中，我总觉得进不了这些孩子的内心，因为他们有自己独特的文化圈，他们和藏学院的老师有天然的这种文化上的接近性。他们会觉得文传学院确实给他们提供了很好的条件、很好的平台。但是语言上的、文化上的这种接近性，藏学院确确实实能够给予得更多一些。在之前你会知道，你会有感觉，但是你的感受

没有这么深刻，就是在你进入不了他们的内心的时候，对于一个教育者来说其实是很焦虑的事情。

（O 老师—汉族—新闻与传播学—访谈）

二　对学生学习基础和学习能力的了解

民族大学的学生大多数来自中国的民族地区，有些学生的学习基础较为薄弱。L 老师将学生的学习基础和学习能力形象地比喻为"盛东西的瓶子"，将他们的情况看作"瓶子盛东西的状况"，认为在教学之前，首先要对学生学习基础情况和学习能力的强弱有所了解。在这方面，老师们也有许多切身的感受和体会。

多民族班级的学生的学习基础和能力参差不齐。老师们讲道：

> 因为没有给其他系里的学生讲过课，就从哈萨克语言文学系的这些学生来讲的话，以前都是单一的哈萨克族，所以我也不知道其他民族的学生学习情况是什么样的。但是自从我教授零起点班以后，就开始了解多民族学生的情况。他们各方面的层次是参差不齐的。比如说，有些学生来自北京，他们所接受的基础教育可能比较好，学哈萨克语就特别快、特别好。有些学生，当然以前成绩比较好，但是过来以后学习就开始比较吃力了。

（A 老师—哈萨克族—少数民族语言学—访谈）

> 从整体来看，从任教的第一年到第五年，我觉得学生的英语水平是在提高的，生源越来越好。不过，能看出这些差异，班里面四五十个学生的英语水平参差不齐。

（M 老师—汉族—英语—访谈）

> 从整个成绩来讲，高考大省的汉族考生成绩要好一些。最明显的例子就是保送研究生，前面保送研究生多的，就是高考大省的学生。就业比较困难的，基本上来自边疆省份的学生。

（F 老师—汉族—历史学—访谈）

在办新闻学的藏汉双语实验班的过程中，O老师深刻地感受到中国教育发展的不均衡，不同地区学生基础的差异性。

有了这么20个实实在在的学生，我一下子就十分直观地了解到中国教育的差异性，即原来说的我们的教育不均衡，差距有多大，特别是教育公平的问题。但是这个班20个孩子在你面前的时候，你会发现这种差异性是非常大的。他们也是在当地非常优秀的一些孩子，他们进来以后，你会发现，和内地的孩子相比，差距实在是太大了。这种差距，比如说，在于这种基础知识上面的薄弱，特别是英语、计算机的水平。

（O老师—汉族—新闻与传播学—访谈）

B老师体会到，从藏区来的学生，基础比较薄弱，汉语水平有待提高，课堂上与老师的互动比较少。老师需要对他们有更多的引导，需要付出更大的耐心，帮助他们拓展自己的知识面。

我觉得咱们藏区来的孩子，从学习上看，第一，他们对学习非常渴望，对新的知识十分渴望。比如在上课的时候，你就感觉到学生特别认真地、瞪着大眼睛看着老师，就是说这是他的一个最简单的体现，就是很渴望多了解他们原来所读的东西之外的学科的东西。像文学这块儿，他们过去读的是藏文的，而且可能选读的东西也很有限，他们突然发现用汉文来讲，汉文的这些经典内容非常的丰富，所以他们很渴望。第二，在渴望的同时就发现自己的底子比较差，汉语很差，要听懂老师上的课，其实还是有难度的，再加上他们也害羞。咱们藏族的孩子，性格上就是不爱那么大胆主动地跟老师交流。所以，在好多问题上，只是少部分学生能做到跟老师交流。大部分学生跟老师的互动不是很好，这是我课上的一些情况。

（B老师—彝族—现代文学—访谈）

我有时候发现我的学生，他就没有拓展，因为他读的书很少。

我经常跟他们说："这个问答题 15 分的，你怎么答？我们从简单的方面来答，你至少要答四五行。"因为他不知道从哪里入手。那么，就是说，他还是需要一个转换，需要一个训练，需要拓展，去把这个东西衔接起来。我觉得这是一个方面。

（B 老师—彝族—现代文学—访谈）

在藏区，好多孩子学的那套教材跟我们不一样，都是用藏语编的教材，大部分孩子也是用藏文来考试的。少部分来自云南、四川的孩子，相对来说，汉语要好一些。但是，有一点要特别肯定的，孩子们都如饥似渴，总体来讲都很想得到知识，这是我看到的每一届孩子的共同点。

（B 老师—彝族—现代文学—访谈）

L 老师指出，根据学生的情况，采用通俗易懂的讲授方式，注意相关知识的延伸，拓展学生的知识面，给予学生更多的耐心和引导。

有的学生在小学、中学时所接受的教育水平要低一些，学习能力可能会弱一些，知识面可能会窄一些。这样的话，我想在教学的时候，在内容延伸这一块儿，需要注意一下难度。

（L 老师—藏族—藏族文学—访谈）

针对学生学习基础薄弱的问题，K 老师提出，要针对他们的特点采取相应的教学方法。

很多少数民族学生来自边疆地区，他们的教育基础相对比较薄弱。有一些民族在历史发展过程中有自己的特点。应该针对他们的特点来培养高素质的复合型人才，适应现代化发展的需要。这和我们普通高校可能还不太一样。

（K 老师—汉族—民族理论与政策—访谈）

面对学生基础的薄弱，P 老师谈道："这要靠老师，老师这'拐棍'可能就要扔得慢一些，要慢慢培养他们自学的能力。"

> 咱们学校主要以招收少数民族学生为主，现在学生的水平在逐年地提升。学生的水平主要还是反映在基础上，基础相对薄弱一点，尤其是少数民族地区来的。一般地，他们的学习能力其实差不了太多，主要是基础比较薄弱。尤其像学数学，基础的东西就是最重要的。有些学生由于受到地区条件各方面的限制，学习基础不是那么牢固，或者学的东西少。这要靠老师，老师这"拐棍"可能就要扔得慢一些，要慢慢培养他们自学的能力。数学的入门时间要长一点。我老跟他们说："我有时候看着急，你们有时候就在门口徘徊，不爱进去。有时候有的同学一只脚进来了，得引导你们。"当然好学生一下子走得很远了，但是我得照顾一般的。

> （P 老师—汉族—数学—访谈）

三　对学生文化适应和心理适应状况的关注

少数民族学生从民族地区来到内地，在跨文化接触中存在着一系列生活变化，如饮食习惯、生活节奏、气候等，这些变化会给他们带来压力。[①] 有些学生由于对文化差异的不适应或在心理上感受到家乡经济发展与内地的差距，容易产生自卑的心理、盲从的心态、挫败感，这些心理会严重影响学生的生活和学习。

> 从藏区来讲，它实际上有一个很庞大的文化体系，它的宗教、历史、语言、文学等等。我们的学生在这样一个大的文化背景下成长，那么他们的思维方式和价值观其实基本上都已经形成了。但是事实上，到了这个环境以后，我们的学生接受到不一样的文化、交流方式，不管是老师在教学模式、教学内容，还是教学环节的拓展上，都会使他们对过去文化的架构有反思、有认识。那么，这个认

---

① 滕星、王铁志主编：《民族教育理论与政策研究》，民族出版社 2009 年版，第 290 页。

识到底应该怎么样去突破它，去超越它？实际上，它介入的形式就比较多。小说就是其中一个很重要的形式。因为小说具有可读性，具有故事性，而且孩子们也十分愿意花时间在这样的一种形式上，他们就很容易通过这种感性的认识去找到他们的那种突破点或者超越点。所以，当我们带着孩子们去梳理小说文本的时候，在交流当中，我们就发现孩子们的问题。第一，他们可能对自己的传统文化的认识，带有很强的一种固有性。同时他们对到这里以后的这种文化环境所带来的一种影响，尤其是价值观念的影响，也很茫然，很困惑。

（B 老师—彝族—现代文学—访谈）

从我跟他们的交流来看，或者从他们有时候给我写的东西来看，他们还是有一定的不适应的。比如说，在他们的家乡，可能人和人之间的交往是基于共同生存下的一种精神、一种文化，所以大家帮忙是很自然的事情。那么他们在城市里生活以后，他们就觉得人和人之间还是比较冷漠的，这是他们的共同反应，他们可能在文字上也会告诉我这样一些东西，他们也在思考这个问题。

（B 老师—彝族—现代文学—访谈）

在教育教学过程中，B 老师感受到来自藏区的学生在面对自身传统文化和当地文化的碰撞时，会有迷茫、困惑和对城市生活环境的不适应。

针对学生学习和生活的文化适应问题，L 老师和 I 老师指出要经常给予学生鼓励和肯定。

孩子多来自边远地区和贫困地区。他们本来居住在一个小县城，觉得这个小县城很大。来到这里之后，发现这里更大，压力也随之变大。在这种情况下，他们容易感到迷茫。在上课过程中，如果给学生施加更大的压力，孩子们会崩溃的。虽然孩子有缺点，但要经常对他们加以肯定。

（L 老师—藏族—藏族文学—访谈）

相对来讲，一些少数民族学生嘛，从一个小地方、农村到大都市，在见识上可能稍微闭塞一点，有些学生就不那么活跃，可能有一种自卑心理。所以这有两种情况，比较活跃的学生坐的位置离老师较近，不活跃的学生找位置的时候离老师较远。有些学生担心老师问他问题，或者回答得不好，担心同学会对他有什么看法，可能心里边会有这种想法，所以他就不那么活跃。我让他们造个句子，有个学生说："老师让我造句，我担心说不好，不知道该回答，还是不回答。"就这样来表达自己的心理活动。我就说："这样也好，你把这个句子造得也不错。"这是最后一排的学生说的，这个学生就"躲"在后面。所以，我们更多的是以鼓励为主，不能批评，批评是不行的。

（I 老师—壮族—少数民族语言学—访谈）

J 老师谈道："教育，它就提倡因材施教。这里面的'因材'实际上不单是指学生的学习问题还包括学生的个人问题，比如学生的心理。"他说："有些因素我们控制不了，比如生活环境的变化。但它要是影响到学生的学习，影响到了我们的教育，那我们就应该关注。所以通过沟通的方式，以比较友好幽默的方式来引导。不能忽视这个群体的学生。"J 老师进一步讲道：

在多民族学生的班级里，除了学生的家庭背景、经济状况之外，老师应该多考虑学生的一些特殊情况，如学生的心理变化。比如，学生的基础差，有没有顾虑老师对自己会不会有偏见，有没有自卑心理。有些学生是单亲家庭，他可能比较自卑。有的学生来自民族地区，成长的地方比较偏僻，与他现在的城市生活或大学生活不一样，容易有心理适应问题。就是有没有自卑心理对学生的学习非常重要。所以，把原则给学生讲清楚的同时，你应该多一只眼睛去观察他们的变化，特别是他们的心理变化，有没有自卑心理，有没有生活适应问题，有没有学习方面的问题。多鼓励、多包容和体谅。

（J 老师—维吾尔族—少数民族语言学—访谈）

四　对学生学习能动性和学习状态的认识

学生学习能动性和主动性是学生学习的内在动机，对学习具有重要意义。了解学生学习的能动性和积极性，增强学生的学习动力，是教师开展有效教学的前提。来自不同文化背景的学生，他们生活节奏的快慢有很大差别，在学习上表现为紧迫性和能动性不同，需要教师在教育教学中加以引导。多位老师在访谈中对此表示有深刻体会。

A 老师感受到有些学生没有太多的紧迫感，学习不够努力，对自己的未来感到比较迷茫，没有自己的发展方向和目标。

> 就哈萨克族的学生来说，我们哈萨克族学生的一个特点就是，比较聪明但不是特别刻苦。看不到特别有紧迫感的那种学生，他们都是不会着急的。氛围很重要，我们的生活环境比较安逸一些。很有趣的一件事情是，我发现学生在学习哈萨克语两三年之后，其他民族的学生甚至能学的比我们哈萨克族学生还要好，每年都是。可能是因为他们更努力、更重视。哈萨克族的学生可能认为，这个是我的语言，我会说，我不用再努力地学了。可能跟这个有关系。然后，我每一次讲课的时候都会给他们强调，我说："你会说哈萨克语和你懂这个语言是不一样的。从这个专业角度来看，你们还差得很远。"但是强调了之后，还是会出现这种问题。这个可能是因为他们平时不够努力吧，把精力放到别的事情上了。跟这个应该是有关系的。而且跟我们这个民族的性格也有关系，不会着急，然后不太有紧迫感。
>
> （A 老师—哈萨克族—少数民族语言学—访谈）

> 我在国外接触到的那些像 18 岁、19 岁的小孩们，跟他们聊天的时候，就能明显地感觉到他们对未来是特别有计划的。（他们）知道自己要做什么，然后知道自己正在做什么。我觉得这个挺好的，就是你知道你要做什么，然后为此而努力。而我们的学生不知道自己要干什么，很迷茫，然后也不知道自己将来会怎么样，这样是很可怕的。因为没有方向，你也不知道怎么努力，所以可能就会有现在

这种现象吧。

（A 老师—哈萨克族—少数民族语言学—访谈）

J 老师在教育教学中发现有些学生学习的动机不足，学习的能动性较弱，自我的发展和管理意识也较弱。

有些学生对目前自己所受的教育与他们将来的职业发展之间的关系，没有清晰的认识。他可能觉得无所谓，觉得辛辛苦苦地备战高考，现在上了大学，觉得应该轻松几年，就是这样的一个心态。有些课，他们根本不放在心里，觉得无所谓。

（J 老师—维吾尔族—少数民族语言学—访谈）

我是 2014 年的时候开始教 2013 级的零起点班学生的，发现除了个别之前接触过民族语的学生外，一些来自不同省区的之前没有接触过民族语的学生，他们的基础差不多。当时感觉他们的基础很一般，但是他们对民族语的学习非常感兴趣，将学习外语的技巧运用到民族语的学习上。后来发现，他们的基础越来越好，可以说超过了之前学过这个语言的一些学生。这个时候，我就很惊讶，因为有些学生在民族语环境中生活过一段时间，但是语言的学习能力开始不如自己认真学习的学生。他们在大四的时候，也就是 2017 年的时候，我发现他们进步很快，民族语说得很流利。

（J 老师—维吾尔族—少数民族语言学—访谈）

不同班级的学生有不同的学习状态，他们学习的能动性和自我发展意识都有所不同。O 老师对此有深刻的体会。

这边的孩子（藏汉双语实验班的学生）能动性更弱一些，你得不断地推着。那边的孩子（普通班的学生）基本上就是给他空间、给他条件，他自我发展的这种意识就要好很多，能动性更强，这边要更弱一些。

但是他们（藏汉双语实验班的学生）有的时候也能表现出特别惊人的能力。因为这个班我们配套了训练营，训练营是非常高强度的，就是在一个星期的时间里，从入营开始，导师给定任务，中间加上几次专题辅导讲座，然后就要求他们马上行动起来。一次藏班的训练营，最后的成果是非常好的。就是这些孩子，当你给定任务以后，他们可以不吃不喝，他们也可以在实验室熬到早上6点钟。在最后汇报的时候，成果都很好，这让人很惊讶。关于专业训练，非常好，所以不是说他们的节奏就永远这么慢。但是你如果不给定任务和高强度的要求之外，他们就永远会晃晃悠悠。

训练营，是能够看出这些孩子的能动性和潜力的。但它是比较特殊的情况，为什么呢？就是我们安排的这么一个大强度的，就是你作为藏班的孩子，你要进入这个里面，你必须完成这样的一个高强度任务，就是他没得选择。它不在我们的日常常规教学中，它显然不是高强度的。所以在日常教学中这种能动性的调动是比较慢的，是非常费劲的。但是一旦把他置于一个高强度的环境里，就是你必须完成的时候，他就没辙了，那个时候你就能看出他的潜质，他的能力是没有问题的。

我觉得这跟文化有关系。这真的是这种骨子里、文化里面的这种年轮、岁月的感觉，慢慢悠悠，非常地不急不躁，没有什么事情是天大的事。风俗习惯，其实制约着我们的日常教学。

（O老师—汉族—新闻与传播学—访谈）

（藏汉双语实验班的学生）节奏慢，然后不太愿意做表达。你必须不断地追问，不断地逼问，不断地做组织讨论。但是，和其他班相比，他们的纪律性很强，他们的执行力也不错。虽然慢，但是他还是要给你教，呵呵，是这样的一批孩子。

（O老师—汉族—新闻与传播学—访谈）

B老师、K老师、N老师也谈及学生缺乏学习的主动性和积极性问题。

我就觉得学生啊，也是教学环境的问题，他们对于学习的欲望，或如何学习，要达到的标准，其实这些孩子是没有想法的。所以他就会一点点把那标准降低。

（B 老师—彝族—现代文学—访谈）

有一些学生在高中阶段可能学习比较努力，但是一进入大学以后就以为没有竞争力了，就放松下来了。

（K 老师—汉族—民族理论与政策—访谈）

现在的学生不是学不会，好多学生就是懒，要不就是课外活动太多，都干别的去了，心思不在这，自己下的功夫不够。

（N 老师—蒙古族—计算机—访谈）

第四节　教师关于一般教学法的知识

一般教学法知识是指超越于具体学科的，教师关于教学、学生的学习、课堂管理和组织的一般性的原则、方法、策略及理念。[1]

一　注重课堂的管理

科学有效的课堂管理，不仅能维持课堂秩序和提高课堂教学质量，而且能增进课堂效果和促进学生健康发展。[2]

F 老师在管理学生方面总结出"抓两头，推中间"的课堂管理方式。

其实教育都一样，抓两头么，优秀的都有个示范效应，最差的别让他掉队，中不溜的可能就淹没在茫茫人海里了。基本上好学生（专业学习方面）一点就透，人家还可以举一反三。这个差（专业学

---

[1]　Lee Shulman, "Knowledge and Teaching: Foundations of the New Reform," *Harvard Educational Review*, Vol. 57, No. 1, 1987；姜美玲：《教师实践性知识研究》，华东师范大学出版社2008年版，第123页。

[2]　陈琦、刘儒德主编：《教育心理学》，高等教育出版社2011年版，第477页。

习方面）的给你打个八折，你能牵着往前走就不错了。这中间的呢，他的执行力比较好，就是你跟他说个1、2、3，他就干了。干完了，下一步要干啥呢，你再给他个1、2、3。

而且，我上课基本上不点名，点一次认认人。如果点一次，只要谁没来，就是经常旷课的，我之后就会每次都叫他。直接点的形式也是提问，谁来回答问题。逃课的，最怕了，就是怕我提问。当然，还有主动回答问题的。抓住最好的那几个学生，善于回答问题的，还有几个不来的，老提问他，这样基本上就把课堂给控制住了，就是在你的掌控之中。

对我来讲，一个班，我能把握住大概非常有培养前途的，专业上给予引导。最差的，很懒惰、上课睡觉、迟到、没有什么追求的，对这些会重点关注，防止他们掉队。中间的，就会按部就班的，往前推。

这些年对我们学生的整体了解和认识更清楚了，会出现这样的分层。针对学生的分层，慢慢会清楚培养学生的哪些能力，也慢慢理解了不是所有的学生都能做科研的，因材施教吧。有的学生智商很高，有的学生情商很高。可能对学生的定位就更清楚了。

（F老师—汉族—历史学—访谈）

L老师以一种风趣、幽默、愉快、温和又适度严厉的方式管理学生，即"轻松地、愉快地严"的课堂管理方式。正如有些学生的切身感言："L老师，上课幽默风趣""感觉到大学课堂是自由而有序的""课堂有纪律，授课有方"等。

我一直以来还是比较严的，但是怎么严，这个教育方法得注意。军事那种严，可能不对。轻松地、愉快地严，学生也没办法拒绝的那种严，可能稍微好一些。比如，有学生不爱听课，那你就把他叫到前面来坐，说"坐到这吧，坐在后面，我在黑板上写的字，你也看不见"。

（L老师—藏族—藏族文学—访谈）

实践性知识不仅可以通过教师的言语和书写表现出来，而且可以通过教师的身体语言（如四肢动作或面部表情）展现出来。[1] 笔者当时听 L 老师课的班级是一个可容纳 51 人的教室，大部分学生集中坐在教室的中间位置上。L 老师喜欢站在讲台的下面，即讲桌与第一排中间上课，脸上始终洋溢着亲切的笑容，总是用手比画着所讲的内容，不时地观察着教室里学生的听课状态。在教学过程中，老师不停地用眼睛与学生进行交流，可以传递对学生的关心和关注，促使学生将注意力更多地投入课程的学习中。

　　我一直站着上课。站着上课，一边讲，一边用眼睛跟学生交流，这是非常重要的。你看他，说明你在关心他。这样啊，你到处看，学生想睡觉啊，有些困难。

（L 老师—藏族—藏族文学—访谈）

　　其实，我上课好像处于一种"目中无人"状态。实际上，我看学生是盲看，没看到每一个人。你觉得我看到你，其实我没看你，我看到一大堆人在底下，我就是盲看，这就叫"目中无人"。换句话说，这是忘我、投入。

（P 老师—汉族—数学—访谈）

二　激励学生学习兴趣和动机

中国部分少数民族学生的学习动机水平偏低[2]，而学习动机是直接推动学生学习的内部动力。激发学生的学习动机，使他们乐于学习，特别是要关注那些成绩不良的学生，唤起他们自己的学习期望，对自身能力更具自信。

J 老师认为，大学的学习需要学生有真正的兴趣。

---

[1]　陈向明：《搭建实践与理论之桥 教师实践性知识研究》，教育科学出版社 2011 年版，第 123 页。

[2]　哈经雄、滕星主编：《民族教育学通论》，教育科学出版社 2001 年版，第 250 页。

　　现在我的教育理念越来越多的是要激发学生真正的兴趣和培养他们发现问题和解决问题的能力，光是背理论、概念是没有任何意义的。课程的实践部分是学生要具体完成的，要把理论结合到实践。

　　（J 老师—维吾尔族—少数民族语言学—访谈）

P 老师认为，学生的学习兴趣是调动课堂氛围的前提。

　　这兴趣真的很重要。我的教学理念就是培养学生兴趣，学生没兴趣，这课上不好，这课上得也没气氛。我要求这课有气氛，那气氛怎么来的？这兴趣是第一位的。没兴趣，你再做什么思想工作也没用。

　　（P 老师—汉族—数学—访谈）

J 老师引导学生找到自己的兴趣与课程内容的结合点，以此激发学生的学习兴趣。J 老师将学生的兴趣作为切入点，指导学生查找所感兴趣的阅读材料，使学生阅读汉文材料和与此相应的维吾尔语的翻译材料，引导学生在阅读的过程中寻找翻译有出入的地方。之后，给学生提供平台，让学生在课堂上做分享。J 教师作为引导者和指导者的角色，就是"引导学生找到兴趣点—阅读材料—思考并发现问题—课堂分享，即知识的输入—加工—输出"的过程。

　　我可能在方法的使用上，一般是引导他们。首先要帮助学生找到自己的兴趣点。如果学生觉得一门课很难、进步不大或者没有吸引力，我不建议学生将一些对课程的个人看法太多地影响他对一门课程的理解。抛开课程的知识点或理论部分，我建议学生结合这门课程，看看能不能找到自己的兴趣点。比如，翻译课，学生要么对时事新闻感兴趣或者对健康感兴趣或者对球赛感兴趣等。我建议学生将自己的兴趣作为入手起点，再看与自己兴趣点相一致的汉文的阅读材料和与此相对应的维吾尔语的阅读材料。我给学生提供查找阅读材料的线索，比如看哪些、从哪里看、如何查找等。如果学生对时事新闻感兴趣，可以看新华网的中文版和它相对应的维吾尔文版本，从中找自己感兴趣的报道。如果学生对球赛感兴趣，有民文出版的体育杂志，或者在人民网、中央人民广播电台这样的新闻媒体的体育栏目里，看中文版和相应的维吾尔文的翻译。在阅读中文版和维吾尔文版的同时，想一想哪些地方的翻译跟你理解的一样，哪些不一样，有没有遗漏的，有没有翻译得不太准确的地方等，然后让学生就发现的问题在我们的课堂上做一个分享。关于翻译的原则和标准，学生不一定能背出来。让学生先找其中的问题跟我们分享，使学生先对这一领域感兴趣，这样的话，再把学生的兴趣引到课程上，我们再一起讨论翻译的原则和标准之类的问题。

（J老师—维吾尔族—少数民族语言学—访谈）

J老师还通过恰当使用励志故事，来激发学生的学习兴趣和动机。

我经常也会用一些社会上的励志故事来激发学生的兴趣。这里边，我特别重视它的有效性。为什么这么说呢？我总是提醒自己，这个过程最好不要超过5—10分钟。太多了，学生的兴趣，反而到那上面去了，没有回到课堂上。只不过把它作为一个简单的、引起他们兴趣的或者是让他们可以借鉴的方法。我这样做主要是让学生提高自信心。因为有的学生觉得："我学这个专业，我现在什么都不是，我就读完本科也不一定是什么人，然后觉得就这样吧。"

（J老师—维吾尔族—少数民族语言学—访谈）

L老师经常采用各种教学技巧来调动学生的学习兴趣和动机。

跟学生讲学习这门课有什么用，这也比较关键。比如新闻写作类的课程，对学生说："你们毕业后可能不会当新闻记者，但是你们到单位，写简报、材料、调研报告之类的，都类似于新闻写作。"比如针对写论文，跟学生讲："写论文不仅是说做学术，而且是思维习惯的问题，是思考与分析问题的能力。遇到任何问题的时候，都会思考是什么、为什么、怎么办，对于今后工作与生活中问题的解决与处理都会有所帮助。"

（L老师—藏族—藏族文学—访谈）

在课堂上，L老师让不同地区的学生充当自己家乡电视台主持人的角色，鼓励学生积极主动地朗读课本上的新闻消息，以此来调动学生的学习兴趣和积极性。

（L老师—藏族—藏族文学—课堂观察笔记）

L老师还通过开展实践教学、给予学生奖励的方式，来激发学生的学习兴趣和积极性。他向笔者展示学生精心设计的报纸，解释说："利用开运动会的机会，让学生做一份关于运动会的新闻报道，锻炼学生的新闻写作能力。挑选出十篇优秀作品，再通过学生投票，评选出一、二、三等奖，为获奖的学生颁奖（赠送自己的著作）。然后，针对这次评奖活动，鼓励学生再写一篇新闻报道。"

（L老师—藏族—藏族文学—实物资料）

激发学生学习兴趣和动机的教学策略，有助于唤醒学生学习的情绪状态、集中学生学习的注意力并提高学生的努力程度。M老师一直在摸索如何能够激发起学生学习的内部动机的方法。她谈道：

我在教学过程中，（一直在思考）如何驱动学生的内在的驱动力或动机。我觉得很多时候，我们安排一些比赛，会发奖品之类的，这些都是从外在驱动学生。怎样让学生从内心里感受到，哇，学英语真的好有趣，我真的想知道更多。我其实还没有找到好的方法。

（M老师—汉族—英语—访谈）

我是希望能够激发起他们学习的内部动机的。我觉得我能做的就是，一方面，在内容上，我讲得比较有趣一些，比较有延展性一些，不仅只是为了课堂气氛好，还是要有知识点的。然后，在形式上，我可能就是在他们和自己的同伴交流的过程中发现一些能够降低焦虑的方法，让他们看到自己和同伴之间的差距，可能会激发起他们的一些学习的动机。

（M 老师—汉族—英语—访谈）

在英语的教学中，M 老师喜欢通过讲解时事新闻的英文材料，帮助学生学习英语。当笔者问这种方式是否可以激发学生讨论的兴趣时，M 老师谈道：

怎么说呢？这个东西能够激发起来的，可能是英语比较好的学生的兴趣。他会觉得这件事情我有这个能力去讨论，我有一个想法并且可以用英语去表达。然而，对于英语稍微差一点的学生，他可能就会觉得这件事情跟我无关。所以，像这种激发学生学习内部动机的事情，我其实做得不太好。我觉得我总是能让那些学习本来就不错的，或者中等的学生变得更全面一些。可是，对于学习动机比较低的学生，我觉得我没有做得很好。

（M 老师—汉族—英语—访谈）

三 认真组织教学的策略

民族院校学生生源具有文化、民族、地域的多元性，学生学习基础和能力具有差异性，学生学习兴趣和能动性不一，学生思维方式和学习方法不同。面对多元化的学生，教师需要更加注重组织教学，照顾到学生的民族特点和不同层次的学生之需，激发学生的学习兴趣，调动课堂的学习气氛。

P 老师通过"以问题带动教学"来组织教学。他认为，针对教学内容，设计富有启发性的问题是一节课成功的开始，从学生似懂非懂的问题入手，最易调动其学习积极性，引发其学习兴趣，从而有利于激发学生的求知欲望。

最直接的方法是提问题，以问题带动教学。我每次上课，不是马上讲新课，而是回顾与这节课有关的内容，组织一下，提出问题。在提出问题之后，让学生独立思考，再让学生发言，学生马上就比较紧张，情绪就给调动起来了。

　　提问题也有讲究。提出一个好问题，从某种意义上说，比解决问题更重要。你提的问题，如果很难，学生没思路，答不出来，这也不行。你设计的问题，一定要和学生学过的知识有联系。学生似懂非懂的问题，他知道一些，能解答一些，但说不全，这样学生会跟你说的。我出的问题都是这样的，不是让你答不出来，一点边界没有的。

（P 老师—汉族—数学—访谈）

G 老师使用"一张一弛"的教学节奏，使学生保持"一张一弛"的学习状态，这有助于学生轻松愉快、高效率地听课与学习。

　　让学生的注意力保持在一个稍微放松、稍微紧张的"一张一弛"状态下。因为一直保持紧张的话，一般人是做不到的。我看过一本相关的心理学方面的书，人一直保持专注的注意力的极限是半个小时左右，超过这个时间，人的注意力就会不自觉地开始分散了。所以说，要让学生集中注意力 30 分钟左右，咱们再讲个小例子或小故事，让学生放松一下，然后慢慢地再把学生的注意力收回来。我觉得这是很重要的一件事情。

（G 老师—汉族—经济学—访谈）

在上课过程中，G 老师通过观察学生的反应，及时调整自己的教学行为。

　　最开始上课的时候，我对学生的反应不是很敏感，按照自己的一些东西来讲、来调整。但是现在我会很关注学生的一些基本反应。那么，学生的表情也会告诉我，我是不是讲得太干巴了，这样的话，我就加一些例子来丰富一下，或者说我"东拉西扯"太多了。了解我上课的学生都知道，我讲课的时候发散的东西比较多。所以说，根据他们的反应，我会调整我上课的进度和方法。

（G 老师—汉族—经济学—访谈）

在上课的过程中，我一般会观察学生的反应。通过他们的反应，我会知道，比如说，他们对我的上课在哪个环节上有疑惑，或者对哪个知识点的接受程度可能不是特别高。那么接下来，我就要考虑如何调整自己的上课方式，让他们有一个更舒服的听课状态、对知识点有更清楚地把握。也许你精心准备的一个案例，学生在听完之后都没有任何表情，那么你就要想一想你的例子是不是合适？或者说，你是不是没有十分清楚地让学生了解你想表达的意思。所以说，这个东西的话都是教学相长。我给你呈现了什么，然后你给我的反馈是什么，我通过你的反馈再来改变我的呈现方式。

（G 老师—汉族—经济学—访谈）

针对班级中学生学习基础薄弱的学生，P 老师强调教学内容需要讲解得更为详细。

教学的时候要讲得更细一点。教学上的内容不能一下子就带过，这个色差要更密，讲得节奏慢一点。

（P 老师—汉族—数学—访谈）

L 老师谈到在每次上课之前，要明晰一堂课内容的重点和难点，将每堂课的内容讲完之后，再采用通俗易懂的语言将较为难理解的内容进行总结，以此照顾学习基础薄弱的学生。

上课之前，要清楚今天讲什么内容，哪些是重点，哪些是难点，哪些是次要的，怎么讲，将这些都掌握好。然后，班级里面可能会有个别的学习比较差的学生，这些学生可能需要被照顾到。当然，讲的内容太浅了，对于学习好的学生不行；讲的内容太深了，对于学习不好的学生也不行。这样涉及深层次的知识，把这个内容讲完之后，再用简单的语言将已经讲过的内容组织一下。这样做，对于学习好的学生相当于复习总结；对于学习不好的学生，我将这段内容总结起来教给他，他最起码将这段内容掌握了。这样，学习好的、差的、中间的学生全部照顾上了。这样可能会好一些。

（L 老师—藏族—藏族文学—访谈）

关于民族院校教育教学所面临的挑战，G 老师谈到"在教学中如何照顾到不同层次的学生"。面对这一问题，G 老师在矛盾中不断探索，目前他的解决方式与 P 老师、L 老师的相似，即采用稍微减慢讲课的速度、讲得尽量浅显易懂、重复讲解重点内容的教学方式。G 老师的具体阐述为：

说实话，一些从藏区、牧区来的学生，他们的普通话说得不是很好。他们用普通话表达自己的思想，有时候可能还是要经过思考的。我的感受是他们要从自己的母语转化成汉语。比如说，跟咱们学外语似的，先要在脑子里用中文想一下，再转化为英语。所以说，这样的话，就意味着他们听我讲课也要经过转换，转换成自己的语言才能理解。那么，这就意味着我说了之后，要给他们时间消化。但还有一个问题，就是班级里母语是汉语的学生占大多数，如果我因为一些学生，而刻意把讲课的节奏慢下来的话，对于母语是汉语的学生，可能不太可行。如果我只是按照正常节奏来讲的话，对于说母语的学生，他们可能听不懂。就这样，真是挺难拿捏尺度的。

现在，我基本上就是正常讲课，但是对于重点知识，我不管你懂不懂，我都要再把它重复一遍。用这个方式，对于汉语好的学生来说，即使是重复，也是一个加深印象的过程。对母语非汉语的学生而言，可能在我讲第二遍的时候，他们才开始真正理解。用这样的方式，相对来说，我觉得效果会好一点。

（G 老师—汉族—经济学—访谈）

你怎么同时照顾到不同的人群？我觉得这个不太好协调，如果完全区分来进行教学的话也不太合适。根据学生的汉语程度和理解能力，在教学上尽可能地倾向于他们一点。就是，我稍微把讲课速度减慢，对于比较深度的内容讲得浅显一些，再加上一定的重复，同时鼓励他们多向我提问。我觉得这些也就是我现在能做到的基本事情了。

（G 老师—汉族—经济学—访谈）

当笔者进一步追问 G 老师如何将内容讲得浅显，使学生比较容易理解时，他解释道：

这其实很简单，就是把他们理解这个内容所需要的一些背景知识、基础知识，再简单地给他们过一遍。当他们没有这些基础性知识时，带着他们从头到尾再过一遍，在短期内构建出一个相对比较完整的体系出来。但这样的话，实际上对于一些学习好的学生来说，也不是很公平，就是讲那么简单的干吗！但是你没有办法，你要是做到不让人掉队的话，这是必须做的事情。其实，还有一点就是必须得有一定的取舍，这是没办法的。

（G 老师—汉族—经济学—访谈）

G 老师还通过有意提问的方式，促进学习基础较为薄弱的学生的学习，了解他们对于知识的理解情况。他这样解释道：

其实，在大多数的时候，我都会跟他们说："如果你们有什么不懂的，可以下课或私下来问我。"然而，这对咱们学校的学生来说效果就不好！比如说，来找我的学生基本上是班级学习好的，基本上以汉族学生为主。那么少数民族学生的话，我知道，他可能没有懂，但是他也没有来找我。一开始时，我是有疑惑的："既然没懂，你为什么不来找我。"但是，后来我发现，也许他们作为本科生，尤其是从牧区、藏区、少数民族聚居区来的学生，他们心里面是有些许顾虑的。跟他们混熟之后，他们说："我当时确实没听懂，但是我想找你的话，我不知道是不是好的一件事情，会不会让你对我有些不好的看法。"

很多时候，他不明白，也不会来问我。我觉得，应从我这儿来加强这方面的要求。比如，在上课过程当中，有的时候我会有意地提问一些少数民族学生，尤其是那些认真听讲的学生，看他们的眼神可能会有一些茫然、有一些困惑的学生。我问他"对这个问题，你明白了吗"或者我稍微变化一下，然后说，"你回答一下我刚才讲的这个东西"。通过这种方式来逼迫他们做更多的思考。那么，如果他们真的不明白的话，我也知道该从哪个角度把它重新组织一下，再跟大家讲一下。

（G 老师—汉族—经济学—访谈）

四　"鼓励"和"表扬"的教育方式

由于教育资源分配的不均衡，大多数民族地区的教育水平与内地有较大的差距。学生来到内地求学，容易产生挫败感和自卑的心理。表扬和鼓励是对学生的学习给予肯定的强化，比批评和指责更能有效地激发学生的学习动机。[1]

L 老师多采用"表扬"与"鼓励"的教育方式，而非忽视学生学业水平的差异性，强调"千万不要伤害孩子们的自尊心"。他进一步解释说：

特别是对学习比较差的学生，你得表扬他，你得给他机会，让他回答问题，在回答之后，要给予肯定。通过表扬和激励这种的方式，使学习差一些的学生往上追一下，他们的学习成绩就会慢慢赶上来。

（L 老师—藏族—藏族文学—访谈）

在指导学生写作方面，L 老师注重循序渐进的指导方式。在指导学生的过程中，他还不断地给予学生肯定和鼓励，使学生认可自己、对自己充满信心，激发学生的写作欲望。

---

[1]　陈琦、刘儒德主编：《教育心理学》，高等教育出版社 2011 年版，第 235 页。

在刚开始写作的时候，学生作品中的问题很多，我不会将所有的问题都指出来，不能"一棒子打死他"。我会让学生在解决完一个小问题之后，再解决下一个小问题，再解决下一个小问题……这样的话，第一，你指出的问题，学生可以完全解决掉；第二，你指出的问题少了以后，学生心理能承受，他容易接受，让他感觉自己还不错；第三，让学生通过第一稿跟最后一稿的比较，使学生感受到自己的进步。就是说，你要肯定他，不断地肯定、不断地肯定、不断地肯定，他的写作能力就提高了。等学生写得非常不错的时候，再直接指出他的问题。

（L 老师—藏族—藏族文学—访谈）

这种指导方式，一是了解学生的现有写作水平，二是预估学生在指导下可以达到的较高的解决问题的水平，与维果斯基的最近发展区理论有异曲同工之妙。该指导方式贯穿着 L 老师对学生的耐心、鼓励和关怀。

E 老师也表示要正面激励学生，不能挫伤学生学习的积极性。

有研究表明，孩子在学习之初，保护兴趣最重要。小学生写一篇作文，可能只对了 10 个、8 个单词，但老师批改的时候，不能把错误的地方全部标出来，这样会挫伤积极性。

（E 老师—汉族—数学—实物资料）

第五节　教师关于学科教学法的知识

学科教学法知识是教师在理解所教学科的基础上，根据学科特点和学生学习情况，将学科知识进行合理地组织、安排，进行有效教学的知识。[1] 也就是说，它是教师将自身所精通的学科知识如何有效地讲授给学

---

[1] Lee Shulman, "Knowledge and Teaching: Foundations of the New Reform," *Harvard Educational Review*, Vol. 57, No. 1, 1987；姜美玲：《教师实践性知识研究》，华东师范大学出版社 2008 年版，第 112 页。

生的知识。

一　理论联系实际的教学方法

教学过程作为一种特殊的认识过程，对学生而言，他们所学习的知识基本上是前人或他人实践已经证明了的间接知识，这些间接知识只有通过与实践结合，才能使学生把理论知识用于分析问题和解决实际问题，才能提高学生实践的能力。[①] 理论知识的教学要与生产和生活实际紧密结合，使学生在理论与实际的联系中理解和掌握知识，并通过教学实践培养学生在实际中运用知识的能力。[②]

关于概念的讲解，L 老师注重将抽象的概念性知识还原到具体生活现象中，将其与学生的生活相联系，采用"实例在前，概念在后"的教学方法。他善于选取学生生活中具体而鲜活的事例进行类比，使抽象概念具体化。他这样解释道：

> 在讲概念之前，将概念的内容用生活中的一些事例给孩子讲出来。例如，先讲一种生活现象，启发学生，透过这种生活现象可以总结出什么，再将概念提炼出来，学生马上就会明白了。我在讲的时候是实例在前，概念在后，就是这样的。
>
> （L 老师—藏族—藏族文学—访谈）

老师了解学生的本土经验，在教学中使用学生熟悉的事例，既有利于学生对于知识的理解，又有助于拉近老师与学生之间的距离。

> 实际上，在对不同的民族学生进行教学的过程中，其实我们更多地要考虑的就是我们的学生对于一些理论性知识的掌握。在希望他们更多地掌握的情况下，我们实际上更希望能够以他们理解的方式或者喜闻乐见的方式对他们进行教学。所以说，在进行教学的整

---

① 薛天祥主编：《高等教育学》，广西师范大学出版社 2001 年版，第 210 页。

② 薛天祥主编：《高等教育学》，第 210 页。

个过程中，就希望更多地加入一些民族的、日常生活的，或者说他们所了解的东西。因此，在日常生活中，包括像跟维吾尔族学生讲话的时候就会把自己在新疆的见闻，或者自己知道的一些教育方面的内容融入课堂中。然后，发现大家之间有一种被拉近的感觉。

（C老师—汉族—教育—访谈）

C老师将理论性知识与学生的实际经验相结合，发挥学生的主观能动性。教学中的案例并一定是老师讲出来的，也可以是在老师的引导下，学生自己列举的。C老师引导学生将自身丰富的案例融入课堂教学中，引导他们对自身所经历过的教育教学事例进行分析与探讨。这种教学方法既可以发挥学生本土经验的优势，又可以充分发挥教师在教学中的引导作用。对于学生来说，这种教学方法，一是能调动起他们自身的学习资源，激发学生参与课堂的积极性和主动性；二是能引导学生对教育问题进行思考，培养学生的思辨能力、分析问题与解决问题的能力；三是有利于学生对于知识的学习和理解，使学生学以致用。对于老师来说，在倾听学生分享的过程中，增加了对中国不同地区教育情况的了解，也获得了不一样的教育经验，给自己带来更多的启发和思考。另外，在教师与学生的互动过程中，师生共同营造出一个开放、轻松、活跃的课堂氛围。

刚开始时，学生对教育学的一些问题不是特别积极地讨论，因为他们不太了解到底要找哪一块儿的知识或者内容。我在讲《教育学基础》这门课程的时候会提到他们身边的一些案例。慢慢地，学生会觉得自己日常生活中实际上是有教学存在的。比如哈萨克族的学生，就会给我们讲他们当地的课程是如何进行设计和实施的、校本课程的安排等。有好多这种案例，我都是从学生那里了解到的。

在讲课的过程中，我们是把理论和实际相结合的。比如，我讲课程这一块儿，实际上并不是非要讲书本上的知识，会让学生发挥，对于我要讲的东西有没有联想？他可能会联想到自己的学校，把课程上面这种教学改革或者校本课程改革当成一个例子，然后在我们的课堂上进行相应的表达。

　　这实际上对于学生来说，可能只是他们回忆自己以前的学习中的点点滴滴的一个过程，但是有的时候就是一个非常鲜明、非常生动的例子。我们上了好多年学，也接触到很多这种教学的例子，但实际上有的时候可能就缺乏一个触发器，没有办法把它触发出来。所以，在课堂教学过程中，尤其是在理论和实际相结合的时候，在讲一个理论的过程中，让学生进行相应的实践反应，或者相应的添加，而且学生对理论的理解更加容易和深刻。因而，在课堂讲课的时候，我十分强调让学生表达自己。也可以说，我讲的理论点，让学生自己去增加实际的案例。或者我就说："同学们，你们当地有没有这种问题，有没有这种相应的措施或者什么之类的，你们都可以说。"说了之后，如果有价值有意义的，我们再结合理论性的知识进行深入分析，这会增进学生的理解。

　　在这种情况下，学生们将他们自己生活中的经验，或者说生活中的真实案例进行分享和交流的过程，实际上也是营造我们的课堂氛围的一个过程，把课堂氛围搞得比较的生动而且有十分鲜明的地方特色。

（C 老师—汉族—教育学—访谈）

G 老师习惯将理论融入具体的例子中，用具体的例子来阐述理论，通过生活实例讲解理论性知识。

　　把理论中涉及的一些问题放在具体的例子中，或者说在对例子进行分析的过程中，将理论层面的知识加进去。实际上，学生在类似于听故事、听案例的过程中，会自然而然地把知识吸收了。我觉得效果挺好的。

（G 老师—汉族—经济学—访谈）

　　我比较喜欢举例子，举一些课外的但是和课程内容相关的例子。我希望通过一些例子，让学生对所讲内容有一个直观的认识。这样，学生会觉得这些枯燥的、没有什么趣味的、干巴巴的知识在现实当中是会有一些有意思的东西和它相关的。在某种程度上，这可以调动学生学习的积极性。上这么多年课，我觉得效果还可以。学生在听完例子之后，也会习惯性地往下听。

（G 老师—汉族—经济学—访谈）

H 老师在理论的讲解上，尽量讲得通俗易懂，多举文学作品的例子。他通过从基本的资料建设开始，抓课程建设。

> 我讲的是理论课，理论课和应用课也不一样，理论课很难讲。有的学生觉得枯燥、难理解、难懂，学习积极性不高。所以，根据这个情况，我尽量讲得通俗易懂，多举一些我们蒙古族的文学作品的例子，这样一来能活跃我们理论课的课堂气氛！所以，我的课，学生基本上是愿意听的，积极性也比较高。我是这样的，为了这个理论课，讲得好、讲得要吸引学生，我就是从基本的资料建设开始，抓课程建设。

（H 老师—蒙古族—蒙古文学—访谈）

教学过程是一个包括认识和实践两个方面的活动过程，是一个认识与实践统一的过程，其本质就是一个特殊的认识过程和特殊的实践过程。[①] 学习是一种通过思维和体验互动建构知识的过程。L 老师将课程大致分为理论性课程和实践性课程，注重运用理论知识与实践能力两者相互促进、彼此推进的教学模式。

> 理论性的课程，让学生掌握基本理论部分非常重要。针对实践性的课程，理论性的内容尽量讲得浅一些，在实践方面加大力度，先提升学生的实践能力。学生的实践能力提高之后，反过来再开始讲理论性的内容，学生就会掌握得更快、理解得更好。我觉得这个方法可能会更好一些。先开始简单讲一些理论性的内容，接着让学

---

① 薛天祥主编：《高等教育学》，广西师范大学出版社 2001 年版，第 204—205 页。

生实践所要学习的内容，学生的实践能力得到提升之后，再讲理论，这样循环地往前推。不然光讲理论，学生不愿意听。就是说，假如没有实践的支撑，理论性的内容，他们即使背下来了，忘得也快。

（L老师—藏族—藏族文学—访谈）

本书将此提炼为"理论—实践—理论"不断循环的教学模式。该教学模式不但有助于学生理解和掌握理论性知识、提升实践能力，而且避免了单纯理论知识教学的枯燥乏味。

二 教学融入文化知识的教学方法

语言是人类文化的载体，文化通过语言得以代代传承。A老师和I老师都讲到将民族文化知识融入民族语言的教学中，用民族文化知识促进学生对民族语的学习与理解。

在讲哈萨克语的过程中，比如每一个单词的意思，句子为什么要这么用，我们会将文化融进去进行讲解。语言是离不开文化的，比如说我们为什么会这么表达。

（A老师—哈萨克族—少数民族语言学—访谈）

在讲课的时候会增加一些文化和习俗方面的知识。比如，学到"吃饭"这一课，让学生介绍他们民族的习俗。我们壮语里边的一日三餐的概念在时间上是错后的。早饭这一餐，基本上都快到中午了，相当于我们壮语里边没有"早点"这个词，说明我们老祖宗不吃早餐，就出去干活了，快到中午回来再吃，第一顿饭就快到十一二点了，吃早点的词是后来造出来的。一天三顿饭是中午这顿饭，下午这顿饭，还有晚饭。为什么还有下午这顿饭呢？这跟他们的作息、劳作是有关系的。午饭后，天太热，不适合出去干活，就休息或做家务。到下午四点左右，太阳偏西，天气没那么热了，再吃下午饭，然后出去干活。在干活干到七八点钟，天黑后，再回家做晚饭。这就是习俗。根据不同的教学内容，融入一些民族文化的元素，这样增加学生对知识的理解和学习的兴趣。

（I 老师—壮族—少数民族语言学—访谈）

N 老师考虑到教学对象的多元性特点，关注学生多元的学习需求，在课程内容的讲授中添加与民族相关的学科知识。也就是说，他会根据学生的民族特点，选择在学科教学中融入哪些方面与民族相关的学科知识，如民族文字的录入、民族文字的排版等。

> 教学目标中有汉字的录入，没有说民族语言的录入。但是，你给民族班讲的时候，肯定要给他们讲民族语的录入。比如，给蒙文系的，讲蒙文如何输入。咱们 word 里面能输蒙文字呀，挂靠一个软件，就可以输，这个得教呀。维文怎么输入，哈语的那些文字怎么输入、朝文的那些文字怎么输入，得讲。大文科的学生，我也会讲，比如韩文怎么输入、日文怎么输入，但是不会讲民族语文怎么往里输。因为你教这些班，必须知道学生到底需要哪些东西，哪些东西对他有用。

（N 老师—蒙古族—计算机技术科学—访谈）

K 老师在学科知识的讲授过程中，从学生身边的事例着手，融入学生耳熟能详的民族文化知识。例如，他在讲"国家通用语言的重要性"时，跟学生说：

> 《吉祥三宝》这首歌，如果只用蒙语来唱，受众就会少一些。但是我们掌握了国家通用语言，用国家通用语表达出来，通过春晚，这首歌马上就被全国全世界所知晓，一夜之间传遍大江南北、千家万户。大家都能唱《吉祥三宝》这首歌。如果单纯用蒙古语，受众就会少一些。

（K 老师—汉族—民族理论与政策—访谈）

K 老师通过现实的例子，既让学生对国家的民族政策和方针有了深刻的了解和认知，同时也没有伤害到学生的民族情结。国家通用语言的使用，有利于民族文化的传承与宣扬，有利于向全国乃至全世界的人们介绍民族文化，使更多的人了解和认识民族文化。

P 老师在数学的教学中融入数学文化知识，把枯燥的理论变得生动起来，提高了学生的学习兴趣。

> 在遇到有关的历史、人物、典故的时候，我都要展开介绍。人家过去是怎么做的？人家怎么发明的？怎么提出猜想的？这样为什么有好处？一个是提高他们的兴趣，学习兴趣很重要。因为我们数学本来就很枯燥。
>
> （P 老师—汉族—数学—访谈）

三　参与式与讨论式的教学方法

高校的教学过程不同于中小学，教师更倾向于通过引导、点拨等方式，发挥和调动学生学习的积极性和主动性，学生的学习更多地通过独立的、自主的和带有研究性质的方式完成。教学是教师和学生双边的共同活动，教师的主导作用和学生的主动性在教学过程中是否充分发挥，决定了学生学习的成效和教学的质量。在教学中，老师们倾向于采用参与式与讨论式的教学法来开展教学。

针对小说写作、新闻写作等写作类的课程，L 老师一般按照"读—讲—研—写"的流程进行教学，引导学生参与到课程的学习中，有意识地培养学生的研究意识。他对此的具体阐述为：

> 首先是"读"，让学生读一些优秀的作品。在读的过程中，学生就会不断地发现自己写得哪里对、哪里不对，哪里好、哪里不好，就会知道和改进自己的不足。其次是"讲"，让学生上讲台自己讲。再次是"研"，将课程内容与研究联系起来。研究这一块儿，一是可以加深自己对课程本身的理论和实践问题的理解；二是在研究的过程中，还可以培养学生的研究意识，解决学生的学术规范问题；三是也可以为学生的毕业论文写作打基础。最后是"写"，让学生自己练习写作，将知识转变为学生的能力。经过这个流程之后，学生实

际上已经参与到整个教学过程中了。因为读、讲、研、写都需要学生的参与。这样学生的参与度就会提高，这样的课堂效果比老师讲得效果要好得多。

（L老师—藏族—藏族文学—访谈）

O老师指出，"设定任务——给学生提供很好的资料和资料的查询路径——课堂上充分的讨论"的讨论式教学是比较好的一种教学方式。

我觉得现在比较好的一种方式，就是能够设定很好的任务，在把任务布置给学生之前，能够给学生很好的一些资料和搜集资料的查询路径，然后大家再到课堂上来做讨论。但是，如果你真的要在课堂上很好地实施它，就要在课下做更多的准备。如果你一上课，就说我们今天开始做讨论，之前没有做任何的铺垫性的准备工作，今天课上的45分钟时间相当于大家在那"聊大天"了，它没有达成任何实质性的、围绕你的教学目的的一些教学的事项。所以，只有做更多的教学设计和教学组织，你才能够有课堂的教学效果。就是把这些准备工作做足了，再让学生去做充分的讨论，这是很好的。

（O老师—汉族—新闻与传播学—访谈）

学院在给P老师写的师德标兵先进事迹材料中写道：

P教授极其注重教学方式、方法和手段的灵活利用，注重启发式、讨论式的教学方法。例如有时在授课中采用"提出问题—独立思考—互相讨论—学生发言—教师小结"的教学方式，又如在习题课上采用"练—评—讲"结合的方式进行教学，上述做法有利于集体思维对个体思维的影响，有助于消除对数学的神秘感，增强学生学习的兴趣和自信心。

（P老师—汉族—数学—实物资料）

四　梳理知识的来龙去脉的讲解方法

P 老师帮助学生理解知识是如何产生的，展现知识发生发展的过程，把"枯燥"的数学理论变得形象、生动，引人入胜。对于一些重要的概念、定理及方法的引入，他不但讲清楚其本身，而且力求讲清楚它的来龙去脉和应用，这一过程需要融入数学文化（数学史、数学家的事迹）以及数学思想方法等。对某些定理他不是直接和盘托出，而是引导学生尽可能地体验科学家发现定理的过程，提出猜想，进行检验，正确时给出证明，错误时举出反例，进而培养学生勤于探索的科学精神。P 老师将数学的教学过程比喻为"一条鱼"，即"鱼头"是知识的来源，"鱼中段"是概念、定理、证明、例题，"鱼尾"是知识的应用和推广。P 老师的具体阐释如下：

> 我琢磨怎么能让学生接受得比较好，比较自然。强调两个字即"自然"，这"自然"是什么意思？就是符合人的认识规律，不是说有一种强加给你的感觉，让学生经历从知识的发现、产生、发展到成形的结论这样一个过程。结论当然是重要的，但是我更注意的是知识产生和发展的过程。讲解一个重要的知识点，我总是把它的来龙去脉说清楚，给学生介绍一个完整的东西。这是我的比喻，你吃一条鱼，鱼是有头、有尾、有中段的。
>
> 现在数学的教学模式一般是这样的：第一是讲定义，就是概念；再由该概念引出定理，即概念所满足的定理；然后是例题。咱们平常的教学在"中段"上比较下功夫。在数学上，"中段"是什么，就是定理、怎么证明，再讲讲例题，配合定理怎么用。当然，"中段"是大家都注重的。我可能更注重"一头一尾"。
>
> "头"就是概念、定理怎么来的，知识产生的背景。当然，这其实你要讲解也很费时间。但是，你就要用最短的时间，尽量给学生说明白点。数学课本中就是定义、定理、证明就完了，课本里面没有怎么来的内容。作为一个好教师的话，就应该在这方面下点功夫。知识的来龙去脉，就是"鱼头"。有"头"才有"中段"。这就需要

你备课。我备课一般都要找十几本书，同样的内容，要翻、要学。我就要找人家是怎么想的，最初的科学发现，英文叫 idea。其实，在某种意义上，你给学生讲这东西比你讲定理还重要。你现在学知识跟科学家发现、发明的认识过程是一样的，只不过你不是科学家，人家是科学家。知识怎么来的，你跟学生讲清楚，对他将来多少是有益的。从近处来看，跟这课有关系；从远处来看，培养他探索知识的能力。再到"中段"，这段就是大家都应该注意的。还有"尾巴"，就是到哪去，一个是应用，一个是推广。定理，可能是在某种情况、条件下成立的结论，把结论推广，就是在更广泛的条件下，这结论是否成立，给学生提出这个问题，让他猜想。有的成立，有的就不成立。成立的，我要求学生再证明，这是推广。不成立的，要举出反例。"尾巴"这块儿也不是一般教学中所注意的。我的想法跟人不一样的地方，就是对前后特别注意。

（P 老师—汉族—数学—访谈）

本书将这种教学方法称为"鱼头、鱼中段、鱼尾"——梳理知识来龙去脉的教学方法。G 老师通过与学生的互动，也指出帮助学生梳理知识的来龙去脉有助于学生对于知识的理解。

第六节　教师关于师生交往的知识

师生交往是教师与自己的工作对象——学生之间的交往，它在学校内部的人际交往中居于核心地位。教师与学生在教育教学过程中形成的交往关系，包括彼此所处的地位、作用和相互对待的态度等，这种交往关系被称为师生关系。它是在师生交往中建构形成的，这种建构主要是基于教师和学生在教育教学过程中的双向交流与互动，是师生之间情感互动的基础，服务于教育教学目标的达成。对于学生来说，教师不仅是传授学问的学者，还是为他们提供学习帮助的长者和对他们的学习进行评价的权威人士。学生对教师的兴趣会迁移到教师所教授的内容上，良好的师生关系有利于提升教学效果。①

一　平等的师生观念

L 老师持有平等的师生观念，不依赖于"师道尊严"的权威，把学生置于和自己平等的位置上进行交流，认为平等的师生关系有利于师生之间、生生之间的互动和营造轻松、活跃的课堂氛围，使学生放下畏惧老师的思想包袱。在课堂教学中，学生们紧跟 L 老师的教学节奏、踊跃举手、积极发言，课堂氛围十分活跃。L 老师用通俗和诚恳的语言跟学生讲道：

> 咱们都是平等的，咱们都要互相尊重。不一样的是，我先上学，先参加工作。你们出生的比我晚，那就成为我的学生。假如说，你们出生的比我早，上学比我早，那肯定我是你们的学生。无非也就是这个关系。
>
> （L 老师—藏族—藏族文学—访谈）

从 C 老师的言语中，如教师的"亲和力"、讲课"没有距离感"、"亦师亦友"的关系等都体现了他与学生之间的平等师生关系。他在课堂教学中营造出自由的、和谐的、轻松的、平等的讨论氛围。当老师认为自己和学生是平等的主体时，会在课堂上倾听学生的观点，这种倾听造就了接受的文化和民主的氛围。②

> 我做兼职的时候，从小学一年级到高中每个年龄段的学生都教过。后来我就发现，实际上面对不同的学生，最大的一个制胜法宝，就是亲和力，包括讲课的时候没有距离感。实际上，师生之间更多的有效交流是建立在学生对教师的这种感觉上的。学生如果认

---

① 邢磊编：《高校教师应该知道的 120 个教学问题》，北京大学出版社 2010 年版，第 4 页。

② 张虹：《高中英语教师文化的多维透视 一项民族志研究》，高等教育出版社 2017 年版，第 224 页。

可老师或者对于教师的教学方式、教学风格比较喜爱的话，其实他学习这些东西会很容易、更加有乐趣。但如果说老师跟学生之间的关系非常紧张的话，那他学得肯定是不好的。所以说，在日常教学过程中，我是希望把学生当成朋友，建立亦师亦友的这种关系的。在教学过程中也不是说非常严肃，给学生一种一板一眼的感觉，而是更多地跟学生讨论，或者大家一起就某个问题说说自己的感受啊、想法啊。其实，这就相当于 seminar，我们翻译成"习明纳"。在西方的时候，我们也经常参与这种模式，采用那种讨论式的模式进行学习。所以这种模式最大的好处就在于拉近了老师与学生之间的距离。

（C 老师—汉族—教育学—访谈）

P 老师"关爱学生亦师亦友"，秉持平等的师生观念。学院在给 P 老师写的师德标兵先进事迹材料中写道：

P 教授在日常的教学过程中非常注意增强师生间的了解和互动，置身于学生中，做学生的知心朋友，他创造了一套自己的与学生交往的方法。首先，尊重学生，用平等的态度与学生对话、了解学生真实的想法，在思想上和生活中关心、体贴学生，一切为学生着想。其次，对学生多加鼓励、提倡学生在课上课下多提问题，针对学生的问题做出耐心解答。最后，主动征求学生意见、及时调整教学，同时对学生提出的比教师更好的思路和方法给予表扬和采纳。

（P 老师—汉族—数学—实物资料）

二　对学生文化的敏感与尊重

在多民族学生的教学班级中，老师是如何协调自身与学生在文化上的理解与认识差异，维护良好的师生交流的？对此 B 老师谈道：

我们是接受汉族文化长大的，也是受汉族文化熏陶的，那么汉族文化呢，相对来说，它更为丰富甚至强大。但是可能我们有些孩子未必就会这样认可。当然不会这样认可，人家可能也有人家的道理。那么我们在交流上，有时候，可能就会有所保留。因为第一是形式上不能产生冲突。第二，每一个民族的文化都是灿烂的、丰富的，不能在这个方面造成别人的负担。所以，我有时候就尽量在这个问题上，不做很深入的探讨。但这不是是非的问题，如果是是非的问题，当然它都是有标准的。这就是我们在交流当中情感上的一种技巧，就是尽量不要伤害对方，在语言上还是要有一定的选择的，要委婉。尽量地回避那些让学生感觉到他不能接受的东西。也可能是在这里时间长了，我们大概都有一种心理上的自觉的反应。我本身就特别注意，而且我一直在这里工作，我知道有些问题是很敏感的，所以我就很注意，这是一个方面。另一个方面，我经常会把话铺垫在前面，我们就这个问题展开讨论，在学术层面上就应该是很客观的。

（B 老师—彝族—现代文学—访谈）

B 老师对学生的文化具有一定的敏感性，了解学生关于本民族文化的态度和观点，在与学生交流中会顾及学生的体会和感受，关于文化的语言表达上使用中性的词语，尊重和包容他文化。

K 老师每年都负责给 W 民族大学好几个院系的本科生讲授《民族理论与民族政策》的公共课。他每教一个新的班级，都会提前了解一下学生的背景信息，避免由于文化差异所带来的冲突，保持对学生文化的敏感性。他这样讲道：

在上第一堂课的时候，我一般会做一张信息表，收集一下学生的详细信息。比如学生的民族成分、来自哪个地方，大体上我得有个了解。这样的话，在上课的时候，一方面，说白了，要避免伤害他们；另一方面，我可能会采用一些不同的案例来给他们讲解。我会提前做一个功课。

（K 老师—汉族—民族理论与政策—访谈）

K 老师通过了解学生的背景信息，灵活运用民族文化知识，拉近与学生的距离，与学生建立起良好的师生关系。在教学材料的选择方面，会考虑学生的文化背景。

> 在教学方式上，我有的时候用他们的语言或歌曲来表达一些内容。在与哈萨克族学生交流的时候，有时候会哼几句哈萨克歌曲。班里面有维吾尔族的学生，我会说几句维吾尔语。教授藏汉双语班的时候，我在上课的时候，能说几句藏族。这实际上就特别地能够拉近距离，能增强学生对你这个老师的认同。我觉得这可能和教授汉族学生是不一样的。
>
> （K 老师—汉族—民族理论与政策—访谈）

> 咱们民族大学各个专业，有很多少数民族学生。在讲授一些内容的时候，本着一个民族团结、民族平等的原则，在引用一些案例的时候，尽量用一些民族的案例，这样会有一种亲近感。有时候我看到有学生学习不认真，比如这个学生是彝族，就会有意地举一个与彝族相关的案例。
>
> （K 老师—汉族—民族理论与政策—访谈）

在多民族的班级中，P 老师讲到要尊重学生的文化。

> 咱们学校 56 个民族是一家，可以说，咱们学校一年里头每天都有节日。我上课的时候，就经常有人要请假。为什么请假？他们过节去了。我怎么办？咱们就得尊重人家的节日，就得批准。别的要有无故旷课的、无故缺席的，那我就要严格批评。基本上很小的一个民族，那你也得尊重人家的节日。落下的功课，你还得帮他补。所以，这也是咱们的特色。
>
> （P 老师—汉族—数学—访谈）

当笔者问 F 老师面对多民族学生的教育，有没有必须遵循的原则时，他谈道：

> 　　其实，我认为，当一个很有自律的人，达到这种自我要求的人，他不会犯太多错误。因为所有的法律、规则都是基于一个人的道德准则和做人的原则做出的。所以，我感觉大家都努力做个好人。至于说，比如一些原则，可能有人不太懂，像一些民族禁忌啊，其实你不太懂的话，你是无意的，而不是恶意的，学生也会理解的。一个人的善意和恶意，对方是完全可以感受到的。（双方应）坦诚相待。但是慢慢地我们工作多了，就会稍微有些注意。高校的民族工作、民族政策，我们老师也会学习一些，也会适当地注意，就是哪些该说，哪些不该说。其实很多是从经验来的。只要本着一种互相尊重、互相平等的态度，这个没什么。这都是我们历史的智慧。

> 　　（F 老师—汉族—历史学—访谈）

三　对学生的教育爱和关心

范梅南认为，教师对学生的教育爱和关心是教育关系发展的先决条件。老师对学生的情感，就像父母对孩子的情感一样，是在一个更广泛的背景下以成长和变化的价值为前提的，以这种价值对发展年轻人的自我人格和个性所起的作用为前提。[①] 关心意味着一种关系，它最基本的表现形式是两个人之间的一种连接或接触。[②] 教师对学生的关心是建立在一种深刻关系之上的教育爱的行为。学校是由不同的学生组成的大家庭，教师对学生的教育爱和关心是师生交往的基础和核心。

> 　　对学生，我自己感觉就是你真心对待他，他就会感受得到。所以与学生打交道，我感觉也非常简单，你让他感觉到你对他的爱，而且，你是在关心他。

---

① ［加］范梅南：《教学机智 教育智慧的意蕴》，李树英译，教育科学出版社 2014 年版，第 65 页。

② ［美］诺丁斯：《学会关心 教育的另一种模式》，于天龙译，教育科学出版社 2014 年版，第 33 页。

前两年，在毕业的时候评优秀毕业生，班主任要打平时表现分。有个学生就有点个性，他参加活动少，他的班主任就给他打低分。你说平时好不好、活动积极不积极，它不好量化。别人的 95 分，他的 80 分，他说："为啥我的 80 分，你的依据是什么？"这就较真儿了。那班主任就说了，你看你平时表现又差之类的。他说："老师你说得不对。"那个学生就把跟老师的聊天记录打印出来到我这里来投诉了。哎哟！你说碰到这极有个性的学生，你怎么办？后来，我一看，这么大的事儿，我就把他喊来了，做了一下思想工作。后来，他说："老师，谢谢你对我的耐心解释和对我的尊重，我撤回我的投诉。但是，我仍然保留对这个老师的意见。"你得用你的爱心，真正感化人家。

类似的事情，我们也处理了很多。所以，学生认为："噢，老师是对我好。"其实非常简单，就是互换一下角色，设身处地为别人想想。只要对学生真心付出，他会通情达理的。

（F 老师—汉族—历史学—访谈）

F 老师从自身的亲身经历和体验出发，表达出在与学生的交往中，要真心对待学生、关心学生。F 老师对学生的关心和真心付出建立在他对学生的教育爱上。艾伦·布卢姆曾经写道："真正的教育必须对人们的需要做出回应。"[1] 教师对学生的教育爱和关心也是对学生内心需要的回应。

我们的学生之前的语言环境是藏语言，在某种程度上，有一部分学生其实跟我是有隔阂的，这个问题我也思考过、总结过。但我觉得，隔阂的东西也会有突破，感情、爱能够超越一切。不管你给哪个民族的学生上课，你就是老师，你的职责就是传道、授业、解惑，也就是说，你承担了教他们读书和学习的职责。这个就是有标准的，有意义的，所以你所有的出发点都围绕这个来做。在这个过

---

① 参见诺丁斯《学会关心 教育的另一种模式》，于天龙译，教育科学出版社 2014 年版，第 13 页。

程当中，当你面对学生的问题的时候，已经没有民族的区别了，就是人和人的交流了。什么东西都能够超越，就是爱。你对你的职业的爱，对学生的爱，所以，你能从学生的眼睛里看出，人家学生对你的课的反馈和对你的态度，你能够找到答案的。我觉得这是最重要的。所有的隔阂都可以磨合，因为所有的民族都是基于一个前提的，都是学生，都是人，都是渴望知识的。不能说"爱"是放在嘴上的，"爱"要通过你的教学方式、教学内容、教学细节去传递。它是一个渗透的过程。我觉得学生能够感受得到老师是否热爱他们，是否热爱他的职业——教书，是否在教书当中传递这门学科的那些真的、真实的东西。学生都看得出来。那么，相对来说，我跟学生之间的交流，我认为是非常有意义的，我自己觉得我也做得很好。

（B 老师—彝族—现代文学—访谈）

B 老师感慨地说"爱能够超越一切"。教师对学生的爱，对职业的爱，可以突破民族间、文化间的差异和隔阂。教师的这种爱，是要教师通过教学方法、教学内容、教学细节去传递的。B 老师用教育的爱感化学生，消除隔阂。

四　对学生有耐心

康德道德教育中提到教师应对学习者有耐心。[①] 耐心就是给自己和学生时间，充分考虑到学生的差异性，帮助学生逐渐成长，不放弃对学生的指导和教育的追求。

教学智慧，我觉得真的没有多少智慧，就是耐心！当学生来找你的时候，能推心置腹地、换位思考地探讨问题。没有太多的教育智慧。我觉得就是传道、授业、解惑这几个方面。比如说在授业方面，你如果说专业性还是能够立得住的话，学生会因为你的专业性

---

① 林逢祺、洪仁进：《教师不可不知的哲学》，华东师范大学出版社 2009 年版。

而对你产生信任。然后，在一些事情上跟你探讨的时候，你很耐心地跟学生交流。这个时候，从心里头，他是会比较容易产生认同感的。

（O老师—汉族—新闻与传播学—访谈）

教育是一个过程，不可能一蹴而就。教师需要耐心地了解学生、熟悉学生、与学生沟通和交流。当学生的文化和特点与之前教育的学生不同时，教师更需要有耐心。在笔者问及有关藏汉双语实验班的教育教学方法的时候，O老师谈道：

> 我有的时候特别着急。我觉得我不断地推着他们。这个班，我觉得最重要的一个方法，其实特别简单，就是耐心。我们要是说教育理念的话，就是因人而异，因材施教。但是在这个班里头，我觉得最重要的一个基础性的东西就是耐心。跟他们说话，多说几遍，然后逼着他们说话，听他们讲，这是非常有必要的。

> 因为这个班和你以前的教育对象不一样了。他在知识结构上，在认知方式上，甚至包括你不熟悉他们的本土文化上，其差异性太大了。所以，先从耐心开始，让彼此熟悉和了解。你了解了这是一帮什么样的孩子，你了解了他们从自己生活的县、村到了这样一个繁华的大都市是一种什么样的感觉，你讲的这些东西、通用的教材，这些孩子是怎么理解、怎么接受的。一定要通过耐心地沟通、交流，让彼此熟悉起来。所以，我觉得这是第一重要的。

> 第二个就是你如果能够做到手把手，你就从手把手地教他们开始。这个班的孩子在刚刚进学校的时候，你不会想到他们的差异性有那么大。比如说，他们不会发邮件，很多学生可能见过计算机，但是没怎么接触过。我当时让我的研究生到这个班来当助教。这个班里头也有几个学生，他们基本的计算机方面的素养还可以，比如说他们有自己的邮箱。有些学生根本就没有自己的电子邮箱。上大学我们好多老师要求大家去做PPT，做课堂的演示，这些学生怎么办？所以，要先解决这些问题。我就让助教和班里头几个技术稍微好

一点的学生，带着他们一个一个地先把邮箱注册了。邮箱注册了，我就让他们给我发邮件，先介绍一下自己，逼着他们用起来，然后开始教他们做 PPT。所以，一开始就是这么开始的。到最后的时候，他们不仅是从语言上调侃我，他们自己还可以做小视频，等等。你就是这样从手把手教开始的。

所以，不要用其他班的标准直接要求他们，因为他们前面的基础是不一样的，他们的起点是不一样的。你能不能真正地作为一个教育者，了解你的教育对象，他们现在处在什么阶段、什么水平，然后，因人而异地开展你的教学实践。我觉得这是很重要的。

对这个班，基本上就是我会把菜，有时候甚至是把菜都炒好了，端到这，这就不一样了。总体上讲，我的感觉就是要非常有耐心，要清楚地知道他们的差异性，再因材施教。

（O 老师—汉族—新闻与传播学—访谈）

通过 O 老师的教育叙事，可以看出她对学生的耐心。在教育教学过程中，O 老师耐心地了解学生、与学生交流和沟通、一步一步地引导学生。佐藤学曾说："教育往往要在缓慢的过程中，才能沉淀下一些有用的东西。"

第七节　教师关于教育的信念

教育信念是教师对教育的目的，什么是"好"的教育、学生观、教师职业等信以为真的观点、见解和理念。[①] 更深一步说，教育信念是教师对教育的本质、教育的价值、教育的终极目标的深刻认识和感知。它是沉淀于教师个人心智中的价值观念，通常作为一种无意识的经验假设支配着教师的行为。[②] 只要有教育行为发生，就一定有教育信念在起作用，只不过有些人对此比较明确，有些人则比较模糊而已。

---

① M. Frank Pajares, "Teachers' Beliefs and Educational Research: Cleaning up a Messy Construct," *Review of Educational Research*, Vol. 62, No. 3, 1992.

② 陈向明：《实践性知识：教师专业发展的知识基础》，《北京大学教育评论》2003 年第 1 期。

一 全人教育的教育理念

有的老师持有全人教育的教育理念。全人教育是通过德、智、体、美、劳多方面的教育来实现人的全面发展，培养完整的人。全面发展的人，既要有健康的体魄，又要有健全的人格；不仅要学习知识，而且重要的是运用知识和创造知识的能力。持有该理念的教育者既关注如何通过教学帮助学习者掌握学科知识，而且强调学习者身体、心理、人格、能力的全面发展和帮助学习者树立正确的人生观、价值观和世界观。全人教育更能帮助学习者成为一个对社会有贡献的公民，培养德才兼备、身心两健的和谐的社会主义接班人。这样的教育理念在多位老师的访谈中都有较为清晰地体现。

L老师强调培养的学生"一是人品要好；二是在掌握专业知识的情况下，能力要高，具有运用知识思考问题、解决问题的能力"。

（L老师—藏族—藏族文学—访谈）

我在上课的时候，会跟学生说：不要只围绕课本转，教材是个基础性的。大学，不是说学生的年龄大了，就是大学。大学资源多，学习的内容要广，学习的深度要深。比如说，平时没有课的时候，有好的讲座要去听，跟人家多交流。再说，民族大学里各民族的学生都有，交一些其他学院各民族的朋友。各民族都有自己的优点与缺点。你跟他们接触的时候，要学习人家的优点，克服自己的缺点。大学的学习是全方位的，包括知识、能力、人品、学品等各方面的学习。

（L老师—藏族—藏族文学—访谈）

在我的印象中，在去香港城市大学访问的时候，他们特别强调"全人教育"。然后，对"全人"教育说，我也比较认同。所以，我觉得对于学生来说，这种"全人的教育"是比较好的一种方式。从教育者的理念来说，我们希望培养的确确实实是更健全的人。

（O老师—汉族—新闻与传播学—访谈）

首先，在我看来，教育是一种知识的传递。也就是说，我把他们掌握不清楚的一些东西，通过上课的方式进行传达，我觉得这是比较浅层次的教育。我觉得，更深层次的所谓教育，除了知识的传递之外，还要对他们的人生观、价值观、道德观，乃至于对祖国整个的认同感都要有一个培养。

（G老师—汉族—经济学—访谈）

二　因材施教的教育理念

大学生有共同的生理、心理发展的阶段和水平，而每一名学生无论在认识、情感、性格、气质，还是在学习态度、学习能力等方面都有一些差异。而民族院校学生的这种差异性可能更大，只有将学生的共性与个性有机地结合起来，依据学生的特点、能力等具体情况有针对性地进行教育，才能收到良好的效果。因材施教是根据学生的个别差异和具体情况，有针对性地进行教学，以使每个学生的才能和特长都能得到充分的发展。① 多位老师在多年的教育教学中依据他们对学生的了解和认识，通过自己的经验与反思，遵循着因材施教的教育理念。

其实，我认为好的教育就是因材施教。这些年来，我对学生的整体情况有了更清楚的认识——会出现不同的分层。针对学生的情况，我慢慢清楚了应培养学生哪些能力。不是所有的学生都能做科研的，但是我们可以因材施教。有的学生智商很高，有的学生情商很高。古人讲"天生我才必有用"，所有的人总是可以找到教育的办法的。你可以把一个差学生变成合格学生，把合格的学生变成中等学生，把中等的学生变成优秀学生。所以，教育，就是一种因材施教。没有教育不好的学生。

其实，对本科生的培养，应根据自己的情况，找自己的发展方向。不要对学生做出太高的要求，学生是千差万别的，我们的期望与学生的差距很远。

（F老师—汉族—历史学—访谈）

---

① 薛天祥主编：《高等教育学》，广西师范大学出版社2001年版，第212页。

教学是老师与学生互动的过程，所以你得充分地关注到学生本身的特点。针对不同的学生、不同的年级或者不同的情况，随时更新自己的讲课内容。一定要因材施教。

（F 老师—汉族—历史学—访谈）

每个学生都各有所长。我觉得在教育过程中要关注学生的特点，引导学生发挥他们的优势和特长，每个学生在我心目当中都有特别优秀的一方面。我觉得学生没有好坏之分，只不过，针对不同的学生，老师可能还要善于因材施教，发现学生的优点，然后引导学生、鼓励学生。我很少从学生这个角度去找问题，主要是看老师的教学方法。

（K 老师—汉族—民族理论与政策—访谈）

O 老师在《嗝嗝老师》的影评中写道：

最美的教育是因人而异的因材施教，最有力量的教育是基于平等与尊重。这两点在印度电影《嗝嗝老师》中都得到了完美体现，也让观者对教育有了信仰与期盼。患有图雷特综合征的女主人公奈娜在被嘲笑中长大，甚至遭父亲嫌弃，看似灰暗的人生之所以有了亮色，母亲对女儿的不放弃，就是因为校长对奈娜的尊重与平等相待。"我们会像对待其他学生那样对你的。"校长这句话平平常常，但它传递着希望与爱，传播着平等与尊重的信念。

（O 老师—汉族—新闻与传播学—实物资料）

三 培养独立思考能力的教育理念

帕特里奇说，教育源自于拉丁词"ducere"，它的本义是指引，"educere"的意思是引出或带出。[1] 教育意味着引出个体的潜力。[2] 教育

---

① 参见［美］库伯曼、哥德哈特主编《理解人类差异 美国多样性社会的多元文化教育》，滕星、朱姝等译，中央民族大学出版社2011年版，第431页。

② ［美］库伯曼、哥德哈特主编：《理解人类差异 美国多样性社会的多元文化教育》，滕星、朱姝等译，第432页。

要引导学生自我发现，使学生达到个人效能感。教育要有助于学生丰富地理解问题，培养学生独立思考问题的能力，让学生阐述他们自己的见解和结论并逻辑地做出解释。培养学生独立思考的教育理念体现在多位老师对自我教学的要求中。他们在教学中既注重学科知识的传授，又重视学生独立思考能力的培养，使学生有获取更多知识的能力。

在教书育人的框架下，比如说考试，我为什么用开放性的形式来考试？就是要调整，或者说要完善和丰富教书育人的内容。在我们高校教学的这种模式之下，就要我们的学生获得独立思考的能力。我不会完全给学生一种标准，只要在基本的三观正的前提下，都需要学生去思考问题，不要人云亦云。尤其是文学作品，一定要去读它，得出你自己的认识。这个就是我做的，培养学生的独立思考意识。

（B 老师—彝族—现代文学—访谈）

教育，教书育人啊！教育，说白了实际上就是培养人、增强人的德智体美劳各方面能力。我觉得更重要的就是增强学生的思考能力。也就是说，能不能通过我的这种教育教学，让他们在掌握知识之外，还能自己对一些东西有深层次的感受感悟。讲课本知识的话，我觉得不是目的。更重要的目的就是引导学生自己能够思考，自己去想一些东西，这个东西更重要。

（C 老师—汉族—教育学—访谈）

我是鼓励自学的，引导自学的。前面几届学生会说："M 老师上课有趣、轻松，讲的东西前卫。"这一年的学生会说："M 老师还挺鼓励思考的。"有一个学生说："不仅英语水平好，而且语文水平好。"我心里想："语文水平好，什么意思。"也许我会说一些还挺深层次的东西。可能在他们的经验当中，语文老师愿意启发大家思想、思考，我也愿意做这些事情。在今年刚开学的第一星期，我都没怎么讲课，我就不停地问他们："你们觉得教育是什么。"我让他们跟父母聊，问他们父母的答案，问其他老师的答案，问学长学姐的答案。我还问他们："你们想象中的大学生活是怎么样的？"在那个星期当中，我说了很多我关于大学和教育的理解。可能他们觉得我可能除了教授单词、词组之外，更愿意看到他们思想的成长吧。

很多学生的英语学习动机很低，他们对英语的认识有偏差，觉得就是过英语四、六级，好找工作。我觉得这不是学习任何一门语言的目的。语言是思想的承载，我觉得是要提高思想的。周国平写过一篇文章，他说：学习的东西，最低层次的叫知识或者信息，然后慢慢地它会变成一种能力或技能，但这不是最终你应该获得的东西，最终应该获得的是智慧，这个是最重要的。我现在更多的是引导学生自学、鼓励学生自学，培养学生的学习能力和思考能力，提高思想的深度。

（M 老师—汉族—英语—访谈）

四 "花开有时"的学生观

教师的学生观是教师对自己所教对象的基本看法。[1] 教师对学生的期望会影响到教师对待学生的方式，同时会影响到学生对自我的认识和评价，进而会影响学生的身心成长。教师的高期望对学生是一种鼓舞，可以增强学生的自信心，激发学生的成就动机；教师的低期望会导致学生丧失自信心，降低自我学习效能感和学业成就动机的水平。[2]

这么多年来，我可能越来越倾向于用"花开有时"来表述对学生的一种期待。就是大学的四年课程也罢，各种各样子的任务也罢，它可能都是学生成长过程中的某一个阶段。然而这种刻度难以直接指向对于学生的评价。所以，我经常会说，在大学四年里头，你也许会绽放得很好，但也许是你比较落寞的时期，你可能在积蓄力量。

---

[1]　申继亮主编：《新世纪教师角色重塑 教师发展之本》，北京师范大学出版社 2006 年版，第 56 页。

[2]　申继亮主编：《新世纪教师角色重塑 教师发展之本》，第 57—58 页。

不要因为四年里头某一个维度的评价，影响你对自己的判断，你可能花开在四年外。所以，我觉得"花开有时"是每一个人对自己的一个自我认知和期待。但是在这个过程中，我希望的是学生能够说"我要努力地绽放"，而不是消极的、被动的，不是特别容易受到这种单一的、某一个维度上的评价的刻度的影响。

在一次开班会的时候，我跟他们说过我这样子的一个想法。几年后，我带的12级的一个孩子有一次跟我说："O老师，你当时在班会上说的这句话，其实是很深地影响了我。所以，我觉得我会有绽放之日，我去努力就好了。"所以，我觉得这是大学教育的理念。因为从我2001年到学校，当班导师带了好几届的毕业生，其实在每一个班里头，当我们用学习成绩、用我们的培养方案去评价学生的时候，永远都有排序。总有学生通过考验、通过推免去了另外的一个平台，也有学生可能非常不起眼地回到了家乡的某一个地方。但是，往往过上几年以后，在不同的学生的信息从四面八方传来的时候，会发现当年特别默默的、不起眼的学生，哎，发展得很好！所以，我觉得这是在大学里头，不管是我们的教育者，还是我们的每一个能够塑造教育环境的这样子的一些人、事，确实要有怎么去看待大学这样子的一个文化育人的环境。这是很重要的。

所以，现在我再来看学生的时候，我可能就比较少地去看这个孩子学习特别好，那个孩子有什么。我总是会想，你别看他现在这样，某一天他一定会特别棒。所以，我希望给他预期，希望他自己按着自己成长的想象力和空间去发展。从总体上说，这么多年，确确实实是能看到大家毕业以后走向不同的环境，走上不同的岗位。

（O老师—汉族—新闻与传播学—访谈）

花的开放需要一定的时间，事物的生长与发展都有自身内在的节奏和规律，学生的成长和发展更是如此。O老师用"花开有时"来形容自己对学生成长的一种期待，表达了她对学生发展的各种可能性的耐心、信念和信任。学生也由此受到激励，对自己的前途和发展充满自信。不同的学生成长的节奏和方向各不相同，老师需要以一种发展的眼光来看待学生，对学生持有高的期待，期待他们能够成为更好的自己，期待他们会完成人生的蜕变。

小 结

研究发现，民族院校教师在教育教学实践中实际运用的实践性知识主要体现在以下七个方面（见表3-1）。

在关于自我的知识方面。教师对教师职业具有积极的认同，理解自身文化身份对其教育教学的影响，对自身专业的发展过程有清晰的认识，对教学与科研关系有明确的认知。

在关于学校文化环境的知识方面。教师认识到民族院校是一个多元的文化环境，感受到"美美与共"的学校文化氛围，体会到学校文化的多元与学生成长评价的多元、相对宽松的教育环境、与学生管理上的严格相互影响。

在关于学生的知识方面。教师了解和理解不同文化背景学生的特点，了解学生的学习基础和学习能力、关注学生文化适应和心理适应问题、认识到学生学习能动性和学习状态。这体现了教师对学生的人文关怀，理解学生的文化差异。

在关于一般教学法的知识方面。教师注重课堂秩序的管理、激励学生学习兴趣和动机、认真组织教学、注重"鼓励"和"表扬"的教育方式。这体现了教师自身的教育教学智慧。

在关于学科教学法的知识方面。教师主要采用理论联系实际的教学方法、教学融入文化知识的教学方法、参与式与讨论式的教学方法、梳理知识的来龙去脉的讲解方法。

在关于师生交往的知识方面。教师持有平等的师生观念、对学生文化的敏感与尊重、对学生的教育爱和关心，对学生有耐心。

在关于教育的信念方面。教师表现出全人教育的教育理念、因材施教的教育理念、培养学生独立思考的教育理念以及"花开有时"的学生观。

以上各类知识是民族院校教师在实际的教育教学工作中逐渐积累的

实践性知识，这些实践性知识是教师实现有效教育教学的知识基础。它们之间并不是孤立的，而是构成一个相互联系、相互制约、相互促进的整体知识系统，在教育教学中以一个整体发挥作用。

表 3 - 1　　民族院校教师实践性知识的内容类型及具体体现

内容类型 ＼ 具体体现	1	2	3	4
关于自我的知识	对教师职业身份的认识	对自我文化背景的理解	对自我教学发展的认知	对自我教学与科研关系的认识
关于学校文化环境的知识	"美美与共"的学校文化氛围	文化的多元与学生成长评价的多元	文化的多元与学校相对宽松的教育环境	文化的多元与学生管理上的严格相互交织
关于学生的知识	对不同文化背景学生的了解和理解	对学生学习基础和学习能力的了解	对学生学习基础和学习能力的了解	对学生学习能动性和学习状态的认识
关于一般教学法的知识	注重课堂的管理	激励学生学习兴趣和动机	认真组织教学的策略	"鼓励"和"表扬"的教育方式
关于学科教学法的知识	理论联系实际的教学方法	教学融入人文知识的教学方法	参与式与讨论式的教学方法	梳理知识的来龙去脉的讲解方法
关于师生交往的知识	平等的师生观念	对学生文化的敏感与尊重	对学生的教育爱与关心	对学生有耐心
关于教育的信念	全人教育的教育理念	因材施教的教育理念	培养独立思考的教育理念	"花开有时"的学生观

第 四 章

民族院校教师实践性知识的生成过程

第三章揭示了民族院校教师实践性知识的实然状态，本章结合具体案例对民族院校教师实践性知识微观动态生成过程进行研究。教师实践性知识生成过程是指教师实践性知识从无到有、从内隐到外显、从少到多不断生成的过程。本章通过呈现与分析民族院校教师自身教育教学实践的若干典型案例，解析教师实践性知识生成过程的不同类型。这些类型可以帮助我们更加直观、动态、清晰地理解教师实践性知识的生成过程，同时思考这些过程中起关键作用的要素和机制是什么，它们是如何与教师的教育教学行为和观念相互作用从而生成新的实践性知识的。

第一节　在问题情境中反思与提升

"教然后知困"。教师在教育教学实践过程中，会面对各种各样的困惑和问题情境，这些困惑和问题情境促使教师反思自己的教育教学行为和观念。教师在解决特定情境的问题中，调整教育教学的行动策略和观念，获取实践性知识。通过对数据进行自下而上的分析，可以将本书中教师在问题情境中的反思分为四种类型：教学情境层面的反思、学生问题层面的反思、教学突发事件层面的反思以及教学情境中全身心的关注。

一　教学情景层面的反思

教学情境层面的反思是教师对课堂环境、气氛和课堂中学生行为开展的反思。C 老师是 W 民族大学的一名讲授教育学方面课程的青年教师。

下面呈现 C 老师在教学过程中对教学情境的反思与行动，理解与探索教师实践性知识是如何生成的。

C 老师："案例＋理论，讨论＋引导"
——参与式与讨论式教学的生成

刚开始我在教学的过程中，会发现这样一个情况，就是有些学生确实是不怎么听课，或者说是不爱听课，尤其是下午两点左右的课，学生们睡得倒是挺多的，听课的学生比较少。在这种情况下，实际上你就会觉得讲课有挫败感。但是，自己主动想一想，就会发现一个问题，其实学生并不是所有的课都会睡觉，或者愿意玩游戏，他还是有一些相应的这种听课的注意力的。

那么，对于学生这种听课注意力的集中，后来我就慢慢摸索出，就是说怎么样提高他们的兴趣的方法。因为有些学生确实实能跟着你的思维走，有些学生就会睡觉或者玩游戏。但是在讲到某一个具体案例的时候，他就会非常愿意跟你讨论，包括其他学生在那儿一吵，别的学生也都醒了，然后跟你一块儿进行讨论，他就想知道发生了什么事儿。因为别的同学积极地在那儿说，他突然间愣神了，然后等到他回过神来，说发生什么事了，他就很好奇发生什么事了。在这种情况下，实际上就更多地调动了很多学生的积极性。

在教学过程中发现，如果有学生上课的时候不积极、不认真，通过举一些比较鲜明的案例，结合理论性的知识，然后让大家进行一个相应的讨论。在讨论的过程中，我不说你讨论的是对还是不对，你只要积极参与讨论就 OK，然后我会让他把自己愿意说得淋漓尽致地发表完。在讨论案例的时候，有些学生甚至会热泪盈眶或义愤填膺，实际上这也是学生的真情实感的一种表达。在这种情况下，很多学生也会被感染，因为他们觉得这个案例是在他们身边同学身上发生的，他们愿意听，他们不愿意了解老师，但是他们非常愿意了解身边的同学。对我讲的一些案例，他们可能觉得离他们自己的生活比较远，但是对他们自己同学讲的一些案例，他们就觉得挺有意思。

有些学生也非常想有这种自我表达的机会，也很乐意自我表达。所以，我就给他们创设这种机会，然后让他们进行相应的表达和表述。在表述完之后，对于有价值和意义的，我们再结合理论知识进行深入分析，进行一个相应的讨论，让学生感到自己是受到尊重的。

在这个过程中，我发现实际上学生的思维还是蛮活跃的。在很多时候，学生会想到一些你可能想不到的点，对一些问题的看法会有非常多的不同的思考。当然，在很多时候学生讨论的某个点可能比较的集中，或者比较的狭隘，可能就仅仅考虑到社会，或者考虑到家庭，或者考虑到自身，这个时候老师再进行相应的引导。所有的学生都会有要求参与进来的这样一种参与感，这非常重要。

由 C 老师的教学叙述可知，C 老师通过对教学情境的反思，反思课堂中学生的学习行为，发现教学中存在的问题，并改善教学的行动策略。随着教学情境的改善，对行动后的反思可以帮助 C 老师生成关于学科教学法的实践性知识。该实践性知识的生成过程如表 4 - 1 所示。

表 4 - 1 "案例 + 理论，讨论 + 引导"——参与式与讨论式教学的生成

问题情境	主体"教师"	反思	行动策略	行动效果	反思
有些学生不爱听课，尤其是下午两点左右的课，学生睡得挺多的	作为教师，讲课有挫败感	学生有听课的注意力，并不是所有的课学生都不爱听。教学中发现当讨论具体的案例的时候，能够调动学生的积极性	在教学过程中，通过举一些鲜明的案例，结合理论知识，让大家进行相应的讨论	学生在课堂上积极参与讨论	学生在课堂中的参与感非常重要

二 学生问题层面的反思

C 老师在承担教学工作的同时也担任着本科生班主任的工作。下面呈

现 C 老师针对学生的学习问题，描述与分析他在解决问题过程中的行动与反思，探索其是如何逐渐生成关于学生和教育的实践性知识的。

C 老师：消除学生的学习惰性，使学生有学习的压力和紧迫感

我现在是本科生的班主任。在当班导师的过程中，实际上遇到了一些问题。有一个学生，他给我的感觉就是有段时间经常缺课，然后学习的这种劲头也不足。后来我就做了一些相应的调查，发现这个学生最大的问题就在于他家里面的条件其实挺差的，经济条件非常一般，然后，能够顾得上他自己的日常生活就已经很不错了，但是他还不愿意来上课，这让我很不理解。后来我就发现是这样一个情况，这个孩子不上课，是因为他在宿舍玩游戏。我就在想，他家里面经济条件也差，家里面情况很一般，然后他还天天不上课去玩游戏。之后，我就跟他谈话，说你就不怕挂科，或者说不怕毕不了业。因为包括这种比较核心的课程，他也不学，这肯定是有问题的。反正他表面上答应得挺好，但是后来还是没有做到。

我发现这孩子有这样一个问题之后，就跟我们辅导员老师一块儿考虑这个问题怎么办？实际上，我们在他身上花了很大的精力和时间，包括怎么样纠正他，让他更多地把心思或者时间放在学习上。后来我们就觉着这个孩子，实际上他的经济条件，包括家庭压力各方面，这只是一个方面。我们把这个东西抛开之后，再去看这孩子的话，发现他其实有这种学习的惰性，他不愿意上课是自身的原因，并不是跟他的经济条件有直接的关系。因此，我们就觉得还是要从他不愿意上课、自己的这种惰性出发，对他进行纠正。

后来，我们就要求他早上一定要早起、晨练，要吃早饭，晚上也要锻炼。因为这孩子平常锻炼，体育还不错，但就是太瘦了。实际上，我们就给他加了这两条，然后平常我们就会格外地关注他的出勤率情况，不光是任课老师，尤其是我和辅导员老师，我们两个一起关注他的出勤率的情况。后来，我们就发现他有明显地改善，

尤其是出勤率，还有包括听课的积极性。

其实，我们改变的东西并不多，实际上也没有从他家庭这种经济方面去改变什么。他家在偏远山区，当地给他一些相应的补贴，包括一些特困补助等等。然后刚入校的时候，我们也给他发过相应的紧急救助的资金等，也帮他渡过了经济难关。但是实际上，抛开从这种经济角度来谈，对于孩子来说，他实际上跟很多其他学生都一样，就是有这种学习的惰性。对于这种孩子，我们就觉得更多的还是要消除这种学习的惰性，也就是从他自身出发，就是增强他日常生活的这种体育锻炼。尤其是这个孩子比较喜欢晚上玩游戏，一玩就玩到一两点、两三点，早上肯定起不来。然后，我们就让他晚上坚持体育运动，他回到宿舍之后精力肯定就发泄完了，也没有工夫去打游戏了。早上的话，要让他起来吃早餐，下午要报备，只要一吃早餐，只要一起床，基本上也就没有什么想法再去玩游戏了。然后，再加上我们平常对他这种课程的监督，各方面都起到了成效。

实际上，这给我们一种感觉，就是对于不同的学生，除了看到好像他有一些相应的家庭因素、社会因素外，更多的还要看到学生自身因素。确确实实到了这个年龄段，有些学生就是有这样一种学习的惰性。那么怎么样改变它呢？后来我们就觉着还是要从学生自身的问题着手。有的时候，一说到这个学生就说家庭困难或者什么的，会想到他学习不努力，是不是跟家庭困难有关系。后来我们发现其实完全不是，还是跟学生自身有关系。因此，之后对于不同学生的教学或者指导的方法，实际上就有不同的分析方法。对于不同的学生，我们肯定要有教育的这种模式，大概是这个意思。

对这个学生，我们还是一直在观察，尤其是对于他接下来的学习。当然，这个孩子有一个最大的问题，就是前期由于他自己的不专注或者说不努力，也确实挂了一些科，有个别科目还是涉及学位证的核心科目。所以说，目前，他也在抓紧补。这就说明一个问题，就是有些孩子在没有看到后果的时候，他心里面是存在一种侥幸心理的。但是在看到这种后果之后，实际上对他们来说还是挺有震撼的。如果他们意识到自己的这种做法，或者说学习的惰性会给自己造成什么样的后果的话，更多的学生还是会尽全力、愿意补救的。在这种情况下，我们就在想，实际上对于学生来说，他们在这种学习阶段中，有的时候可能就是处在温水煮青蛙的状态，没有感觉到自己有一种非常紧迫的学习压力，但是等到有学习压力感的时候就已经来不及了。实际上，日常生活中有些学生确实是非常的松散，在一些课程的教学过程中，尤其是在一些核心课的教学过程中，缺勤、不做作业、考试不积极、平常不认真学习，这种情况都是有的。

对于这种孩子的话，实际上我们更多的想法就在于是不是能够让他们每时每刻都感觉到自己的学习有着相应的紧迫性，而不是在期末时候才紧张起来，让他们知道自己学习成绩这么差，或者自己的平时成绩这么低。我就觉得是不是在平常的教学过程中应给学生更多地强调一下相关的课程。这样的话，对他们来说可能会更好，可能会让他们每时每刻都有学习的压力。

上面呈现了一种鲜活的教育实践案例，C老师面对学生的学习问题，不断地通过"行动中的反思""对行动的反思"，采取相应的行动策略。C老师在采取行动策略的同时，也观察学生行为的变化。在学生问题逐渐得到纠正后，C教师的"对行动的反思"促使他生成关于学生的新认识和关于教育的实践性知识。

综合上述教育叙事，借助表4-2可以看出C老师对问题情境的回应以及在解决学生问题中的行动与反思的过程，可以更清晰地看到本案例中教师实践性知识的生成过程。在行动与反思的推动下，问题逐步得到解决，对行动的反思帮助教师生成新的实践性知识——"消除学生自身的学习惰性，使学生有学习的压力和紧迫感"。经过问题解决的过程，C老师生成关于学生的知识，深化了自己对学生的理解，同时丰富了自己的实践性知识。

表4-2　　　消除学生学习的惰性，使学生有学习的压力和紧迫感

要素	问题情境	主体"教师"	行动策略	行动效果	反思
演进过程	1. 学生学习劲头不足，经常缺课	作为班导师需要纠正学生的旷课行为	调查学生情况，发现学生家庭条件不好，但还在宿舍玩游戏，于是找学生谈话	谈话并没有起到一定的效果，学生旷课的行为依然没有改变	跟辅导员一起考虑如何纠正这个学生的行为
	2. 这个学生有学习的惰性，跟家庭的经济条件没有直接关系	需要调整行动策略，从改变学生自身出发，纠正学生学习的惰性	要求学生早晨吃早饭，晚上加强体育锻炼，关注学生的出勤率	学生的出勤率和听课的积极性得到明显改观	对于不同学生的教育应该有不同的教育方法。除了家庭因素和社会因素之外，有些学生有自身的学习惰性

三　教学突发事件层面的反思

教学突发事件是教师遇到的自己之前从未考虑过的问题情境，教师需要重新审视自己所处的教育环境，审视自己的教育教学行为和观念。下面呈现 G 老师在教学中遇到突发事件的案例，以及事件过后，他对事件的反思，我们可以从中透视 G 老师关于学生的民族问题和文化敏感意识的生成。

G 老师：民族问题和文化敏感意识的生成

我之前从来没有像到民族大学后接触这么多的少数民族，不管是学生也好，还是老师也好。那么接触之后，就会产生一个问题，比如说，相互之间的认知、相互之间的理解，甚至是沟通过程当中你所说的一些话。在最开始的时候，我对这些问题可能没有更多的思考。我对有些问题的认识，都是从我上课的过程当中出现的一些歧义或冲突中开始产生的。

事件1：

经济学说史的发展脉络与哲学史和科学史基本是一样的，和宗教史也基本是同步的，所以说在讲课的过程中，有的时候会说到一

些宗教的问题。有一次我举例子说："按照伊斯兰教《古兰经》的教义，一个男的可以娶四个妻子。"

当时一个回族学生站起来说："老师，你说的这个，虽然说在教义里边是存在的，但是现在，没有人可以娶 4 个妻子，因为要受《婚姻法》的制约。"他没有直说，但他潜台词就是你对宗教的理解有偏颇，可能是错误的。又有一个学生站起来说："你说得也不完全对，中国一个男人不可以娶四个妻子，但是在马来西亚、中东地区都是可以娶四个的。所以，你不能说这完全是错误的。"所以说，它就引起了一种讨论或者争论。最后我肯定要总结一下，我说："《古兰经》，我只看到文字的叙述，但是在现实当中，文本上和在行为当中存在一些差异，我不太清楚、没有注意到。"

但是，这件事情对我来说，我觉得说《古兰经》教义中一个男人可以娶四个妻子是没有问题的。但是，他对于《古兰经》的一些理解是要结合现实来考虑的。我只从文本上进行这样一种分析或者解释的话，他觉得不合适。说实话，虽然说不是很严重的问题，但是，我觉得这至少触及他们一些敏感的区域。这还是我无意间造成的，但是后来我就想，如果我也是在无意间说到更严重的一些东西的话，那会怎么样？所以，我就不断地告诫自己，尤其是在涉及民族、宗教问题的时候，一定要过一下脑子。不能由于理解不同而引发一些不必要的矛盾，虽然说我不是有意的，但我觉得也是不合适的。就是说以后在涉及这些问题的时候我会更加注意。

这些问题是我到民族大学来之前没有遇到过的，也是没有考虑过的。所以，到这里来，有很多东西在不断地改变我的一些看法，还有一些做法。

事件 2：

在讲国际税收的时候，其中有一部分是涉及国内税收的。在国内税收方面，讲到了"转移支付"。"转移支付"的意思就是"从发达地区、东南沿海地区收的税比少数民族地区要多。但是，中央政府的财政支出不是地方缴了多少税收，就给地方支出多少。从东南沿海收的税多，中央政府的财政拨款给民族地区会比较多，但是对东南沿海的拨款相对比较少。相当于说，用东南沿海的税收来支持少数民族地区的发展，这是所谓的转移支付"。那么，类似于开玩笑般，我当时好像说了"相当于'吸这边的血'，然后帮助那边"。结果有学生就不高兴了。他就说："老师你举这个例子，我觉得不是很恰当。'吸血'这个词，我觉得不恰当。东南沿海地区能够发展是有它的原因的，像少数民族地区的经济不是很发达，也是有自己的原因的。这个原因不是我们工作不勤劳或者怎么样的，是因为地理条件等等这些外在的环境所导致的。我们没有办法很好地发展经济，这个时候国家通过这种转移支付的手段来帮助少数民族地区发展，那么实际上是抹平外界环境的这种不公平。你说到这种'吸血'，好像我们像蚊子一样，像害虫一样，把他们的拿给我们自己用。"

所以，也就是说，我可能是无心的，举这个例子，就是想调节一下气氛，或就是开个玩笑。但对他们来说，就好像是对于他们的一种侮辱，或者说是一种不好的这样的一个比喻。因为你了解他们的想法的话，站在他们的位置上想一下，（就会明白）他们对这个问题是一个什么样的看法和认知。尽管我没有恶意，但是造成这样的一些误解，我觉得也不合适。

面对不同民族的学生，在某种意义上，也就是说，纯粹性的知识不论，但如果是与其他有关的一些事情，比如说一些例子或者是对一些事情的分析，那么在这个过程当中，就应尽可能要了解他们对一些事情是怎样的一个认知，然后我跟着他的思路来调整我讲课的节奏，讲的一些基本内容，我觉得是这个样子的。

G 老师的叙述呈现了他在教学中所遇到的突发的问题情境。这两个教学事件引发了 G 教师反思自我、反思学生、反思教学环境，G 老师生成了关于学生的、关于教学的、关于自我的、关于教学环境的实践性知识——在多民族的教学环境中，要认识到学生的特点，对一些问题的分析和所举例子，要关注到文化问题和民族问题。通过对教学中发生的突发事件的反思，G 教师深化了自己对民族院校教育教学的认识和理解，同时丰富了自己的实践性知识。

四　教学情境中全身心的关注

在多数情况下，教师处于持续不断变化的教学情境中，需要不断地采取行动。教师行为的瞬间并不是由反思产生的，这时教师与学生的互动可能充满了教师全身心的关注。也就是说，教师拥有关于学生学习状态和情境的敏感性，一种全身心的感知能力，这就是范梅南所提出的全身心的关注。

B 老师是 W 民族大学的一位成熟的中年教师，教授藏族学生文学类课程。下面呈现 B 老师是如何通过对教学情境的全身心关注生成关于学科教学的实践性知识的。

B 老师：课程的理论性与趣味性的协调与转换

我们藏族的孩子，在上大学之前，一部分是用藏语考试的。来到民族大学，突然要接受汉语教学，而且要学《文学概论》这门理论性很深的课程，这就是教学中的一个难度或挑战。

我们每年都在调整，调整什么呢？调整降低某一些课程环节的难度，增加某些环节的趣味，趣味就是引导学生对这个问题的兴趣。相对来说，这确实是有一定难度的，难度就是对老师的要求高。如果你老讲一些故事，或者老讲一些趣味性的东西来引导学生的思维，那么这门课的理论性就会削弱，它就达不到标准。如果你要强调它的理论性，学生学起来就有难度，所以这门课是很难掌握的。

比如，今年我们这届文学专业的孩子就挺好的，就坐在前面的孩子而言，他读书读得多，就会引导老师讲这个问题。那么我就跟着学生的感觉走，有的地方需要老师停留下来，说一些趣味性的东西来引导。有一些地方理论性很强，可能只强调学生掌握到某种程度，就 OK 了。它的基本原理、概念，你搞清楚就行。

从趣味性上讲，我们可能更多的就是要回到文本里来。比如说，我们讲到一些文学形象的塑造的时候，讲到"戏剧部分"的时候，像台词，讲到"对话"，讲到"独白"，讲到"化解台词"的一些动作性特征的时候，我就会找《茶馆》里面的一幕，让学生扮角色来朗读。那么这个可能就会让学生在参与当中对"对话""独白"等获得一些感性的认识。感觉也只能这样，因为理论性是比较强的。

但是，我个人认为，可能也是我讲《文学概论》的时间比较长，已经讲得很熟悉了，对学生那种心态，对于学生在听这门课当中的一些感触，是能够把握得到的，让学生不至于觉得很难，尽量用很浅显的事例来代入。

通过 B 老师的叙述可知，她在教学过程中，会根据学生对课程内容的认识和理解，快速地在课程的理论性与趣味性之间协调与转换。B 老师在与学生互动的过程中，关注学生对知识的接受和理解能力，采取相应的教学行动。这种行动需要教师全身心的投入，它获益于反思。范梅南将"全身心的行为能力"称作"机智"，教育的机智。机智的行动是一种对情境的即刻投入，在情境中必须全身心地对出乎预料的和无法预料的情境做出反应。① 教师的机智意味着教师在情境中保持着瞬间的、积极的行动。

同样，在下面的教学案例中，A 老师在对教学情境的"全身心的关注"中，关于学生和教学的实践性知识得到提升。A 老师是 W 民族大学的一位哈萨克族的青年教师，教授哈萨克语。

A 老师：根据学生的学习程度及时调整教学方法

同一课程，给每个班教授的时候都不一样，会根据学生的学习程度来调整授课的快慢、内容的深浅、教学方法等。每个班的那种感觉是不一样的。我在教《初级哈萨克语》的时候，每个班能够接受哈萨克语的整体程度是不一样的。有些班的学生接受得特别快，马上就能理解这个语言的特点。有些班的学生一年都没能适应这个语言的特点。然后，我就会慢慢地让他们去习惯，重复性的教学会比较多一些。

我刚开始给 2016 级讲初级哈萨克语的时候，发现那个班的学生

---

① ［加］范梅南：《教学机智 教育智慧的意蕴》，李树英译，教育科学出版社 2014 年版，第 117 页。

太厉害了，他们很快就能说很多哈萨克语的句子。他们的接受能力非常强，但是我还以为每一届都会这样，但没想到我给2018级的学生讲课的时候，就非常吃力。刚开始的那个学期，我都快崩溃了。因为他们根本就适应不了这个语言的特点，进度特别慢。然后我给他们每个人布置更多的任务，让他们每天去练习。慢慢地发现，第二学期他们整体上就非常好了，我认为比现在2016级学生的口语都好。他们的基础非常扎实。

研究者：您采用了哪些方法？

我觉得熟能生巧。我可能就是会反复地强调某一个知识点，然后让他们反复地练习，让他们每次都尽可能地跟我有一个对话。比如讲一个词，我之前给2016级的学生教的时候，不会像给这个班，一个单词、一个单词地给他们讲，让他们一个单词、一个单词地造句。只因为2016级的学生太懂了，他们已经都知道了，所以我就是非常快地把单词过一下，然后在学习课文的时候会慢慢地讲。我采取的是在讲课文的时候，再深入地讲单词的方法。但是给这个班的学生讲的时候，因为他们接受的能力太差了，所以我只能采取这种方式，比如说今天讲语法知识、讲单词，我就尽可能地让他们用所讲的语法和单词去造词、造词组、造短语，就是一个一个反复地、用不同的词，让他们讲。讲一篇课文的单词，有的时候我就要花上两个小时的时间去练习，所以他们的口语基础就扎实得很。现在，我每次讲完一个单词，不用解释，直接就让学生造句，他们造出来的句子都是非常好的，甚至还超出了我的预期。这个方法从第一个学期就开始使用了，但就是进度特别慢。

我刚开始时感到特别吃力，我说这个班，我讲课太累了，真的。当时，第一个学期，我觉得这个班我都不知道该怎么带下去了，因为觉得太差了。但是到后面，慢慢地，就是熟能生巧，在他们熟悉之后，他们现在不会犯任何语法错误。因为我就是反复地强调，如果他犯错了，我就给他解释为什么错了。比如说，为什么要在这边，为什么不能用这个时态，而要用那个时态，知道哪个时态是怎么用的，就是这样。现在，我个人认为，他们的水平已经超过2016级的学生了。

可能因为2016级的学生太厉害了，层次也不一样。有些学得慢的学生，我可能没有考虑进去，因为很难。他们大部分的基础太好了，就是你不可能为了一个学生而忽视其他学生，所以我就以好的学生为主，来上课。所以，有些学生还是会犯一些基础性的错误。但这个班没有那样的，在整体上都会说、会用，而且他知道你在说什么，所以这个是我非常满意的结果。

通过A老师对教学实践的叙事可知，她在教学过程中，没办法预见到、预测到自己的教学行动可以达到怎样的教学效果，她的教学行为是出于自己的直觉式的感知。当笔者询问A老师在教学过程中采取了哪些教学方法时，她才更细致地回顾和反思了整个教学情境的意义。A老师在教学过程中，根据学生的情况，以一种下意识的方式主动、立刻地采取一系列的教学行动。当学生刚开始适应不了哈萨克语的语言特点时，A老师就反复地强调某一个知识点，反复地让学生练习，让学生尽可能地与自己有个对话，及时纠正学生犯错的地方。这些行动需要A老师对教学情境的准确把握，是她对教学环境"全身心的关注"的结果，是她在特定的教育情境中的个人反应和智慧性行动。A老师通过对行动的反思，生成关于学生的和教学的实践性知识。

第二节 在与外部环境互动中生成

教师实践性知识的生成离不开教师与外部环境的互动，不管是在微观层面上与他人的互动，还是在宏观层面上与社会文化和传统的互动。它是一个互动、交流与对话的过程，互动与交流是意义产生的过程。杜威写道："当交流发生时，所有自然事件都受到再审思。"[1]也就是说，当

---

[1] 转引自［荷］格特·比斯塔《教育的美丽风险》，赵康译，北京师范大学出版社2018年版，第041页。

互动与交流发生时，教师会重新审视自己的教育教学行为和观念，发现教育教学中所隐藏的问题。外部环境在不同程度上刺激和促进了教师对教育教学行为和观念的反思，激活了教师的问题意识。教师通过对问题情境的框定与解释，改变或调整自己的教学行为和观念，随着教育教学效果的达成，建构新的实践性知识。这里主要通过分析教师与同行的互动、与学生的互动、与国家和学校教育理念的互动来解析教师实践性知识的生成过程。

一　与同行的互动

下面通过呈现 M 老师的案例，描述与分析 M 教师在"与同行的互动"中生成新的实践性知识的过程。案例中的 M 老师是 W 民族大学的一位青年英语教师，教授的是民族预科班的学生，班级里是来自于民族地区的少数民族学生，他们的英语水平参差不齐。

M 老师："学生的问题"到"老师的责任"
——教育观念的转变

刚刚工作那一年，我不能很好地把握学生的水平。我不知道这篇阅读对他们来说太难了，还是太简单了。所以我经常会出一些比较难的题，他们就觉得没法做出来。那个时候，尤其是第一年，我很容易急躁，会觉得这个都不会，这不是高中大纲的词汇吗，怎么都不会。慢慢地到现在，我就不会有这种情绪了。因为我现在有一个很重要的想法，即如果学生学不会，基本上都是老师的责任，是我没有做到该做的。以前，我也会让学生做口头的演讲，学生就磕磕巴巴的什么都说不出来，但凡愿意站到讲台上的也都是在读，我心里就觉得水平怎么这么差，毕竟经过高考了。可是后来才知道，我是在用我的教育背景跟他们做比较，这不公平。他们不是从小就接受某种训练的。

我后来就慢慢地调整我的策略，我把学生准备口语演讲的时间变得很长。以前我可能只让他们上课准备个 40 分钟，就让他们讲，现在不是，我让他们准备一个礼拜。也就是说，我礼拜一留作业，下礼拜一上课检查。以前我就口头说一下，不许上来读。可是现在我很明确地把我的要求写下来，每一页 PPT 上面不许超过 40 个字，他们就不能读了，以及你上来演讲的时候，你要和你的观众保持眼神的交流，这又保证他们不能读。我把要求写得非常详细，然后给他们足够的时间，结果效果很好。以前我说哪个小组愿意展示一下，根本就没有人愿意理我。但是现在，我说哪个小组愿意展示一下吗？大家基本上都举手，而且有的小组会提前很早跟我说，我们组准备了一首歌，我们组准备了一幅画，能不能我们组先说，能不能我们先表演？

我现在觉得只要给对了指导，他们是可以做到的。然后我就一直在想，我觉得如果学生学不好，真的、真的就是老师的责任，我越来越这么觉得。

研究者：您为什么会有这么一个转变？

首先我没有接受过师范教育，我对于教学的理解都是从我上学的时候被教育的经历来的。当我第一次看到班里面大多数人不愿意回答问题，少数几个愿意回答问题的人还答复得那么磕磕巴巴的时候，我就突然想起我当年上课的时候，我是这样，我当时是很努力地举手的。我不知道我讲得怎么样，老师都鼓励，比如说，下次会更好的。这是我的第一个想法，我与我上学时的课程做对比。

其次是我会听 Z 外国语大学的讲座。我虽然毕业了，但是我很关注 Z 外国语大学英语方面讲座的信息。一个英国来的老师，他说："学生学不好是老师的责任。"我当时也不太认同，我真的直翻白眼。我想说："有的学生，他真的就是烂泥扶不上墙，OK。"我的第一个反应就是这个。我很抵触他。可是这句话在我心里就一点一点地酝酿，等我下次再碰到整个班里面的学生不愿意举手，学习好的那几个学生也说不出几句话的时候，我就觉得"嗯，他也许说的是对的"。

我也跟 Z 外国语大学的老师有一些交流，然后我就跟她说："我是真的。有点出尽百宝的感觉了，我把我能想到的方法都用上了，可是班里真的有那么四个男生，是我无论如何也调动不起来的。"我跟她说了之后，她说："你可能要接受这一点。作为老师，你出尽了百宝，你尝试了所有的方法，班里面其他学生的反应都还可以，有那么几个学生，那可能就只能接受了吧。"所以，是这样的过程，我先是完全不认同那个教授的话，接下来会百分之百的认同，我觉得责任百分之百在我，然后现在我会觉得："好，班里有那么四个人是我真的没办法跟他产生链接的。那就这样吧，毕竟只有一年的时间。"

上述案例表明，M 老师在第一年当老师时，学生的英语程度达不到自己期望的水平，容易产生急躁的情绪，会觉得学生的英语水平比较差。之后，M 老师听一位来自英国的老师说"学生学不好是老师的责任"，当时 M 老师很不认同这位老师的观点，但这位老师的话也慢慢地在 M 老师的心中生根发芽。当她再碰到班级中的学生不愿意举手发言、学习好的学生也说不出几句英语的时候，"学生的英语水平比较差，是学生的问题"的这一支配性观念开始动摇。于是，M 老师开始慢慢调整自己的教学策略，即转变自己的行动策略，比如"给学生充足的准备时间""明确英语演讲的要求"。在这一新的行动策略实施后，M 老师收到良好的教学效果。这一行为的后果是 M 老师开始反思自己的教育观念、反思学生之前的教育背景，认为之前将学生的情况与自我的教育背景做比较，没有很好地把握学生的水平。于是，M 老师重新框定问题情境，认为"只要给对了指导，他们（学生）是可以做到的"，并认为"如果学生学不会，基本上都是老师的责任，是我没有做到该做的"。于是，关于"学生学不好是老师的责任"的观点，M 老师从先开始的完全不赞同到百分之百认同。然而，班级中有个别学生，M 老师用尽了百宝也是始终调动不起来的。针对这种情况，M 老师与 Z 外国语大学的老师交流后，从完全认同"学生学不好是老师的责任"到开始接受教学中的些许不完美。综上所述可知，与同行的交流是 M 老师教育观念转变的激发因素，使 M 老师开始回想和反思自己的教育观念和学生的教育背景。M 老师从"学生的问题"

到"老师的责任"观念的转变可以用图 4 - 1 来表示。

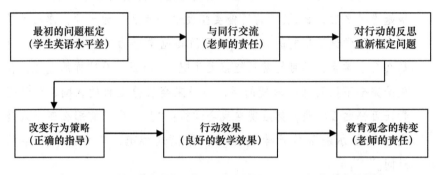

图 4 - 1　"学生的问题"到"老师的责任"——教育观念的转变

二　与学生的互动

下面通过呈现 G 老师的案例，描述与分析 G 老师是如何在"与学生的互动"中完善已有教学方法，生成关于学科教学法的实践性知识的。案例中的 G 老师是 W 民族大学的一名讲授经济学类课程的青年教师。

G 老师："讲解知识的来龙去脉"教学方法的生成

在介绍一个知识点的时候，一开始我可能想的是直接将这个知识点告诉学生，比如说，这公式怎么写、这图形该怎么画、得出一个怎样的结论。那么，在讲完之后，有学生就会问，"这个公式为什么是这个样子？或者说这个理论适用在什么情况下？这个干巴巴的理论放在那，我们不知道为什么是这样子的。"

这个问题提出来之后，我就会把这个问题记下来。那么我要解决这个问题，在下次上课的时候，我一开始先介绍一下，就说这个东西是怎么来的，它存在的目的是什么，我们的分析需要对这个东西有什么前提性的知识作为储备，这个理论的掌握可以解决哪些实际的问题。在这些基础之上，学生会说："原来这个东西是干这个用的。"这样子的话，对理论性的知识理解起来就会更轻松一点。因为在上课的时候学生经常会发问，就是说这东西到底是怎么一回事。我就会想，这个问题是普遍性的，就意味着我在讲课的过程中，这是一个漏洞，我需要把这些内容给补上。

这些课讲了这么多遍，基本上都是这种不断修修补补的过程。那么，如果讲了好几轮的话，其实都可以做到，学生已经很难提出这种问题了。所以，这就是一个不断演进、不断进化的过程。

上述案例表明，在与学生的互动交流中，G 老师根据学生反馈给自己的困惑和疑问，反思自己的教学，框定问题，完善行动策略，生成"讲解知识的来龙去脉"教学方法的实践性知识。该生成过程如图 4-2 所示。

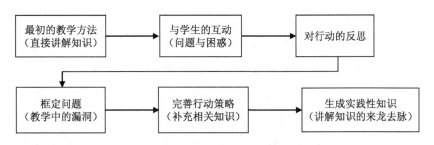

图 4-2 "讲解知识的来龙去脉"教学方法的生成

三 与国家和学校教育理念的互动

国家教育理念是国家对学校和教育教学的要求，一般体现在国家相关部门颁布实施的政策文件中。如《教育部关于加快建设高水平本科教育 全面提高人才培养能力的意见》指出，要"优化实践育人机制""提高实践教学水平"①。学校教育理念是学校根据国家的教育精神，具体实施教育教学改革的措施。下面通过呈现 J 老师的教学改革案例，描述与分析 J 老师是如何在"与国家和学校教育理念的互动"中生成教学方面的实践性知识的。案例中的 J 老师是 W 民族大学的一名维吾尔族青年教师。

---

① 《教育部关于加快建设高水平本科教育 全面提高人才培养能力的意见》，2018 年 10 月 8 日，中华人民共和国教育部（http：//www.moe.gov.cn/srcsite/A08/s7056/201810/t20181017_351887.html）。

J 老师：课程实践环节教学的改革

我有一门课，即《翻译理论与实践》，这个课的实践部分，我一般是让他们完成一定篇幅的翻译任务，翻译成维吾尔语。以前我对学生翻译任务没有做太多的规定，这样的话，目的性不是特别强，有些学生不知道自己该从哪些方面入手。然后，我做了一些调整，一是在翻译题材的选择方面，我给学生做了明确的要求，就是选择跟自己的学年论文、毕业论文相关的一些学术论文进行翻译。因为现在我们学生的论文质量不高，不知道该怎么写。然后，我就想他们是不是先翻译一些优秀的学术论文，比如《中国翻译》《民族翻译》等期刊上的文章。这样既可以完成这门课程的实践环节的训练，又可以结合自己的学年或毕业论文。当然，我也不完全要求学生把题材的选择限制在这样一个范围，因为有的学生觉得有些优秀的小说或者非常经典的作品，他想做这方面的翻译，我也同意。根据学生的情况，但是我大体要求学生找一个自己感兴趣的或者能力所及的题材。二是在实践部分，要求学生必须给大家做一个 5—10 分钟的展示，把自己完成的情况做一个汇报，现在做了多少，用了什么样的方法，把翻译过程中与理论结合的情况给我们讲一讲，并说一下自己遇到的困难和问题。那么，我们的讨论基本上是结合学生汇报的内容。我以前讲完一个理论，就跟学生讨论理论的用处，这种讲课形式，我就减少了。现在，我是根据学生具体的翻译实践，展开以具体问题为导向的讨论。这是我的一个具体做法。

研究者：这个调整是因为您发现学生学习中存在的一些问题而做的吗？

还有教育部对实践教学部分的重视，这么一个教学改革的理念，对我的具体教学也产生了重要的影响。在 2018 年的培养方案里面，实践部分都有具体的考核内容和方法。

研究者：您是比较注重培养方案，认真研读了学生的培养方案？

　　对，课程大纲的更新基本上是结合培养方案，教学的探索也是结合培养方案。如果认真做了，确实会有不少收获。不要将它看作一种负担。如果有一个心理包袱，还不如接受和敢于创新，把它做得有意义。

J 老师通过与国家、学校教育理念的互动，反思如何更好地加强和实施实践教学，并结合学生在学习中存在的问题，及时调整课程实践环节教学的实施。J 老师的教学改革受到国家和学校教育理念的影响，通过对行动的反思，调整教学策略，生成实践教学方面新的实践性知识。该实践性知识生成过程如图 4 - 3 所示。

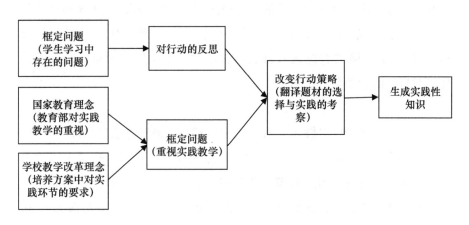

图 4 - 3　课程实践环节教学的改革

第三节　在关注与探索中获得

在没有外界环境激发和明显的问题情境触发的情况下，教师实践性知识的生成需要教师对教育教学的"关注"和"探索"。"关注"是主动注意周围的世界和自己的行为与内心。教师的关注是教师主动地对学生、自我与教育教学达成目标的充分关注和全面关注。"探索"是一种发现和再发现的过程，这一过程用以回应具体情境下意识生活中所产生的有价值的问题。教师教育教学的探索能使教师理解他们的教育教学与学生学习之间的关系，建构他们教育教学实践的意义。"关注"和"探索"是教师在教育教学过程中发现问题、重构问题的关键。教育问题不仅仅与如何教育教学有关，而是包括应该做什么的判断。① 教师通过"关注"和"探索"，面向具体的学生，不断质疑教学和实践中的不合理的因素，探索新的教学策略，建构更加合理的教学信念，改善自己的教育教学行为，生成关于教育教学的实践性知识。

一　关注学生的成长

"关注学生的成长"，教师将学生作为教育教学中"主体"加以关注。教育不仅是对我们已经知道的或已经存在的事物的复制，也是对新的开始和新人进入这个世界的方式的真正关注。② 下面呈现的是 J 老师"关注学生的成长"方面，J 老师通过对自己教育行动和观念的"批判性反思"，将学生人格的塑造融入自己的教学中，让学生成为自己行动的主体，对自己的行动负责。

J 老师："做人"与"上课"相结合教育方法的生成

最近两年，我总结出一种新的教学经验。比如，这次上课你没准备好、没复习好，我都可以理解你，因为每个人都会犯错误。但是，在同学面前，我们有一个小的约定，我给你一周的时间去准备，下一次课你再来回答。同时，我作为老师也必须遵守承诺，我必须在花名册里面记好，下次必须问他。

我刚开始实施的时候，出现了学生觉得无所谓，第二次也没有准备的情况。面对这种情况，我没有直接问他"你为什么不学习、没有做"这样的问题。我直接跟他说："做人和课堂学习完全是一个问

① ［荷］格特·比斯塔：《教育的美丽风险》，赵康译，北京师范大学出版社 2018 年版，序言第 017 页。

② ［荷］格特·比斯塔：《教育的美丽风险》，赵康译，序言第 012 页。

题。你既然在同学面前跟我约定好了，你做出了承诺，为什么不兑现呢？如果当时你觉得兑现不了，跟我说清楚，说"不一定能回答"。好，我不为难你，你可以这么回答。"

有的学生确实说："我下一次也不一定能准备好。"我当时向他提出了新的问题："你能准备好什么问题？你下次想回答什么问题？你跟我们说说，既然来上课了，跟我们应该有一个交流和分享。你自己提问，你自己回答。"

后来，他们就养成了一个习惯，也就是说："一旦我跟老师承诺了要做什么事情，就应该注意了，老师肯定要问我，我应该把这件事情做好。"

前几次就是学生看你。如果你坚持做了，以后每个学生都会注意。可以说，这增强了部分学生的责任心，对学生的学习效果有了一定的帮助。

研究者：老师，您这个点子是怎么形成的？

我可能是从我的家庭教育中受到的启发。我的父母对我的要求比较严格，只要我给家里说了要做的事情，如果我没有做，要么说一个充分的理由，要么把它做好。不是说一件事情没有开始也没有结尾就没事儿了。当然，不是说要向每个学生提出这样的要求，但至少对学生责任心的培养有一定的帮助。

研究者：您不只是把知识传授给学生，您还培养了学生如何做人，使学生有责任心。

因为学生回答不上来本应该掌握的知识，对此也觉得无所谓。我之前没有经验，自己也很为难，也尝试过给他一个低分。60分的回答，我只能给60分。后来，我发现虽然我解决了给学生打分数的问题，但是该解决的问题并没有解决。我的目的不是给学生60分，而是让学生学好。就算学生没有学好，至少从这件事情上，自己得到一些教训或有帮助的东西。之后，我觉得应该尽量提醒学生的责任心，提醒他的一种责任感。还有作为社会人，不只是要对自己负责，还要在公众面前对言语和行为有一个约束，这是公民应有的一种素质。所以，我就开始尝试。当然效果还可以。

但是，这里面需要特别注意的是，不要过分地刺激学生，千万不要说侮辱学生的话，千万别把自己的情绪和这个教育过程连在一起。也许一两句不合适的话就会直接伤害学生的自尊心。这样的话，反而会产生一些很不好的后果，还不如不尝试。所以，这样做的老师，必须有足够的耐心把握好言辞。当时学生没有把任务做好，在批评他的时候，不要说出一些不该说的话。老师嘛，是教育人的人，应该用比较淡定的、比较宽恕的一种心态，尽量理解学生，但也不要忘记原则。

上述展现出一幅生动的教学情景，J老师"关注学生的成长"，对教学的效果进行批判性反思。他在变化的问题情境中，采取相应的行动，在行动中反思的推动下，新的行动策略产生出良好的教育效果。随着学生良好行为习惯的养成，对行动的反思帮助J老师生成新的实践性知识。借助表4-3呈现J老师"做人"与"上课"相结合的教育方法是如何生成的。

表4-3　　　　　"做人"与"上课"相结合教育方法的生成

1. 关注学生的成长：实践性知识的萌芽				
情境	教师"主体"	行动	批判性反思	实践性知识的萌芽
学生回答不上来本应该掌握的知识，并对此感到无所谓	作为教师的自己很为难	给学生一个低分	解决了给学生打分的问题，但该解决的问题没有解决。目的不是给学生打分，而是让学生学会知识。就算学生没有学会，至少也要给学生的成长带来帮助	受到家庭教育的启发，应尽量提醒学生对自己的言行负责

续表

2. 行动与反思					
问题情境 1	行动 1	问题情境 2	行动 2	问题情境 3	行动 3
学生回答不出本应该会的问题	跟学生约定好，给一周的准备时间，下周再来回答	学生觉得无所谓，第二次也没有准备	跟学生说"做人和课堂学习是一个问题"	有的学生说下一次也不一定能准备好	让学生自己决定能够准备好什么问题
3. 行动效果： 学生养成习惯，一旦跟老师承诺的事情，就应该做好					
4. 对行动的反思：实践性知识生成					

同样，下面案例呈现的是 M 老师在"关注学生的成长"下，通过对自己教育行动和观念的"批判性反思"，转变教育理念，从关注"老师的教"转移到关注"学生的学"，从最终性评价向形成性评价转变。

M 老师：最终性评价向形成性评价的转变

我觉得我现在看得更多的不是学生的最终成绩，看得更多的是提高了多少。从一个最终性的评价变成一个形成性的评价、过程性的评价。因为学生的水平总是参差不齐的，所以最好的学生可能连作业都不写，最后也能得一个还行的分，但是这个对他的学习是没有帮助的，我觉得更多的应该是把重点放在提高上。

我现在做的一个口语的研究项目是这样的，就是学生先交一份口语作业。第一次上交的时候，我给他判分得了 60 分，对吧？可是我让他和他的小组互相做一个教练跟组员活动之后，他进步到了 90 分，我觉得这个就很好。他最终的成绩还是不如最好学生一下子就能到 100 分，可是我觉得这已经是很大的进步了。

研究者：是什么因素让您从一开始的终极性评价转变为现在的形成性评价？

我觉得就是把重心从教转到学，所以我觉得还是一个换位思考的过程。因为有的学生挺努力的，说实话他挺努力的，可是他以前接受的基础教育不是很好，基础不是很好，他努力了之后也就得个70分。我觉得这不能完全代表他这个学期的学习，他值得更多地拥有一个形成性的评价。

每一次接到新的一波学生的时候，我都会问他们："你们觉得你们的英文怎么样？"基本上80%的学生会说英文很差。然后很多学生其实有很强地提高英语水平的动机的，现在学生都知道英语很重要，所以他会自己盲目地尝试很多种方法。大概一个月之后他又回来，他就认输了，说："老师，我不行。英语，我真的不行。"然后，我可能愿意告诉他更多对我来说有效的学习英语的方法，让他去尝试。有学生真的有进步。我觉得这值得被记下来。

我现在更多的是不以我为中心，而是以学生为中心，可能更能比较敏感地体会到他们的需求。以前以老师为中心，觉得学生水平不行。可是当你把你的重点转移到学生那儿，你就会知道他的水平可能真的就是跟不上。可是你的目的不是给他打分，而是通过打分让他水平提高更多，所以你就会转换策略。

通过 M 老师的叙事可知她在教学过程中对学生学习和成长的关注，通过对学生的学习、自我观念、教学评价方式的批判性反思，生成关于形成性评价的实践性知识，让学生成为自己行动的主体。表 4 - 4 更加清晰地呈现出其实践性知识的生成过程。

表 4 - 4　　　　　　　最终性评价向形成性评价的转变

问题情境	旧"信念"	批判性反思	新"信念"
学生水平参差不齐	以老师为中心，觉得学生水平不行	目的不是给学生打分，而是让学生水平提高更多。最好的学生可能连作业都不写，最后也能得到一个还行的分数，这对于学生的学习是没有帮助的，更多地应该放在提高上。有的学生挺努力的，但是基础不好，努力之后得到的分数并不高，这不能完全代表他这个学期的学习，他值得更多地拥有一个形成性评价	从"老师的教"转移到"学生的学"，更能敏感地体会到学生的需求，最终性评价向形成性评价转变

二　探索有效教学

下面呈现 M 老师通过关注学生的学习状态和变化，采取相应的教学方式来回应学生的学习情况，不断地发现问题和重构问题，逐步探索有效教学的过程。

M 老师：同伴互助教学方法的生成

班里面四五十个学生的英语水平参差不齐，我当时就觉得我教的内容没有办法服务到每个层次的学生。我当时跟领导建议了好几次，能不能分级教学，就像大一那样，比如"快班""慢班""火箭班"这种。

后来我对分级教学的方式不是特别认同。我去 Z 外国语大学听课，有一位客座教授说："在一个班级里，如果面对的是大班教学的话，通常学校会有几种做法：一种就是分级教学，一种就是把大班打散教学，一种就是同伴互助的教学，同伴指导。"这与我现在做的口语的项目是不谋而合的，同伴互助的教学，这种互动的气氛反而对学生是有利的。所以我对大班教学、分级教学有个很大的观念转变。

研究者：您现在做的口语项目是怎样的呢？

现在做的口语项目是同伴指导，一个组里面会有好的、差的、中等的，通过这个学生之间的互动，彼此 coaching，彼此指导，进步会很大。

研究者：您是如何分组的呢？

基本上一半会自由组合，一半我会加一些干预。因为在每个组自由组合后，我会在每个组中选出一个 coach，选出一个教练。通过作业的水平，进行建议。

现在有七个组，有七个教练，我会保证这七个教练的水平是完全可以的，再让她指导组里面的人。我指导教练——教练指导组员，就是这么一个过程。

研究者：小组分工的细节您是如何想到的呢？

看文献，还上了一个课。就是去年夏天，咱们学校教师发展的一个课，那个课是比较实践性的、实操性的，会给一些比较好的点子。我思考了一下，看看在我班里能不能用得上。自己做了修改，再在班里试了一试，有一些也不是很成功、不是很可行，然后就把那些不是很可行的筛掉。将可行的，再做修改，再做调整。

研究者：同伴互助教学的方法，您最先开始是如何想到和实施的呢？

当时，我教的是 Z 外国语大学的班和传媒大学的班（第二年的时候），那个班学生的水平非常好，我当时让他们做个小组的尝试，就是让两个人互相改作文，第一遍改词汇的问题、第二遍改写作风格的问题，我觉得他们已经达到了可以互相挑错的水平了。最开始（同伴互助教学），小规模的，是从写作开始的，但只试了一次。然后就到他们该毕业的时候了，开始复习了，就没再做。

我经过深思熟虑后，觉得可以延伸到其他方面，比如口语啊、写作啊。然后等到新的一届，其实是从口语开始做的。从口语开始让他们做语音教练，一个教练指导整个组的人。然后语音教练做了一两个月之后，我觉得其实读写这门课也可以用得上，然后就开始让学生写摘要，互相改。

研究者：之后，这种形式也用到英语水平一般的班级？

对。因为我发现不管水平特别好的，像 Z 外国语大学班，还是中等的，像本校班，学生总是能从彼此身上学到东西的。

研究者：您开始为什么会在口语教学中采用同伴互助的方法呢？有什么启发事件吗？

比如说，学生在下面聊得很开心，然后老师一走过去，哎，他们就不说话了，我就觉得其实有的时候老师的存在是会影响学生之间互相讨论的。所以我干脆就把自己抽出来，完全安排他们之间的互动，以前是师生互动，现在是学生跟学生之间互动。事情有了一些改变。我可能喜欢与学生互动，愿意在教学过程中增加一些东西，使教学更有趣，让他们学到更多知识。

研究者：分级教学一开始为什么没有实施呢？有什么困难吗？

打乱了班级的话，教务的工作会比较辛苦，排课，然后要腾出一个专门的时间段给英语课，然后让学生们去到不同的教室。这个在实施上面比较困难，主要是不好管理。

上述展现出 M 老师的"同伴互助教学方法"是如何一步一步生成的。M 老师关注学生的学习状态和变化，通过与外界环境的对话与互动，在对学生和教学的反思与行动中探索，建构学生的学习活动和所采用的教学策略之间的意义关系，最终形成新的"信念"——同伴互助教学有利于班级中不同水平的学生相互学习。表 4-5 展现出 M 老师关于"同伴互助教学方法"的生成要素及过程。

表 4-5　　　　　　　　　　同伴互助教学方法的生成

1. 旧观念：班级中学生水平参差不齐，分级教学			
情境	反思	行动	行动结果
班里面四五十个学生的英语水平参差不齐	教的内容没有办法服务到每个层次的学生	跟领导建议能不能分级教学，就像大一那样，比如分"快班""慢班""火箭班"	由于一些现实原因，在实施上比较困难

续表

2. 行动与反思					
情境	反思1	行动1	反思2	行动2	行动效果
有个班学生英语水平非常好	我觉得他们已经达到可以互相挑错的水平	让两个人互相修改作文	学生总能从彼此身上学到东西，同伴互助教学可以延伸到其他方面，比如口语	开始在口语学习中采用同伴互助教学	学生彼此指导，进步很大

3. 与同行专家的交流，促使观念的转变

新的观念：同伴互助教学有利于班级中不同水平的学生相互学习

小 结

通过对民族院校教师实践性知识生成过程的案例分析以及在分析已有研究成果的基础上可知，在教师实践性知识的生成过程中至少应该具备五个要素："生成者"——教师、问题情境/与外部环境的互动/关注与探索、反思、行动、总结提炼，这几个要素是紧密联系的整体。教师实践性知识的生成离不开具体的问题情境，教师的反思和行动以及教师对教育教学的总结与提炼，是一个循环往复的过程。综合本章的分析，可以将教师实践性知识的生成过程用图4-4来表示。

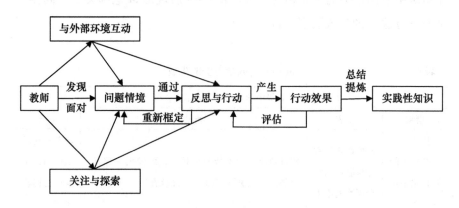

图4-4 教师实践性知识的生成过程

　　从图4-4可知，首先，教师实践性知识的生成需要教师具备在所处的教育教学情境中识别出潜在问题的意识。问题情境和疑问是教师实践性知识生成的前提。教育教学情境中存在的问题有时并非直观明了，一是需要教师对教育教学情境的充分关注与积极探索来发现和重构教育教学问题；二是教师与外界环境的互动也可以激发教师的问题意识。其次，教育教学情境是舍恩所说的"湿软的低地"，经常是复杂的、不确定的。在解决问题的过程中，教师很多时候是无法设定一个很明确的解决问题的途径，无法通过单一的手段与途径实现既定的目标。教师在教育教学实践中需要不断地反思和行动，随着教育教学情境的变化而互动协商。那么，教师就需要不断地"框定问题情境"，在反思和行动的推动下，采取适当的教育教学行为或变换教育教学策略，从而实现既定的教育教学目标。最后，教师实践性知识的显现和生成还需要教师对整个反思与行动过程的总结提炼。这样新的实践性知识才能被用于指导未来的教育教学。

　　教师实践性知识的生成是教师面对教育教学中有待解决的问题和困惑，通过循环往复地反思和行动，与外部教育情境和自我内部进行对话，并对行动效果进行评估，随着问题情境解决或改善的一个动态建构的过程。在民族院校教师面临的问题情境方面，由于教育对象的特殊性，如学生的民族性与文化性、学生教育基础的差异性、学生学习能力及能动性的差异性等，既有与普通院校相同的方面，又具有民族院校自身的特殊性。民族院校教师在教育教学中需要关注和考虑到更多的方面。

第 五 章

影响民族院校教师实践性知识发展的因素

第四章尝试分析了民族院校教师实践性知识的微观生成过程，突出了实践性知识生成的关键环节。本章从宏观和微观的整体视角研究影响民族院校教师实践性知识发展的因素，因为只有揭示出民族院校教师实践性知识发展的影响因素及各因素在其发展中起着怎样的作用，才能理解民族院校教师实践性知识是如何发展的，才能为促进民族院校教师实践性知识的发展予以启示。教师实践性知识发展的主体是教师自身，因此教师实践性知识的发展必然受到教师自身因素的影响。教师的教育教学实践是在特定的社会文化环境中发生的，因此，社会文化环境是影响教师实践性知识发展的外部因素。本书通过对大量的资料进行自下而上的分析和归纳来探讨哪些因素影响了民族院校教师实践性知识的发展。通过研究发现有四大影响因素，即教师的教育教学经验、教师职业情感及能动性、教育教学实践与自我努力、社会文化环境，这些因素共同作用于民族院校教师实践性知识的发展。

第一节　教育教学经验：教师实践性
知识发展的"基础"

每一个人都会从一种独特的视角与世界建立起联系，这一视角与个人独有的经历有关。① 人们在感到自己根植于个人体验和生活空间时，会

---

① ［美］玛克辛·格林：《学习的风景》，史林译，北京师范大学出版社 2016 年版，前言第 002 页。

更易于提出自己的问题，并寻求个人超越。① 教师实践性知识发展根植于教师作为学习者的过往经验和自身的教育教学经验，这些已有经验和体验为实践性知识提供了发展的基础。教师的教育教学理念和方法在很大程度上受到教师自身已有的教育教学经验的影响。缺乏这些经验，教师不能完成教育教学的目标，不能意识到教育教学中存在的问题，难以胜任教育教学工作。教师实践性知识的发展无法脱离教师原有的教育教学经验。基于对资料自下而上的分析可知，教师的教育教学经验对其实践性知识发展有着显著影响的因素包括：作为学习者的经验和教师自身的教育教学经验。

一　作为学习者的经验

作为学习者的经验主要是指教师在接受正规的职前培训前作为学习者的经验，这些经验大多来自正式的教育环境——学校，也可能来自非正式的教育环境——家庭及其他日常生活环境。② 通过资料的分析可知，教师早期作为学习者的经验是教师关于怎样教育教学的重要来源，这里主要有"学徒式观察""个人学习体验"，这些经验会影响教师的教育教学方法、对待教育教学的态度，甚至他们的教育教学理念。

（一）"学徒式观察"

教师在其作为学生时通过观察和体验自己老师的教育教学实践产生了对教育教学的基本认识和对教师职业的理解。这种求学时对如何教育教学的早期经验被称为"学徒式观察"③，是教师日后教育教学实践的重要参考，是教师实践性知识发展的基础经验，深远地影响着教师的教学发展。这在多位老师的访谈中都有谈及。

> 我自己也在国外念过书，大概知道国外老师是怎么教学的。我也

---

① ［美］玛克辛·格林：《学习的风景》，史林译，北京师范大学出版社2016年版，前言第002页。

② 范良火：《教师教学知识发展研究》，华东师范大学出版社2013年版，第47页。

③ Dan C. Lortie, *Schoolteacher: A Sociological Study*, Chicago: University of Chicago Press, 1977.

在慢慢地引导学生，让他们学会有自己的想法，再把想法表达出来。我们国家的学生不太爱在课堂上讨论，针对这个做一些调整。我在讲课过程中，不会一个人在那里讲，而是会时刻跟学生交流。然后，他们也会比较警惕，不会瞌睡什么的，因为随时可能让他们发言。

（A老师—哈萨克族—少数民族语言学—访谈）

我出去的时候（去德国留学）不懂德语，我上了大学的德语语言课。在上语言课的时候，特别是在维吾尔语零起点班的教学上，我确实从中受到了一些启发。比如说，给学生更多的时间去训练、体会语言，还有一些比较直观的方法来教维吾尔语。

（J老师—维吾尔族—少数民族语言学—访谈）

我受一位老师的影响比较深。这位老师是化学老师，教我初中、高中的化学，他的教学风格对我影响挺大的。在学完知识以后，小到一节一章，大到一本书，高度概括从知识的背景、产生、发展的过程。这给我的印象挺深的。

（P老师—汉族—数学—访谈）

在学生时教师的教学方法会对他们的教学方法产生深刻影响。如A老师模仿国外老师的教学方式，引导学生在课堂上讨论和发言。J老师在学习德语时，老师的教育方法给他现在的语言教学带来很大启发。P老师总结出的"鱼头、鱼中断、鱼尾"——梳理知识来龙去脉的教学方法，受到中学时期一位化学老师的影响。

优秀的教师是每个人成长中的"重要他者"和效仿对象，他们的言行举止、为人处世方式都会对自己的学生产生深远影响。

上小学的时候，我印象中比较深刻的一个老师，他就非常注重培养我们与人相处、待人接物方面的能力。那时候，我大概5、6年级了，我还是这个老师的课代表，他是我们的班主任。然后，当课代表的时候，有一次我去送作业。他在靠里面那个座位，他旁边还有一位老师。我把作业递过去的时候，他旁边的老师埋头在那写东西，我就在这位老师前面一点，离头部还有段距离，然后我就把作业递给里面的我们的班主任。后来我们班主任就跟我说："不要这样递，你要绕过去，从那个老师后面递过去，这样才算是尊敬别人。"这对我的影响是非常深刻的，我觉得这对于老师来说还是非常重要的。有些东西我们不一定能通过教学里面理论性的东西学习到，但是日常的语言、行为动作，这些东西都能够对学生产生影响。因此，到现在为止，我也是非常注意的。对学生来说，有时可能是无心的一句话，但是他其实听到心里去了。其实，对他们来说更多的是用语言来进行积极的引导，尽量或完全避免对他们说一种伤害性的语言，比如自尊的伤害、学习动力的伤害，等等。

（C 老师—汉族—教育—访谈）

C 老师的一位小学老师对他待人接物方面的教导或提醒在他的教师角色中产生了重要影响，他注意自己的语言、行为对学生所产生的一些影响，用语言积极引导学生，避免使用对学生可能产生伤害的语言。

其实，我的耐心是受到我导师的影响。我的导师是个非常有耐心的人，对我不管是在学术的指导上还是生活上的个人问题都非常有耐心，对其他学生问题的回答和解答也非常有耐心。

（J 老师—维吾尔族—少数民族语言学—访谈）

J 老师的导师对 J 老师在学术指导和生活问题上的耐心以及对其他学生的耐心，对 J 老师耐心品质的养成产生了重要影响。J 老师作为学院的青年教师，不仅担任大量的教学工作，还担任院系办公室的工作。在笔者与 J 老师预约访谈时间时，J 老师会将一周中可能有的空闲时间很详细地给笔者说明，让笔者挑选适合自己的时间去办公室找他访谈。在访谈过程中，不时地会有学生、其他老师找 J 老师谈事情，J 老师都会很耐心。J 老师处理完事情后，依然会很有耐心地继续跟笔者交谈。

说实话，我以前上本科的时候，有些老师就敷衍这些课程，我们真的是没有学好，我心里就会特别埋怨老师。我不希望我的学生将来这么说我。

（A 老师—哈萨克族—少数民族语言学—访谈）

我感觉是这样的，老师是从学生时期走过来的。当年学生想怎么学，他们都有一种期盼啊，老师该怎么教。后来，反过来，我当老师了，我就想做最好的老师。我当学生的时候，我知道老师讲课，刚开始，走马观花、信马由缰，最后剩下两周，时间不够了，书还剩半本呢，忽悠一下就过去了，你这样是不对的。这是普遍存在的情况。所以我上课，就会分好，几周之内必须把这些知识讲完，这属于专业的必修课。

（F 老师—汉族—历史学—访谈）

在本科的时候，我特别不喜欢有些老师的课，至少我知道我不能那么讲。大体上而言，照本宣科就不说了，还有两种情况：第一，分不清重点，分不清主次。本来该强调的，你两句话带过去了。结果对很不起眼的一个东西，却说个没完。第二，你所说的是错的。我印象很深刻，我本科的一个经济学老师，他解释一个概念，当时我觉得怪怪的，但是书上我也没看太明白。但是读研之后，我看了更好的经济学教科书。我才发现，原来他讲的是错的，就提出了一个最基本的要求，最起码你讲的这个东西是不应该让学生产生歧义的。

（G 老师—汉族—经济学—访谈）

我认为老师在批评学生之前，你要想想当老师的你讲到了没有，没有给学生讲到，你就直接批评学生，这是不对的。因为我当学生的时候，印象很深的一件事情是，我们历史方面有个叫历史文献学工具书，老师会把学生带到图书馆，边看书，边给大家讲。图书馆里有个阅览室，我记得我们班的同学一进去，就哗哗哗，抢凳子。阅览室的座位有限嘛，就想抢最好的位置，再搬凳子。后来，那个老师就开始吵我们了，你看你们多不懂规矩啊、多不懂纪律啊，来了就抢。大家就抢那些好的位置，坐前面的。在说了那一次之后，大家就再也不抢了。其实，可能大家就是新奇嘛，年纪又小，抢个位置。那个老师就说了那一次，大家以后就再也不抢了。我说，你老师没有说到，学生可能真的没有意识到。有的学生可能受教育的背景、生活的空间、环境、习惯，可能确实真不知道那是错的。他没有接触过、没有训练过或者平时没经历过，可能确实不知道。老师可能真的还要考虑到一些不同的情况，你给学生多说一句，或多提醒一些。

（F 老师—汉族—历史学—访谈）

从上述可知，在学生时期，老师不恰当的做法也会引发他们的思考和反思，对他们作为教师的教学方法、对待教学的态度、处理事情的方式会产生影响，在个人的生命中会留下印记。这些印记会影响他们对自己教育教学意义的建构，体现在个人的教育教学认知、理念和行动中。如 A 老师由于在学生时期有些老师对待教学"敷衍"的态度，使她在内心里"特别埋怨"老师，影响她对待教学的态度。F 老师和 G 老师在学生时期老师的一些不好的教学方式，他们对老师如何教学的期盼，会影响他们的教学标准。F 老师在求学时自己的老师教育学生的方式、对待学生的态度，在他内心产生了一种体验，这种体验对他作为老师后处理学生问题的方式产生了深刻影响。

（二）个人学习体验

教师通过反思个人在学生时期的学习经验和体验形成对教育教学的认识，这些学习体验会成为他们日后开展教育教学的行动策略。教师对个体学习体验所赋予的经验意义不仅会影响他们的教育教学方法和认识，而且有助于他们站在学生的角度思考问题。A 老师这样说道：

我给学生讲课的时候，我会想，我能听懂我讲的吗？因为以前老师们讲课的时候，在大部分情况下，我能听懂，但是我不知道前后课程有什么联系，我感觉似懂非懂。所以，我上课的时候，特别注重这一方面，怎样理解这个内容，这个内容与前面讲过的和后面将要讲的有什么关系。从这个角度，我会想得比较多，我就是先问我自己，我懂了没有。然后，我懂了的话，我如何讲才能让学生也懂。所以，我在教学过程中就比较注意这一方面，想要学生知道课程内容前后的联系，使学生系统地掌握知识。

（A 老师—哈萨克族—少数民族语言学—访谈）

在个人的成长过程中，我自己的学习经历对我的教育教学有很大的影响，特别是学习外语。少数民族人士一般是先要学习民族语。如果从小不是接受汉语教学，他就是从民族语开始，或者接受的是民族语和汉语同时进行的双语教学模式。我们那时候，三年级之前是母语，三年级之后是双语，就是这样一个方式。然后，在我个人的成长和学习过程中，首先要学好汉语，之后再学英语。在这样一个多语言的学习当中，我个人的语言学习过程对我现在特别是语言教学有重要的影响。除了教育教学之外，我经常跟学生交流，跟他们说怎么背单词，怎么在短的时间内提高学习效果，包括记忆的方法，还给他们提出一些对我个人非常有用的方法。

（J 老师—维吾尔族—少数民族语言学—访谈）

我刚开始上大学的时候，我也是很迷惑，直到大二的时候才大胆地摸索出来。那个时候我就在想："如果说我以后对一个本科生进行指导的话，尤其是对大一的学生进行指导的话，一定要告诉他们从大一开始干吗，而不是让他们自己去摸索。"

（C 老师—汉族—教育学—访谈）

M 老师说，她在上学的时候，班级里其他学生都不愿意举手回答问题，但她就特别喜欢举手回答问题，与老师互动。每次无论回答得对与错、好与不好，老师都会给予鼓励。所以，目前她在上课的时候比较喜欢与学生互动。

（M 老师—汉族—英语—备忘录）

从以上材料可知，A 老师的个人学习体验影响她的教学方法和对学生学习的期待。J 老师是典型的母语、汉语和英语的多语者，他对自我语言学习过程的体验，有助于他从学生的角度进行教学。C 老师自我的学习困惑与迷茫，影响他作为老师对学生的指导。M 老师在学生时期与老师互动的学习体验，使她喜欢使用互动的教学方法。

二　教师自身的教育教学经验

教师自身的教育教学经验是教师从教后在教育教学实践中积累和总结的关于如何教育教学的经验，教师能够从他们自身的教育教学经验中发展关于教育教学的知识。教师自身的教育教学经验在教育教学实践中不断地被巩固或修改，是发展新的教师实践性知识的"基石"。这一点从老师们的访谈中可以体现出来：

> 我的教学技巧就是这么多年教书的一种体验或者教书的一种总结，而且每届学生可能还都不一样。
>
> （B 老师—彝族—现代文学—访谈）

> 在进校之前，我接受岗前培训。具体的就是对于我们的教姿教态，教学需要注意的一些方面，进行相应的提醒，其实，这主要是一个基本的要求或者基本的提醒。但是在这种具体的日常教学活动中，肯定一千个学生有一千种不同的教法，反正就是你在教学过程中，对不同的班肯定需要自己去灵活掌握的。不可能通过这几天的岗前培训，就能够完全掌握教学的各种套路和方法，这是不行的。所以说，我们在相应的学习过程中，更多的是经验的积累。
>
> （C 老师—汉族—教育学—访谈）

> 我记得我刚当老师的时候，我是 1995 年硕士毕业留校工作，第一年就给历史系讲通史课，我讲明清史，就是在大二下学期讲。有一个学生就坐在第一排，他老趴着，他坐第一排趴着，有点像向老师挑战的味道。我那时候也年轻，他老趴着，他就在你眼皮底下，

他也不看你。我就是感觉很反常，我也没说什么，讲了两三次课之后，他始终就这么趴着，我就好奇怪。然后，我就问了一个学生，才知道这位学生是高度近视，人家在那就是为了听呢，闭着眼听呢。我想幸好没说人家。这是我一直记了二十多年的事情，是这么一件事情。学生，你不要马上批评他，不要轻易批评。对民族院校的学生，他真的有可能不知道、不了解，应对学生多一点包容和理解。

（F 老师—汉族—历史学—访谈）

第二节　职业情感及能动性：教师实践性 知识发展的"内驱力"

教师的职业"内驱力"是教师关于教育教学的情感和信念、职业发展的内部动机，影响着教师对待教育教学工作的态度和投入教育活动的程度，推动着教育工作的实施，决定着教师实践性知识发展的积极性、主动性。就本书而言，教师的职业"内驱力"主要体现在教师的职业情感和能动性两个方面，具体包括教书育人的责任感、对待学生爱的情感、教师能动性。正是这些内驱力的存在，才能够推动教师的教学能力不断提高，实践性知识才有持续发展的可能。

一　教书育人的责任感

教师责任是社会及其群体对教师个人职业角色的期望，教师对这种期望的认同与承担就是教师责任感。[①] 如果教书育人是社会对教师个人职业角色的期望，那么民族院校教师对自己的教师职业角色是如何定位的？他们是否认同与承担起社会对自身职业角色的期待？教师责任感在教师实践性知识发展中起着怎样的作用？本书从老师们的言谈中可以得出，教书育人的责任感是教师实践性知识发展的关键内驱力，是教师教学发展的内在驱动力。

---

① 叶澜等：《教师角色与教师发展新探》，教育科学出版社2001年版，第55页。

除了老师自身外，学校给你创造的教学环境也非常重要。比如说，像我们的奖励办法中就没有教学这个内容，全是科研，科研占了99%，所以很多老师开始不认真对待教学了。但是，我还是会把教学作为很重要的一部分，因为我更关心的是学生，希望他们能学到一些东西。我觉得大学老师最重要的职责是上课，因为你在教育学生，如果我没有教授给学生应该知道的知识，我会很惭愧。我特别希望学生将来走上社会以后，社会上的人士会认可我们学校，认可我们这个学科的教学。

（A老师—哈萨克族—少数民族语言学—访谈）

"大学老师最重要的职责是上课，因为你在教育学生，如果我没有教授给学生应该知道的知识，我会很惭愧"，这是A老师对自我教师职业的要求，她将教书育人的责任感作为教师职业最重要的职责，教书育人的责任感使其潜心教学。

每一届学生都让我思考这个问题，我怎么样把这个课讲好。我有时候也会觉得乏味，就是那些东西，你怎么样能把它讲得那么生动、那么好，这是很难的。难就难在，你面对的学生经常在挑战你，不是我挑战他们，是他们挑战我。有教无类，你不想放弃。你希望他们四年跟你学这门课，能学到东西，那么这个怎么样每年都有突破。但是有一点，我觉得教无止境，你只要认识到这一点，你就能把书教好。客观上的效果，不要管它，但主观上你一定要努力，一定要对你的职业、对你的学生负责任，这就是教无止境。教学，你可以像说书一样讲得天花乱坠，你也可以像梦一样讲得很严谨、很缜密，那么就看你对谁讲，教学是你自己要去把握的，每一届学生都不一样。

（B老师—彝族—现代文学—访谈）

我觉得我也要成熟，我也会成熟。就是说，如果当初我将教师仅仅当作一种职业，虽然也是喜欢做它，但是毕竟还有兴趣在里边。

那么今天我很有职业的想法，这个职业就是你确实要承担起职责，你要如何教书，如何把书教好，这个当中不就有困惑嘛，就是你要传递的是知识，要传递思想，你还要传递一种情怀。在这个过程当中，就是你要把这些东西慢慢地渗透。所以我觉得这就是我现在的一个体会，就是你越来越有职业的这种精神，越来越热爱你的职业，而且一直在思考这个职业所赋予你的职责。所以我说教无止境。

我经常思考问题，我从来不会应付上课，应付我的学生。我不开这门课，那我就不上这课。如果我要开这个课，那我就要把这门课上好，而上好的一个标准，除了技术性的标准以外，就是你要传递什么东西给学生。我经常听我的学生说，觉得大学也学不到东西，我估计这是中国教育的一个问题，那学不到的东西，在哪些方面呢？我现在具体承担这门课，我要怎么把它讲好，我就觉得要慢慢地深入探讨，去认识这个问题，然后一点点地去做。在大环境不太配合你的情况下，你自己主观上要能动地做好它，这个我一直都在做。我确实经常感觉教书其实很难，如果你不想应付，它就很难。你怎么样把这个东西讲好？

（B 老师—彝族—现代文学—访谈）

"教无止境""主观上一定要努力""一定要对你的职业、对你的学生负责任""要承担起职责""要传递的是知识，要传递思想，你还要传递一种情怀""我从来不会应付上课，应付我的学生""你自己主观上要能动地做好它"等，这些都表明了 B 老师对教师职业的思考和情感，她对教学的自我评判标准和要求，她教书育人的自我责任感。

从我个人的角度来说，我觉得教书育人是一个老师基本的使命。你既然选择了这份工作，就要认真对待。不是说好好对待教学就证明你人格有多么高尚，我觉得不是那回事。我觉得作为一个老师，就要做一个合格的老师，如果你上课都上不好的话，你凭什么成为一个老师？有些老师把所有的精力都放在科研项目上，在外边挣钱上。但我觉得这不能说你不好或者怎么样，但是我觉得至少在

做老师层面上你是有缺陷的。我不想有这个缺陷的话，我就要做好
自己该做的事。

（G 老师—汉族—经济学—访谈）

我还是比较重视教学的。因为教师是教书育人的，是高校老师
必须做的一件事情。当然科研也非常重要，但是你把科研作为全部，
很容易出现问题。

（J 老师—维吾尔族—少数民族语言学—访谈）

我做事比较认真，责任感是第一位的，再重要的就是兴趣。我
一般下课以后还会琢磨这事儿。我过去都很仔细地写教案，现在可
以不写了。但是，每次上完课都有不同的感受，我的教案都是用红
笔批注，教学相长嘛。

（P 老师—汉族—数学—访谈）

G 老师说"教书育人是一个老师基本的使命"，J 老师讲到"教师是
教书育人，是高校老师必须做的一件事情"，P 老师强调"责任感是第一
位的"，这些都表明他们对待教育教学工作的态度。老师们对待教育教学
工作的积极态度——教书育人的责任感，是推动教师实践性知识发展的
内驱力，决定着教师教育教学工作的成效。

二　对待学生爱的情感

柏拉图曾将爱视为一切道德和精神进步的基础，甚至是一种非常特
殊的普遍的本性。[1] 同时，柏拉图将教师活动的基本动力归为爱。教师对
待学生爱的情境并不只是责任和义务的产物，而是师生通过接触、了解
和交流后，出自内心深处的一种悦纳学生的内心体验，是心甘情愿的付
出，是一种想到自己学生的存在就产生的愉悦或关切、关注。[2] 老师们在

---

[1]　叶澜等：《教师角色与教师发展新探》，教育科学出版社 2001 年版，第 57 页。

[2]　叶澜等：《教师角色与教师发展新探》，第 57 页。

其言谈中就表露出他们对学生教育爱的情感。

> 我本人是少数民族，所以我对少数民族是很有情结的、很有情感的，我觉得这就是我与生俱来的、不能割舍掉的一种情结吧。所以我觉得这种文化，对我而言，在我的教学工作和生活当中影响很大。我也一直以我自己是少数民族而感到很自豪、很骄傲，能跟我们的少数民族孩子在一起完成人生的这样一个过程，我也觉得很有意义。从内心来讲，我很爱我们的学生。我也觉得孩子们到这个地方来学习，他们的朴实品质，还有他们对学习的那种渴望，都带有少数民族自身的那种烙印或者少数民族自身的一种文化的东西，这是我觉得我们的孩子很好的一个方面。
>
> （B 老师—彝族—现代文学—访谈）

B 老师自身是彝族，她一直给藏族学生上课。B 老师对学生"孩子"的称呼，反映出她对学生的爱和包容。在课堂观察中，笔者可以感受到她的言语、表情、实际行动中都充满着对学生的喜欢和包容。

> 我觉得有一点很重要，你要爱这个学生。这个爱，因为在这种情感的驱动下，我就会有耐心，我就会很愿意给学生改东西，我会增加很多的负担，是因为我有这份感情，我需要这些学生在我的努力之下，获得他们在大学当中的一个教育的标准。那么，爱从哪里来？我看到我的学生瞪着大眼睛看着我，他们对老师的那种渴望，这是我在民族大学教书的一种感触。我在给我们学生教课的时候，我觉得除了老师这个职业以外，还有对人的一种情感在里边。我爱我的学生，爱我的职业，我的学生也爱老师，也喜欢那个老师，所以你就会有耐心，你就会发自肺腑去践行你那份职责。在教学环节上，耐心也好，我觉得对民族地区的孩子有一种爱在里面。就是因为你看到学生来自那个地方，来到一个这样的高校，他对这种文化、对老师、对知识有种渴望。我从他们的眼睛里面，还有他跟我交流的时候，那种吞吞吐吐、羞涩腼腆的话语当中，你自己不自然地油

然生出一种感情。你觉得你应该有这种职责，去亲力亲为地教好学生，这是一个体会。

（B 老师—彝族—现代文学—访谈）

职责是有弹性的，爱是无边的。B 老师对学生爱的情感转化为其行为，最直接的体现就是她对学生的关心和耐心。她对学生的爱会驱使她无怨无悔地付出，希望学生能够在自己的努力之下学有所成，而学生的淳朴、羞涩和对知识的渴望，也深深影响到 B 老师对学生爱的情感。这种对学生的爱，使她发自肺腑地履行教师的职责。

我经常这么想，我也有儿子啊，我也有孩子，就是你得看这些学生就像看待自己的孩子一样。就是说，如果我的孩子送到我这里来，教育他，我就会真心实意地帮助他们。对待这些学生，其实也一样，它就是一个换位思考，就是说家长把孩子送来了，孩子选了这个学校，它是一份职责，你真的是不能让任何一个学生掉队。我一年一年地带那么多学生，当老师还是问心无愧吧。我感觉教育就是一种责任，教育是一辈子的事情。所以，在教育这件事情上，我是从来不含糊的。像对本科生，这么忙了，学生来找我了，我还会指导。像我的学生，我也不打圈圈指导，都是一对一的。他们约好时间，一对一地指导。不同年级不一样，每个学生都不一样。我想教育，它还真的是影响人、影响一代人、影响几代人的事情，这个含糊不得。

（F 老师—汉族—历史学—访谈）

F 老师将学生看作自己的孩子，像对自己的子女一样有着自然的爱的流露，认为教育好学生是一份责任。在解决学生问题方面，他总是站在学生的立场上考虑问题，不断地开导和劝说，为学生的发展着想。他说："其实就是对学生来讲，哪怕有百分之百的罪恶，也不能一棒子打死，还得想办法解决。"

三　教师能动性

教师能动性是人的主观能动性的一种表现形式，是教师通过努力才能达到的一种状态。[①] 它也是教师不断地自我完善和自我发展的意识。教师在教学发展中发挥的能动性的程度不尽相同。教师能动性是教师自主提高教学素养，改善教学效果，发展实践性知识的内在驱动力。从多位老师的访谈中可知，教师有追求高质量教学的强烈意愿，具有自我完善和发展的能动性，对教学改革和实践性知识的发展始终保持开放的态度。

> 我就是读书，我读很多人的书，读就会读出标准来，我自己也买很多书。比如说，关于我自己的专业课，有哪些人出了哪些书，我肯定要买来读。它好不好，我可能要先读一下，然后我才知道别人怎样上课，别人在课上的观点是什么，我应该介绍给学生。我有时候还会看一些视频，就是把某些课的某一部分拿来看，我就要看看他那个观点怎么讲，或者说他的一种思路。全国讲文学课讲得好的人，我几乎都要看一下他们的东西。
>
> （B 老师—彝族—现代文学—访谈）

B 老师有较强的能动性，不断学习，夯实和更新知识，提高自我的教学能力。她通过阅读主动地自我提升，结合自己的教育教学实践，对理论知识加以思考和感悟，而这些思考和感悟又会促使她对学科知识和如何教学有新的理解和认识，不断修正、调整她的教育教学理念和行为。她对自己的教学有很高的效能感，说："我很自信，上课从来都是这样的。就是你会带着一种思维、一种标准进教室，思考你教学的这个标准拔高了没有。"

F 老师从教 20 多年以来，一直严格要求自己，求新求变，不断学习，不断更新教育观念和知识，不断自我提升。在对 F 老师的访谈中，他多

---

① 高雪松、陶坚、龚阳：《课程改革中的教师能动性与教师身份认同——社会文化理论视野》，《外语与外语教学》2018 年第 1 期。

次谈到老师需要不断地学习与提高、更新观念和知识。

　　说实在的，从自己的学习收获来讲，讲前三遍是收获最大的。因为你要形成一个讲课的知识体系，必须大量地读书，在你读的时候收获就特别大。当你机械地一遍一遍讲的时候，你会感觉很乏味。这也是对自己的一个要求吧，就是我不想在那里读我的讲义，所以我为什么要不断更新课件、更新知识。

　　（F老师—汉族—历史学—访谈）

　　我感觉课能讲到三四遍，这个课，我基本上就可以驾驭了，之后再琢磨着更新花样啊。其实学生是在不断流动的，你可以用一个教案一直讲下去。但是，说服不了自己，所以要不断更新知识。

　　（F老师—汉族—历史学—访谈）

　　我认为当老师要不断学习、不断更新自己的观念和知识。实际上，我讲了那么多遍了，我讲课之前一定要花上半个小时、一个小时去更新知识。我首先要能够打动我自己，更新我自己的观念，我才能够保证使我自己投入教学中。如果我自己都没有激情，这课简直就没法讲了。所以，还是要不断更新自己的教学观念和理念。

　　（F老师—汉族—历史学—访谈）

　　教育是超前的，永远不可能只讲你自己学过的，这就是说一个老师要有不断学习的能力，捕捉问题的意识。所以，现在老教师有责任心的话，他在上课之前，需要准备几个小时，再梳理一遍第二天的课怎么讲。像我的博导就是这样，每学期就上一次课，他在上课之前三五天，让我们不要打扰，提前备课，他会重新再写一遍。

　　（F老师—汉族—历史学—访谈）

　　教学，就是积极向善，"君子比德"，老师都会不断地提高自己。其实很多老师都会在意自己的名声，比如学生给老师打的分，他都

会在意的。打低了，有的老师会来找我，"怎么打这么低啊"。老师
还是很爱惜自己的名声的。

（F 老师—汉族—历史学—访谈）

教师所采取的能动性的"行动"与选择自我提升的途径，与他们自
身的经历和资源有关。G 老师主动寻求母亲的帮助，不断地思考与实践。

我妈是高中政治老师。刚当老师那两年，我就经常会问我妈，
"我觉得我讲这个东西，感觉好像学生的反馈不是特别理想。我跟你
讲十分钟，你觉得我的问题出在哪？"然后，我妈听了，会从她的角
度提出一些建议。我觉得这个挺好，但这基本也是前几年，后来我
就开始不断地进行调整。比如说，具体理论方面、例子方面，所占
的比重到底是多少？讲到一个知识点的时候，如果正好有最近发生
过的一些比较热点的社会事件，那么我就把它引进来与理论相对照，
等等，慢慢就变成今天的讲课风格。

（G 老师—汉族—经济学—访谈）

教师根据自身的需求，利用自身的环境条件，选择适合自己的提升
途径。N 老师通过旁听其他老师的课程，提升自我的教学能力。

不会教的时候，天天去听课。最早的时候，同一门课，听两位
老师上课。一直跟着这两位老师，听了大概有两年的课。一位老师
讲的内容，特别大，讲框架；另外一位老师讲具体的、比较细。每
个人都具有自己的教学风格，教无定法。

（N 老师—蒙古族—计算机—访谈）

教师能动性与教师职业身份认同有着紧密的联系。[①] M 老师在自我职

---

① Jing（Peter）Huang and Phil Benson, "Autonomy, Agency and Identity in Foreign and Second Language Education," *Chinese Journal of Applied Linguistics*, Vol. 36, No. 1, 2013.

业发展中会产生怀疑与困惑，积极主动寻求自我的成长和职业的发展。

> 我在工作的前三年，对自己工作的怀疑和困惑其实是越来越多的。等到上一波学生的时候，是我对自己的怀疑整个大爆发的一个过程。那个时候觉得自己的职业认同感非常低，我觉得这样不行，我需要改变这个方向，我需要在这个学术圈里找到自己。所以，我开始进行一些尝试，去听一些会议，听一些大咖的讲座。那是在2018年4月，2018年暑假的时候，我差不多用了一个月的时间，去Z外国语大学的研修班，两三天那种。那个过程其实也是自己胡乱地选择听哪个研修班，自己感兴趣的课程。如果对这个不感兴趣，我就不再做研究了。我听来听去都是对自己教学的研究，然后这个口子就慢慢收紧。Z外国语大学那边也可以上课，找到对口的导师之后，就慢慢走上这条路，其实是在工作中慢慢地找到了自己的兴趣点。
>
> 我自己在困惑的过程中反复地思考，我该教给学生什么，其实也就是这个问题我不知道该把学生教成什么样，我自己也在想。我得出的结论是，我觉得他们应该是有学习能力的人，有思考能力的人，有批判性思维的人，这些是对我自己来说的。
>
> （M老师—汉族—英语—访谈）

通过上述分析可知，对于青年教师，他们有自我职业发展的意愿，有解决问题的能动性，才能获得职业胜任感。对于成熟的高校教师，他们对教学尽善尽美的追求更多的是出于职业的责任感和自我发展的能动性。当教师认为应该去改变，并且有主动改变的意愿时，教学实践的改变和实践性知识的发展才有可能。教师职业发展的能动性是教师实践性知识发展变化的重要内部驱动因素。

第三节　教育教学实践与自我努力：教师 实践性知识发展的"转换器"

教育教学经验以及强烈的职业情感和能动性的内驱力为教师实践性

知识的发展提供了内在的可能性，但教师实践性知识的发展更需要教师实际的教育教学实践，将发展的可能性转变为现实。教师在教育活动中会遇到各种各样的问题和困惑，通过教师的自我探究、实践和反思、教学研究解决问题，积累教育教学经验，将自我的教育教学经验提升为实践性知识，教师所需要的实践性知识逐渐得到发展。从这个层面上说，教育教学实践与教师的自我努力是将教师实践性知识发展的潜在可能性转变为现实的"转换器"。

一　自我的探究

"探究"是思考与行动交相缠绕的一个促进疑惑转变到释疑的过程。① 教师在教育教学过程中不可避免地会遇到各种各样的困惑，也面临着多方面的挑战，如何实现自我的成长与发展。他们基于原有知识和经验，主动发现和探究，不断建构或完善已有的知识，从而提升自我的教学能力。通过资料分析可知，教师的自我探究是教师实践性知识发展的重要途径。

> 我的教学经验也不算特别多，但是我一直努力想要突破原来的一些教学方法。正在尝试，比如怎样互动才最有效，并且让学生喜欢这种互动的方式，我一直在努力。我觉得我们需要这方面的培训，特别希望学校能有这样的一些培训。
>
> （A 老师—哈萨克族—少数民族语言学—访谈）

A 老师是 2014 年博士毕业后进入 W 民族大学的青年教师，她一直在尝试新的教学方法，努力突破已有的教学方法，以使学生更加有效地参与到课堂的学习中。

> 去听别的老师的课，去准备自己的教案，在课堂上跟学生的接

---

① ［美］唐纳德·A. 舍恩：《反映的实践者 专业工作者如何在行动中思考》，夏林清译，北京师范大学出版社 2018 年版，译者序第 7 页。

触，你会发现实际上很多东西跟你原来想的不太一样，然后逐渐地在学习的过程中，发现原来这个讲课过程是这样子的。它就跟你原来所想象的东西好像有点不太一样。所以说，这其实也是一个逐渐成长的过程。刚开始你可能会觉得大学教学是这样子的，实际上后来发现不是这样子的，也有很多东西是需要自己去打磨啊、去改进的。

（C 老师—汉族—教育学—访谈）

C 老师来到 W 民族大学工作之前，做过中小学教育阶段学生的兼职教师，这为他在 W 民族大学的教育教学工作积攒了经验。但由于教授对象的不同，他也在教育教学中根据实际情况改进自己的教学。

你得不断地吸取别人的长处，当然也得自己总结方法，怎么把课上好，但这也没有什么定论，你得自己探讨怎么能把这课讲好。

（N 老师—蒙古族—计算机科学—访谈）

我觉得既然是在一个教师的共同体里面，善于学习，善于反思，自然会从不同的人身上去学习，汲取一些养料。但你不要想着别人的东西拿来就能用，这肯定是这样的。你看着很好的东西，你也得看看，你适不适合，能不能适用。所以，做学问是自己的，其实教学从理念到方法也是自己的，都是需要个人去做摸索，然后找到你和学生双方都很舒服的这种方式。

（O 老师—汉族—新闻与传播学—访谈）

N 老师和 O 老师都谈及在学习别人经验的同时，关键是要自己探索，找到适合自己和学生的教学方法。

老师个人的准备是最重要的，这个因素、那个因素是次要的。在平常备课的过程中，寻找一些好的教学方法，这个可能比其他都重要。教学方法跟课程的内容是有关系的。当老师嘛，就是自己好好上课。

（L老师—藏族—藏族文学—访谈）

我也慢慢摸索、反复试验，在课堂教学中发现问题，再改进自己的教学。

（L老师—藏族—藏族文学—访谈）

L老师讲到教学方法是与教学内容相关的，个人在教育教学中发现问题，从而改进自己的教学，这在自己的教学改善方面是最重要的。

F老师也认为，教学需要自己去探索、摸索、总结经验。

当然，这个教学真的有一种技巧，你需要琢磨，需要锻炼，摸索经验。有的人教学比较上心，尤其是现在学校比较重视科研的情况下。

（F老师—汉族—历史学—访谈）

自己摸索，总结得多了，就会慢慢地发现。

（F老师—汉族—历史学—访谈）

二 自我的反思与实践

在教育教学活动中，教师对自我实践过程进行反思，通过反思与实践获取教育教学经验，教育教学经验在实践中得到评估和验证，从而建构教师实践性知识。如果教师没有对其亲身实践的自我反思，则从教育教学实践中学到和改进的内容是十分有限的。教师的自我反思与实践是积累教育教学经验并将其提升为教师实践性知识的重要环节。对许多老师的访谈也都体现了反思和实践在教师实践性知识发展中的重要作用。

我现在回头想一想，感觉还有很多方面做得不够。比如说我没能跟他们（学生）成为特别亲密的人，而是成为他们害怕的人。以后，我会严格，但可能会用更亲和的一种方式，这样他们可能会更愿意跟我交流，表现出更为真实的自己。因为我想知道他们真实的想法，而不是敷衍我。

（A老师—哈萨克族—少数民族语言学—访谈）

笔者在与A老师的交谈中，她也不断地反思着自己的教育教学行为，反思不足，并寻求更为合适的教育教学方法。

自己会有很多的反思。每次在上完课之后就会想学生在这堂课里面对哪些东西非常感兴趣，对哪些东西不感兴趣，那么下堂课是不是应该穿插一些学生比较感兴趣的东西，来调动学生的积极性。然后还可以设计什么样的环节，动动大脑去思考一下，哎，这些还是挺不错的具体的实例。其实，整个就是一个不断改进、不断提升的过程。

（C老师—汉族—教育学—访谈）

作为一个老师，就是说你可能要根据孩子的状况来教，而不是根据你的状况来讲。你理解，他们不一定理解，那怎么能让他们理解呢？尤其是在我讲得不太顺畅的时候，讲了半天，觉得他们好像没听懂，上完课就会琢磨这件事情。

（E老师—汉族—数学—访谈）

课前、课后都需要反思。对教材的反思、对方法的反思、反思自己。比如，学生迟到，就像本来把车发动了，开着往前走，堵住了，又发动，又往前走……这样反反复复地会影响教学，就会严格要求上课纪律。比如，学生看上去没多大兴趣，就要抓住学生的兴趣点，将课程内容与学生关注的事情相结合。总结与分析每一堂课的效果好与不好的原因。使用不同的教学方式，并比较不同教学方式的效果。比如，我刚开始教学的时候，比较注重课堂上的讲授，但是后来觉得与学生互动也很重要。与学生互动，可以调动起学生上课的积极性，提高学生听课的注意力，使学生参与到课堂中。

（L老师—藏族—藏族文学—访谈）

最主要的是我自己在不断思考，然后得出一些基本的改变。因为你总在想："我在上课过程当中，我想达到什么样的目的？我通过什么手段可以实现这些目标？"这个东西如果你自己不思考的话，是没有人告诉你现成答案的。

（G 老师—汉族—经济学—访谈）

慢慢地总结出来的，我们在哪些方面需要多加注意？面对不同的对象，我们能不能做到因材施教，能不能想办法调动他们的积极性？

（I 老师—壮族—少数民族语言学—访谈）

自己在这个过程当中会琢磨，会不断思考、反思，有一个教学经验的不断积累。上完一堂课，我的教学效果怎么样？学生怎么样？我会思考一下。有时候上课我觉得比较有激情，有激情的原因在哪儿？在备课的时候，会设身处地地想一下这个点用出来后会起到一个什么样的效果。

（K 老师—汉族—民族理论与政策—访谈）

我觉得自己的反思和摸索很重要。今天状态不好，你上完课后，自己都会垂头丧气，真的是这样子的。今天你上课上得很好，学生的互动也很好，大家特别合拍，你今天就会很愉悦。对教学很投入的老师，他的这种反思是随时进行的，他的总结也是随时进行的。所以，教学是一个无穷尽的投入，它是一个良心活儿。

（O 老师—汉族—新闻与传播学—访谈）

在实践当中会有新的想法，这些想法一部分来自看到的一些东西、文献。另一方面，我会觉得比较多的是在与学生的互动中发现的一些问题。发现的一些和我预想的不同的一些情况，这些情况特别能引发我的思考、引发我的反思。在教学中不断尝试。

（M 老师—汉族—英语—访谈）

通过上述可知，大多数老师在课后和课前会对学生的学习兴趣、听课的积极性、课堂的参与度、理解课程内容的程度、教学目的和教学方法以及自我的教学状态等方面进行反思。

三　自我的教学研究

教学研究是教师运用科学的理论和方法，发现和探讨教学问题的过程。作为教学活动的直接实施者——教师，对教学往往有着比较深切的体会，他们对教学的实施更有话语权。如果教师能够亲自对自我的教学开展研究，将会是教师实践性知识发展的直接路径。J老师和M老师两位青年教师倾向于将教学研究与自我的教学相结合。

> 我个人将自己的科研和教学结合起来，针对教学上的一些问题，尝试着用科研上的一些成果来改善教学。教学方法上的一些新的发现，我用不同的理论来解释，使它产生有用的结果，我再继续使用这个实验结果。有些好的方法，我继续使用；不好的，我就避免使用，我尽可能地进一步完善我的教学。如果我只进行教学，不总结，不做这样的一个科研，教学只使用同一个模式，我的教学就没有进步和吸引力。
>
> （J老师—维吾尔族—少数民族语言学—访谈）

> 教学与科研的关系是相互促进的。教学的实践做多了会有很多困惑，也会有很多疑问，这个时候我觉得可以从理论当中寻找答案。研究很多东西会有很多新的想法和理论，这些是需要在教学当中实践、探索的，我觉得是很能互相促进的。对我来说，我还是挺开心的，自己从翻译方向转成外语教学研究。
>
> （M老师—汉族—英语—访谈）

教学研究是教师实践性知识发展和教师教学发展的科学、有效的途径，但通过研究可知，只有两位老师谈到对课堂教学的研究，教学研究在老师们的教育教学中还未受到充分重视。这在L老师的话语中也有所体现：

> 大学做教学研究比较难。每个人都有自己的发展。
>
> （L老师—藏族—藏族文学—访谈）

第四节　社会文化环境：教师实践性
知识发展的"作用力"

社会文化理论强调人类的认知和心理机能的发展离不开社会文化环境的影响，教师实践性知识发展是人类认知发展的一部分，也必然受到社会文化环境的影响。教师个人对社会文化环境的理解和回应推动或制约着教师实践性知识的发展。教师实践性知识受到社会文化环境的塑造，社会文化环境对教师实践性知识发展产生一定的"作用力"。通过数据分析可知，影响教师实践性知识发展的社会文化环境因素主要有人际因素、职前和在职培训、学校文化环境和国家教育政策。

一　人际因素

人际因素，如同行专家、同事、学生等，在教师实践性知识发展中有重要影响。教师在与同行专家、同事、学生的交往互动中建构和发展自身实践性知识，从而促进自身教学发展。

（一）与同行的交流

教师认为，与同行的交流是知识发展的重要途径。A老师谈到与国外同行专家的交流，借鉴国外的教学经验。

> 我们系里经常来外教，会让那些老师们给我们开展一些讲座，谈一谈他们是怎么教哈萨克语的，他们会跟我们讲很多。哈萨克语在哈萨克斯坦是一门非常重要的课程，那边哈萨克语教学的体系已经很完善了，也有很多人投入较多心血去研究怎么教哈萨克语。所以我慢慢地意识到，应该考虑参考哈萨克斯坦那边的教学方式。我会参考他们取得的一些成绩，比如他们是如何教学的、哈萨克语的

高频词汇有哪些。

（A老师—哈萨克族—少数民族语言学—访谈）

D老师、J老师、E老师谈到在与其他老师的交往和交流中，其他老师对待教育教学的态度、优良的品格、教育理念对他们有一定的影响。优秀教师的言传身教在教师实践性知识发展中起到了潜移默化的影响。

> 我印象最深的是，我刚参加工作的时候，老教师对我的传帮带。他们不是有意的，而是自己就是那么做的，是我看到的。因为我刚来的时候，也是马大哈，不够细心。我们单位的李老师，有一件事对我印象很深，他在算研究生成绩的时候，拿着计算器一点一点地按，甚至算到小数点后面两位数。我说："李老师，你没有必要。"但他很认真地跟我说了一句话"分数是对学生最后的一次公平，到社会上你可能就没有那么多公平可言了。"这一句话给我的印象太深刻了。

（D老师—汉族—历史学—访谈）

> 有些老教授，××老师，我听过他的课，也听过他的讲座。好多次我跟他本人在校园里也接触过、聊过。我发现他为什么是教学名师。我就发现××老师非常平易近人，是用人格来影响学生的一位老师，他平时非常和蔼。可以说，我从××老师那里学到了不少做老师的理念。

（J老师—维吾尔族—少数民族语言学—访谈）

> 我们有几个老师真的特别敬业，他们那种敬业精神，就让你觉得你做这件事一定要全心全意地投入。他们做事特别严谨，也特别付出，对学生也特别好。他们对我们还是挺有影响的。

（E老师—汉族—数学—访谈）

G老师、I老师谈到与同事的交流、互相听评课，对自己教学有帮助。

> 有的时候，我们会私下聊天。比如说，这学期《国际经济学》的课是由三个老师一块儿上的。当然次数不是很多，我们有时候也会坐下来简单地聊一下，上课进度到哪了，对这个问题，你怎么讲，等等。其他老师的经验对我来说是有帮助的。
>
> （G老师—汉族—经济学—访谈）

> 教研室老师之间要互相听课的，这门课上的怎么样？学生反映怎么样？每一门课，每个学期都有，都有负责听课的老师。除了教研室，我们系里边的老师、领导也偶尔会听课。我们在哪些方面需要下点功夫，知道自己在哪一方面有哪些不足？期末的时候，系里面可能跟学生有个座谈，会对任课老师提供一些反馈意见。通过这样两个方面，找到我们自己的不足。
>
> （I老师—壮族—少数民族语言学—访谈）

O老师指出，外出与同行的交流有助于教育教学的改善。

> 外出的一些交流也很重要。有的时候到别的学校去听听人家怎么做课程设置，人家怎么做教学研讨，这些都很重要。别的学校怎么做专业评估、专业认证，我觉得这些都会有影响。
>
> （O老师—汉族—新闻与传播学—访谈）

(二) 师生互动体验

学生是教师教育教学工作所面对的主要对象，学生的活动会反作用于教师的教育教学。教师与学生的互动体验是教师反思和调整教育教学行为的重要外部因素。教师的教学行为和决策受到他们在课堂上所观察到的学生反应的影响，学生的反馈和反应改变着教师的教学行为。在教师实践性知识发展中，师生互动体验发挥着积极或消极作用。这在多位老师的访谈中都有清晰地体现。

> 我也一直在思考，一直都在变化。我有时候上课是很郁闷的，觉得很乏味，但是有时候上课又觉得很开心，觉得很幸福。我去年上个学期给一个班上文学课。这个班有几个孩子特别容易提问题，特别敢提问题，我就发现我这个课上得很好。好，就是它不是老师机械地在讲一个问题，而是把这个问题给它讲得很活，而且拓展了。在我看来，就是文学的那种丰富性，还有文学老师要传递的那种精神的东西，在那个课上就得到体现了。我觉得一方面是老师要重视，对每一节课你都要重视、要设计。另外就是要跟学生有关系。

> （B 老师—彝族—现代文学—访谈）

> 当然，学生读书的积极性对我还是很有触动的。这个课，我们学生的水平是参差不齐的，有些学生确实在思考一些问题，他也会提出一些问题。那么，我就想，原来学生还需要这个东西，我就要把这个东西系统化地告诉他们。

> （B 老师—彝族—现代文学—访谈）

> 有的时候，你会发现学生思考的一些东西，可能是你在教学过程中没有考虑到的，有些学生讨论的问题是比较深刻的，或者有些时候你会发现，你讲的一些理论性的东西，可能实际上跟学生遇到的事情是有出入的……就是教师跟学生之间相应的这种互相学习的同步提升。因此，我感觉大学老师最大的挑战就在于你必须保证你自己的知识面比较宽，否则的话，你是没有办法让学生完全信服你所说的东西的。因此，在这种情况下，就必须增强知识储备，还有知识的这种量。

> （C 老师—汉族—教育学—访谈）

> 教学这个东西，你还真的是要用心、要投入，你得喜欢它，但

这种喜欢有时候可能来自学生对于知识的渴望和对于老师的索取。比如说像我，就感觉当老师在两个时刻是最有成就感的。第一，大一的学生，他的眼神，用那种期盼的眼光、很干净的眼光看着你，你感觉你必须对得起他。第二，我给老年大学讲课，那些老头老太太们，不停地问，问各种问题，记得很认真。你感觉你不认真，就对不起人家。你看到大三大四的学生那种漫无边际的目光、游离的，你自己都很伤心。所以，当老师的成就感可能来自被教育者。当然这要有一个良知的，你要感觉到这些。

（F 老师—汉族—历史学—访谈）

我接触所有的学生，他们对于一些东西的掌握和认知都在发生变化。比如，其实现在很多学生，就像讲的东西，他可能有疑惑，觉得没听懂，他的第一反应不是来问你，而是直接百度。所以，现在很多学生在记笔记的时候都拿 iPad 记。就 iPad 而言，如果遇到什么问题，直接就在上面一圈一复制，然后直接百度，开始搜索。说实话，这对老师提出更高的要求。所以，这要求老师对各种知识点有着更清楚地把握和了解才行。所以，你得根据他们的反馈来调整你上课的节奏和内容。另外，这对上课的整体质量也提出了更高的要求。

（G 老师—汉族—经济学—访谈）

通过老师们的上述叙述可知，教师与学生之间的互动是"教学相长"的过程。学生学习的积极性、学生对知识的渴望、学生学习的状态等都会影响教师的教育教学情感和教学决策。

（三）学生的评价和建议

教师的教学对象是学生，学生的评价和建议对教师教学行为的调整、完善起着直接作用。B 老师通过主动与学生交流，获得学生对自己教学的建议和反馈，逐步调整教学。

每当我讲完课以后，只要是我教新一届的学生，我就要用不同的形式获得学生对课程的反馈。一种形式是，闭卷考试试卷的最后一道题，让学生谈谈对这个课的改进意见。这道题没有分，但要求必须做。还有种形式，比如说班级有30个学生，下课后我会留下来五六个学生，这五六个学生是平时在很多方面有交流的和没有交流的不同的学生，让他们谈谈对教学模式的建议、教学方法的改进和有什么样的好的想法，这样我就逐步地调整。每次我教新的一个班，最后都要做这么一个收尾工作。了解一下他们对教学方法、教学模式的意见，还有没有觉得有哪些需要完善和补充的东西。这样我就逐步地调整。我会一点点去做。

（B老师—彝族—现代文学—访谈）

我问一个学生关于作品的选择问题。因为作品太多了，到底选谁的？他说："老师，既然我们一节课只能讲一位作家，那么作家作品很多，我们就不要选一个作家的多篇文章来讲。"比如说，沈从文，我们有一次讲两篇，给学生推荐好多。他说："我们就讲一篇，然后再把时间留给别的作家。"我觉得这个建议还是很好的，因为对他们来说，实际上他们需要一个很大的知识面。

（B老师—彝族—现代文学—访谈）

W民族大学在每一学期的课程结束后，学生都需要在教务系统上填写对任课教师教学的主观评价。老师们提及学生的评价是改善教学的重要参照。

每年都有学生评教，学生评价也是一种督促。

（I老师—壮族—少数民族语言学—访谈）

来自学生的评价也很重要，就是在学生的评教系统里面，学生会给老师做一些反馈。说实话，这些反馈虽然是很私人化的，但它对老师还是有触动的。大部分老师还是会看学生对自己的评价，并且做一些思考。比如，学生在里面提到的作业量过多，或者任务难度太大，或者上课不够系统……我觉得老师一定会反过来反思自己的教学的。来自学生的评教，我觉得是很重要的一方面。

（O 老师—汉族—新闻与传播学—访谈）

学生对我的评价，我也是每年都会关注。

（K 老师—汉族—民族理论与政策—访谈）

二 教师培训

教师培训能够帮助教师形成基本的教育教学信念，了解基本的教学原则、流程和方法，掌握基本的教学知识和技能，促进教师实践性知识的变化和发展。当教师在培训中获得的理论知识与教学经验有所契合时，会增强和巩固已有的实践性知识；当教师学习的理论知识与教学经验相冲突时，会激发教师反思自己的实践，有助于新实践性知识的发展；当教师遇到问题情境时，所学的理论知识可能会被激活，有利于问题的解决。

J 老师和 K 老师谈到在获取教师资格证时所接受的培训对他们教育教学有很大帮助。

这个可能跟我之前接受的教师能力培训有关，就是获取教师资格证时候的培训。有在线的学习，还有线下的讲座，确实对我的教育教学有很大的帮助和启发。

（J 老师—维吾尔族—少数民族语言学—访谈）

虽然没有从专业的角度学习基本的教学方法，但我会关注。学了《教育心理学》这门课，我觉得还是有必要的，比如我以前可能没有从学生心理这个角度考虑问题。

（K 老师—汉族—民族理论与政策—访谈）

A 老师受到在职培训所带来的潜移默化的影响。当遇到问题时，她学到的内容可能会被激活，帮助她解决教育教学中的问题。

我会参加一些怎样当老师的网络培训课程。比如,课程中有一些优秀老师们的事迹,了解他们对学生们做过什么的时候,我都会哭,特别感动。这个时候,我不知道我自己做到了多少,但是我觉得慢慢会有一些办法。在我不知道该怎么处理学生的一些事情的时候,这些学习会对我有帮助。比如说,你不应该敷衍学生,而是要跟他们真诚交流,我特别希望这样。

(A 老师—哈萨克族—少数民族语言学—访谈)

M 老师多次参加教师职业培训和研修班,经常探索更适合学生的教学方法,改变教学理念。她会将学到的理论性知识在教学中进行实践,在实际的教学中加以修改和调整,使其更适合自己的教学。

在工作之后,民大会有在职的培训,去年尤其多,是因为我们要推广学习通用 APP。在民大,给我的知识比较多的是技能层面的,或者说是技术层面上的。真正从内容层面,或者说更理论一点的,和我的外语教学相关的,我觉得从外研社的培训、Z 外国语大学的培训中得到的更多。

(M 老师—汉族—英语—访谈)

像咱们学校发展中心,会有很多培训,但一般都是,比如说教你怎么用 SPSS,还有学习通,还有一些午餐会,都是一些很零碎的点,技术性的。我觉得教学的内容、教学的原则更多的是通过比如这个领域中的书得知的,而这些书其实都是 Z 外国语大学的老师推荐的。

(M 老师—汉族—英语—访谈)

咱们学校有教师发展的一个课,那个课是比较实践性的、实操性的,会给一些比较好的点子。我思考了一下,看看在我班里能不能用得上,自己做了修改,在班里试了试,有一些也不是很成功、不是很可行。然后就把那些不是很可行的筛掉，将可行的，再做修改，再做调整。

（M老师—汉族—英语—访谈）

教师培训对教师的教育教学会有不同程度的影响，教师培训的内容和方式影响着培训的效果。G老师谈道：

在职培训，基本上是一些方法上的。比如说，让老师学习如何使用SPSS，教老师如何使用PowerPoint。但是这些东西，首先不是我需要的。其次，即使我需要这个东西，比如说我需要哪几个知识点，我觉得我去听几节你的课，恐怕不一定有我自己找本书看一下或者百度一下来的效果更快。所以说，我一般不太参加这种培训。那么，像讨论如何更好地教学的这种培训，我印象中没有。

（G老师—汉族—经济学—访谈）

三　学校文化环境

学校文化环境作为教师的专业生活环境，教师的实践活动和理念总是自觉或不自觉地受到学校文化环境的形塑和制约。学校文化以其潜移默化的方式逐渐地把它的理念、规章制度、文化传统渗透到教师的身心中，赋予教师工作的意义、支持与身份。教师与学校文化既有统一的一面，又有矛盾的一面，教师实践性知识就是在这种矛盾统一中不断发展着的。学校文化环境对教师实践性知识的发展既有积极正向的影响，也有消极反向的影响，这种影响往往是潜移默化的。通过资料分析可知，影响教师实践性知识发展的学校文化环境因素主要有学校的文化传统和氛围、学校的评价制度、学校的教学环境。

（一）学校的文化传统和氛围

学校的文化传统和氛围以潜在的规范性影响支配着教师的行为，使新到这种环境中工作的教师自觉或不自觉地接受熏陶，调节自己的心理和行为以适应学校文化环境的要求并融入新的文化环境中。学校文化传统具有与其他高校相区别的个性和自己独特的文化风格。教师对学校文化传统的认同，正是对蕴含其深层价值观念的认同。学校的文化传统和氛围对教师实践性知识的塑造是教师能动地适应学校文化环境的过程。

> 我是 2001 年从传媒大学到咱们学校的。来之前，我自己接触、了解的少数民族就是我家乡的回族，然后对 56 个民族的这样的一个概念，其实并没有很好的认知。所以，在 2001 年到学校以后，我当时经历过的一件事情也给我上了一课。就是你到民族大学来，它不同于其他高校的是什么？当时上课的时候，我印象中可能是第一堂或者第二堂课，我就问学生，我说咱们班少数民族的学生举一下手，结果下面学生开玩笑地说："老师，你在这，你是少数民族。"所以，我觉得这个当时对我来说其实还是有所触动的，因为他是一个身份角色的提醒和转换。在以前所有的不管是成长的环境还是受教育的场合、空间等，我的汉族的身份从来没有被凸显过。但是，到了民族大学，在这个方面的意识，在这个方面的互相的这种彼此的观照就开始有了，所以对我来说就进入了一个不同于以往的多元文化环境里。我自己也就知道了，你在这个地方，你是 56 个民族里面的一个民族。然后，我就可能会更多地关注一下，比如说有一些接触，不管是教学还是同事之间的来往，可能有的时候就会多问一句："你是什么民族，然后家是什么地方的，你们有什么样子的民族文化传统风俗等。"所以，我觉得这是我进入民族大学，是学生给我上的第一课。然后，慢慢地就是因为从你进入民族大学，有了这样的一刻，有了一个我们所说的这种文化冲击，其实它也会有一个从 shock，然后到慢慢地接受，成为你的日常生活的、平常的这样一个过程。
>
> （O 老师—汉族—新闻与传播学—访谈）

O 老师来到民族大学工作之前，她的学习与生活环境不同于现在的工作与生活环境。在多民族和多文化的环境中，O 老师在与学生和老师的互动中，有了自我身份的提醒和对他人身份的认知，多了对他人身份和民族文化的观照。O 老师对于他人民族身份的观照从开始被提醒，到逐渐有意识地关注，再到现在已经内化到言行举止中。O 老师在 W 民族大学的文化环境中逐渐发展了关于民族与文化的实践性知识。

> 民族大学，在我上学的年代，我觉得它是一个很温馨的大家庭。在这样一种很温馨的大家庭当中，我觉得使我们出自内心地都很爱这个学校。我们有了这份情感以后，当作为老师的时候，就把这种情感自觉或不自觉地投射在我们的学生身上，或者自己的工作岗位上，这是民族大学的一个传统。
>
> （B 老师—彝族—现代文学—访谈）

B 老师感受到 W 民族大学是一个拥有 56 个民族的温馨的大家庭。W 民族大学的文化传统和氛围使 B 老师对 W 民族大学产生了心理上的归属感和认同感。她的这种情感使其热爱自己的学生和工作，影响着她的教育实践活动。

> 毕竟环境使然，不同的环境肯定会对人有相应的不同的影响。像走在咱们校园里面，有些学生就穿着民族服装，用这个民族语交谈啊，你不知不觉就会耳濡目染的感觉，哦，我在民族学院里面，我的这种教学啊，我的这种思考啊，很多东西都需要有一种民族性的东西。你在平常浏览一些网页、浏览一些新闻、看一些东西的时候，那你对"民族"两个字肯定有很大的敏感性，那你就肯定会多多少少有意识地或无意识地愿意浏览这些东西，或者多看一眼这些东西。
>
> （C 老师—汉族—教育学—访谈）

> 实际上，这个就是一个环境问题，也就是你在没有进入这个环境之前，实际上对一些问题的感觉还是一种想当然，或者说是一种自己的想法。但是进入这个环境之后，耳濡目染、日渐熏陶、一步一步积累起来。咱们说在某一个环境中，我们需要适应这个环境的各方面的

东西，尤其是在民族院校里，你要适应民族院校的这种特色。

（C 老师—汉族—教育学—访谈）

学校文化传统和氛围有着塑造功能，它无时无刻不在对居于其中的人产生作用。学校文化环境和教师的教育活动相互依存、相互交织、不可分割。C 老师在 W 民族大学文化环境中发展了关于民族和文化的实践性知识，这同时也表现出他对 W 民族大学文化的归属感和认同感。

其实，我到民族大学之后，"民族"这个符号对我的研究还是有影响的。因为你到了民族大学之后，你才知道一个族群的历史，可以研究得那么深。就是原来研究历史的时候，会从中国古代史的各个断代、从通史的角度研究，一般就是从中央来看地方。来到民族大学后，你会发现，我们×××研究蒙古族史、×××研究藏族史、×××研究清史满族史、×××研究西北民族史，都成为大家了。你在看他们的东西的时候，你会发现，哦，研究历史不能仅仅从中央看地方，还得从民族族群看他们与中央的和他们的一个回应。所以，我到民族大学之后，也发表了一系列与民族有关的文章。这就是突然转换视角了。我认为你仅仅是从中央看地方还不够，还必须关照到地方的这些少数民族。所以，在研究的时候，反而多了一层观察问题的视角，你就会感觉到历史总是会有不同的研究方法的。

（F 老师—汉族—历史学—访谈）

像别的学校里面，他们可能完全不会关注这个民族问题。像我们开会的时候，他们可能会说，"哎呀，民族大学的老师可能对民族问题的了解会多一些"，会好奇、会追问。所以，在最近几年发的文章里面，我发过有关广西、四川、湖南的，当然东北、内蒙古都有。

（F 老师—汉族—历史学—访谈）

F 老师进入 W 民族大学工作之后，民族大学的"民族"符号对其科学研究工作产生了一定的影响，使他在科学研究中多了一层看问题的视角。

（二）学校的教学环境

学校整体的教学环境对教师的实践活动具有导向和制约功能。积极的教学环境对教师实践性知识的发展有推动作用，消极的教学环境会制约教师实践性知识的发展。学校的教学环境是如何影响教师的教学的，这在老师们的话语中有所体现：

> 我就觉得学生啊，也是教学环境的问题，他们对于学习的欲望，或如何学习，要达到的标准，其实，这些孩子是没有想法的，所以他们就一点点把那标准降低。后来，我告诉他们，再教下去，我就是中学老师，我不是大学老师。有一个环境的问题，这也是民族大学的问题，也是我们好多学校的问题。它在所谓的本科教育的重视上完全就是一句空话。
>
> （B 老师—彝族—现代文学—访谈）

> 事实上，我们本科教育只是停留在口头上，我们并没有得到一个很好的扶持，支持，解决。
>
> （B 老师—彝族—现代文学—访谈）

> 首先，学校这块儿就没有要求或没有这个标准，然后再到具体的细分，我需要钱来做支撑，教材、教辅，那没有。而且你的教学思路，在某种层面上也不被别人认可，或者说无所谓。谁管你体现教学，第一线老师是怎么教学，人根本没有心思来管理。人人都在写论文，都在争课题。
>
> （B 老师—彝族—现代文学—访谈）

> 我们的本科教育没有人重视，也没有人欣赏，或者说我们教学模式的改变落实不到实质上。
>
> （B 老师—彝族—现代文学—访谈）

通过 B 老师的话语可知学校对本科教学工作的支持和重视有限，对本科教学改革所做的实质性工作，在教学改革方面给予老师的条件和资源有限，这会影响教师积极投入教学的情感。

A 老师提到学校关于教学改革的指导和措施会影响教师的教育教学的实施。

> 开会的时候，会说国家的一些最新的教育导向，提倡我们更多地与学生互动，但是真的没有说过，应该到底怎么做这个。
>
> （A 老师—哈萨克族—少数民族语言学—访谈）

B 老师谈到学校关于教学的管理有时会制约教师的教育教学实践。

> 我非常讨厌传统的出题模式，但是我们也不能不出，为什么呢？教务处有模板。在可能的范围之内，我就尽量让它丰富，而丰富的本身就让学生一定要独立地思考问题，独立地回答这个问题，就是要有自己的想法，没有标准答案。今天的教书育人，它实际上还有很多内容需要补充。这么多年过去了，我们的教学模式一成不变，老师讲，学生听。我们的考试模式也是不变的，完全是出一些客观题来考，在主观题上是没有深度的，是没有开创性的。那么，我们就只能在自己力所能及的范围内拓展这个问题。
>
> （B 老师—彝族—现代文学—访谈）

O 老师讲到学校在如何更好地形成一个教学共同体上还有些不足，重视教学的程度还有待提高。

> 从学校大的整体氛围上说，怎么谈教学，怎么有一个更好的教学共同体，这个方面我觉得还是要弱一些，这是学校整体的氛围。
>
> （O 老师—汉族—新闻与传播学—访谈）

制度的实质是行为规范。不同的出发点，会有不同的规定，从而形成不同的规范。① 高等学校作为一种有明确目标的社会组织，教师的教育活动在相当程度上受到学校的组织制度的影响和制约。其中，教师评价制度是学校教学环境的重要组成部分，直接关乎教师的切身利益，教师教育教学的动力受到教师评价制度的影响。多位老师谈及学校偏重于科研的教师评价制度会影响教师对待教学的态度和投入度。

> 除了老师自身，学校给你创造的教学环境也非常重要。比如说，像我们的奖励办法中就没有教学这个内容，全是科研，科研是占99%的，所以很多老师开始不认真对待教学了。
>
> （A 老师—哈萨克族—少数民族语言学—访谈）

> 教改在高校没有任何地位。其实老师都瞧不起教学方面的科研论文，评职称、科研考核用不上。导向还是蛮重要的。
>
> （F 老师—汉族—历史学—访谈）

> 学校关于教师的整个考核体系里面，主要是发论文、拿课题，教学这一块儿基本上是没有的。
>
> （L 老师—藏族—藏族文学—访谈）

> 学校的规章制度对自己太有影响了，与老师的利益直接相关的，一个就是职称问题。
>
> （D 老师—汉族—历史学—访谈）

> 从目前来看，对老师的评价标准，仍然是以科研作为核心，其实甚至不是核心，是唯一的判断标准。你讲课讲得再烂都没有关系，只要是你发的论文足够牛，就 OK 了。那么，在这么一个指挥棒下，你要求所有老师都认真对待上课，我觉得是不可能的事情。
>
> （G 老师—汉族—经济学—访谈）

---

① 葛金国、吴玲：《教师文化通论》，安徽大学出版社 2012 年版，第 121 页。

从上述老师们的叙述中可知，目前学校关于教师的评价还是以教师的科研为主，这在一定程度上制约着教师对教学的投入度和认真程度。

（三）学生的多民族性

教师实践性知识是在教师对他们所处工作的具体环境的回应中发展起来的，受到工作环境的塑造。W 民族大学教学对象的多民族性影响着教师实践性知识发展的内容，教师在教学中依据学生的民族特点来调整自己的教学内容和方法。

F 老师针对学生的多民族特点和兴趣爱好，学习相关的学科知识。他在平时的教学内容、课堂设计、学生毕业论文的指导和课外创新辅导等方面，都会对学生的民族特点多一层关照。学生自身的民族性，他们对民族知识和民族历史的兴趣，都影响着 F 老师教育教学实践性知识发展的内容。学生的多民族性也会影响课程体系的设置。

因为面对的就是这种多民族学生，所以我在上课的过程中，至少会针对他们设计一些内容。因为你要指导，有学生就喜欢做这方面的研究，也迫使你学习，你要了解这方面的知识，能够更好地给予他们一些指导。其实在教学过程中也会发现一些科研问题，就是研究民族地区的这些问题。

（F 老师—汉族—历史学—访谈）

到民族院校之后，发现民族院校的学生还是有许多鲜明特点的，比如学生的学习，学生对于民族知识、民族历史有天然的民族倾向。所以在平时的讲课、课堂设计、毕业论文、课外创新辅导，都要考虑到学生的民族特点和民族因素。比如讲课，学生更愿意听自己民族的历史；还有课题创新，无论是寒暑假的社会实践，还是教务处的大学生创新项目，大部分学生选的是自己家乡的田野历史调查。回到本家乡，他们也需要这方面的知识。其实老师是为学生服务的，你发现学生有这方面的需求，就会给他们提供这样的学习。像我们的选修课也是，我们的蒙古族、满族、回族、藏族，都有历史，都在讲。大的民族方面的历史，都在给他们开这方面的课，现在还有满语、藏语、蒙古语的课程。

（F 老师—汉族—历史学—访谈）

C 老师是 2016 年到 W 民族大学从事教育教学工作的。在 W 民族大学的教育教学环境中，他在教学内容、教学方法、教学形式、教学理念等方面都受到学生的多民族性的影响。C 老师结合学生的民族特点讲授学科内容和调整教学方式。

目前来说，我们学校其实更大的就是一个民族特色，包括做科研、进行教学活动，我们都要特别强调民族特色这个东西。给不同民族的学生讲课的时候，在互动上，都会加入一些跟他们本民族有关的知识。比如说，在给哈语系的学生讲课的时候，就会多多少少加一些当地的风俗特色，或者说用当地的一些文化作为背景、作为引导。

（C 老师—汉族—教育学—访谈）

咱们学校的话，民族性比较强。在教育内容上，多多少少会有偏民族性的内容。譬如，我教的是教育学，关于民族教育的东西，肯定会多多少少多说一些，对民族的各方面知识要了解。从教学方式上，也尽可能地用大家喜闻乐见的方式。有的时候，我会跟学生学一些民族语，然后跟他们进行沟通、交流，这能够明显拉近与学生间的距离。形式上也比较多元，有的时候我会考虑增加一些民族特色、民族元素，比如民族图片、民族视频，来跟大家沟通。因为毕竟本科生民汉学生的比例是 1:1。所以说，这个时候，民族类学生的特色，我觉得还是需要彰显一些。因此，从内容上、方法上、形式上，包括理念上，我觉得都在不停地改进。

（C 老师—汉族—教育学—访谈）

在多民族学生的课堂环境中，O 老师讲到教师对于案例的选择，会考虑到学生的多民族特点和他们的本土经验。

> 在选择案例的时候，会考虑到多民族的学生。在讲一些这种文化传统习俗的时候，会考虑到案例的丰富性。这些，我觉得老师们其实是一点一点地从一开始被人提醒，到后面已经成为一种自觉的积累。作为民族高校的老师自觉地进行着这种多元文化的一个实践性知识的生成，我觉得这点是比较明显的。
>
> 因为我们用的教科书，大多数都是一些通用的教材，通用的教材里面举的案例，其实更多的是大家普遍的社会经验。这种普遍的社会经验和民族地区本土的经验有很多是不一样的，差异是很大的。在讲课的过程中，其实，很多老师就有意识地搜集本土的经验去补充。这在民族高校里，老师也有着从不自觉到自觉的一个过程。
>
> （O 老师—汉族—新闻与传播学—访谈）

学生的本土经验、地方知识、民族特点影响着教师实践性知识的发展。

> 学生的经验会影响到我们的教学过程。只要老师是一个善于吸收的，善于发现学生身上亮色点的，他的教学素材就会越来越丰富。
>
> （O 老师—汉族—新闻与传播学—访谈）

四　国家教育政策

政策是人们行动的指导方针，具有导向的作用。[1] 国家教育政策对教师的行为具有导向作用，教师实践性知识的发展受到国家教育政策的影响。国家教育理念体现在国家颁布的教育政策中，教师会改善自己的教育教学方式，使自我的教学发展与国家倡导的教育理念相一致。A 老师

---

[1]　陈振明、黄强、骆沙舟等主编：《政策科学原理》，厦门大学出版社 1993 年版，第 131 页。

和 J 老师就说到他们的教育教学行为和理念受到国家教育理念的影响，国家的教育理念塑造着他们的实践性知识。

> 现在我们国家的教育理念也提倡老师与学生的互动，以讨论的形式来讲课。
>
> （A 老师—哈萨克族—少数民族语言学—访谈）

> 教育部门、高校对实践教学部分的重视，对我的具体教学也产生了重要的影响。而且很多专家都认为它非常重要，都强调它的重要性。在实践中学习才能掌握一些真正的知识。
>
> （J 老师—维吾尔族—少数民族语言学—访谈）

国家对民族院校办学职能的定位影响着民族院校教师的教育理念，会增强民族院校教师为少数民族和民族地区培养人才的责任感和意识。

> 民族院校与普通院校都是培养学生，为国家建设培养人才。只不过民族院校更侧重少数民族和民族地区的发展。在教育过程中，需要有维护国家统一与完整、民族团结、民族平等的理念，具备少数民族文化的素质。
>
> 在每一个历史时期，国家都有它的发展任务，有一些新的问题产生。而我们作为少数民族和民族地区培养人才的主要场域，要紧密联系国家和民族发展实际，要为国家培养相关的一些人才。这是我们的责任。如果教师不具备这方面的素质和能力，那么，民族院校在服务于国家发展、服务于民族地区发展、服务于社会的过程中，目标的达成就会受到一定的影响。民族院校对培养少数民族人才和为民族地区培养人才的责任感会更强一些。
>
> （K 老师—汉族—民族理论与政策—访谈）

> 我总是说藏区的孩子："你们有这个责任发展藏区，不能只靠外面的人进去发展。国家有政策支援边疆，可是你们自己不去

发展，总之不是长远的办法。"我记得2012级的一个学生叫××
××，他从高中的时候就不想读书，想进寺院。他上高中的时
候，读书读得挺好的，但他说他要回去，老师说不让。他上大学
了，又跟我讲（想回去）。我就跟他讲："藏区的发展就是靠你们
这一代人。你们出来发展了、见识广了、有能力了，才能把藏区
发展得更好。你是有责任的，你要有这种大局意识。"而且，他
那会儿特别想当老师，我觉得更是要抓住对他的教育。因为我觉
得教育对他们来讲还是一个特别薄弱的地方，当老师可以培养更
多的人。后来他毕业了，一开始带初中数学，现在又教高中数
学。我特别想让他们当老师，我觉得教育能够改变个人的观念，
对于区域的发展至关重要。

（E老师—汉族—数学—访谈）

小　结

民族院校教师实践性知识的发展是教师个体因素和社会文化环境因
素共同影响和作用的结果。具体而言，民族院校教师实践性知识的发展
是基于教师个人过往的教育教学经验，受到教师个人职业情感及能动性、
教育教学实践与自我努力和社会文化环境的影响，是一个动态的、多种
因素共同作用的发展过程。其中教师的教育教学经验、教师职业情感及
能动性、教育教学实践与自我努力是影响教师实践性知识发展的个体内
部因素，社会文化环境因素是影响教师实践性知识发展的外部因素。各
种影响因素在民族院校教师实践性知识发展中所起的作用是：教师作为
学习者的经验、教师自身的教育教学经验是教师实践性知识发展的"基
础"；教师教书育人的责任感、对待学生热爱的情感、教师能动性是教师
实践性知识发展的"内驱力"；教师的自我探究、自我的反思与实践、自
我的教学研究是教师实践性知识发展的"转换器"；人际因素、教师培
训、学校文化环境、国家教育政策的社会文化环境是教师实践性知识发
展的"作用力"。因此，教师个体因素是教师实践性知识发展的关键，任
何外部环境因素都必须以教师个体内部因素为中介来影响教师实践性知

识的发展。具体影响因素见图 5 - 1 所示。

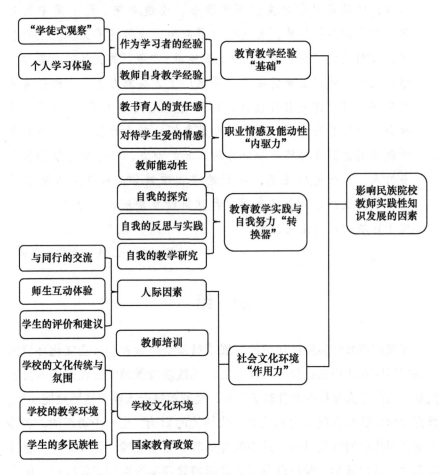

图 5 - 1 影响民族院校教师实践性知识发展的因素

第 六 章

研究结论

本章分为五个部分，第一部分总结本书的主要研究结果；第二部分讨论与分析本书的研究发现与已有研究的异同以及对相关理论进行回应；第三部分依据本书的研究发现，提出对于民族院校教师教学发展和民族院校教学改革的启示；第四部分阐释本书的创新之处；第五部分分析本书的局限和未来研究展望。

第一节　研究结果

本书旨在描述和理解民族院校教师实践性知识的内容及其所蕴涵的教育意义，解释民族院校教师实践性知识的生成过程，分析影响民族院校教师实践性知识发展的因素及各因素在其发展中起着怎样的作用。本书在综述国内外关于教师实践性知识的理论和实证研究，以及解析本书的关键概念的基础上，基于建构主义学习理论、教师反思理论、社会文化理论，遵循质的研究范式，选取一所具有代表性的 W 民族大学作为研究的场域，在 W 民族大学中选取了 16 名有代表性的教师，采取半开放式的深度访谈法、课堂观察法和实物收集法收集研究资料，自下而上地对研究资料进行类属分析和情境分析，得出研究结论。需要说明的是，本书不是对所有民族院校教师实践性知识的整体性调查，而是对民族院校教师实践性知识的实然状态达成一种理解。

首先，本书通过对"知识""实践""教师实践性知识"内涵的解析，将民族院校教师实践性知识界定为：民族院校教师对自己以往的教育教学实践和经验进行反思，这些实践和经验可用于指导未来的教育教学行动，并通过提炼总结后形成对民族院校教育教学的认识。它是集经验、思想、体验和能力于一体的教师教育教学实践活动的产物，具有个体性、情境性、整体性、文化性、教育性等特征。

其次，从总体上看，民族院校教师实践性知识是教师关于自我的知识、关于学校文化环境的知识、关于学生的知识、关于一般教学法的知识、关于学科教学法的知识、关于师生交往的知识和关于教育的信念七个方面知识的综合体，这些知识是教师有效教育教学的知识基础，作为整体发挥作用。从关于自我的知识来看，包括对教师职业身份的认识、对自我文化背景的理解、对自我发展的认知、对教学与科研关系的认识；从关于学校文化环境的知识来看，认识到民族院校是一个多元的文化环境，感受到"美美与共"的学校文化氛围，体会到学校文化的多元与学生评价标准的多元，但也感受到相对宽松的教育环境和管理制度的严格；从关于学生的知识来看，涉及不同文化背景学生的特点、学生的学习基础和学习能力的特点、学生文化适应和心理适应问题、学生的学习能动性和学习状态等方面的知识；从一般教学法知识来看，表现出注重课堂的管理、激励学生学习兴趣和动机、认真组织教学的策略、"鼓励"和"表扬"的教育方式；从学科教学法知识来看，教师采用理论联系实际的教学方法、将文化融入教学的教学方法、参与式和讨论式教学方法以及梳理知识来龙去脉的讲解方法；从师生交往的知识来看，教师表现出平等的师生观念、对学生文化的敏感与尊重、关心和耐心教育学生；从关于教育的信念来看，教师表现出全人教育的教育理念、因材施教的教育理念、培养学生独立思考的教育理念以及"花开有时"的学生观。

当然，根据研究资料自下而上分析出的民族院校教师实践性知识的内容并不是每个教师都具备的，而是对多位老师表现出来的实践性知识的归纳与呈现。这可以概括为民族院校教师实践性知识的一种实然状态，真实地反映了民族院校教师的教育教学实践。其中，教师关于学校文化环境的知识、一般教学法的知识、学科教学法的知识、师生关系的知识是围绕着关于学生的知识而建构的，教师关于教育的信念也影响着教师关于学生的知识、一般教学法的知识、学科教学法的知识、师生关系的知识。

再次，通过对民族院校教师教育教学的案例分析，发现教师实践性知识的生成至少应该具备五个要素："生成者"——教师、问题情境/与外部环境的互动/关注与探索、反思、行动、总结提炼，这几个要素是紧密联系的整体。教师实践性知识的生成离不开具体的问题情境、教师的反思和行动以及教师对教育教学的总结与提炼，它是一个循环往复的过程。有时教育教学情境中存在的问题并非直观明了，教师通过与外界环境的互动或对教育教学情境的充分关注与探索来发现和重构教育教学问题。在民族院校教师面临的问题情境方面，由于民族院校教育对象的特殊性，如学生的民族性与文化性、学生教育基础的差异性、学生学习能力及能动性的差异性等，既有与普通院校相同的方面，又具有民族院校自身的特殊性。民族院校教师在教育教学中需要关注和考虑到更多的方面。

最后，通过对研究资料的分析，发现影响民族院校教师实践性知识发展的因素来自教师个体的内部因素和社会文化环境的外部因素，是多因素共同影响和作用的结果。影响民族院校教师实践性知识发展的内外部因素分别为教育教学经验、职业情感及能动性、教育教学实践与自我努力、社会文化环境四个方面。其中，教育教学经验是教师实践性知识发展的"基础"，职业情感及能动性是教师实践性知识发展的"内驱力"，教育教学实践与自我努力是教师实践性知识发展的"转换器"，社会文化环境是教师实践性知识发展的"作用力"。在社会文化环境因素中，人际因素，如与同行的交流、师生互动体验、学生的评价和建议促进教师实践性知识的发展。学校的文化传统和氛围、学生多民族性的学校文化环境和国家教育政策都对塑造教师实践性知识起着不可忽视的作用。学校的教学环境促进或制约着教师实践性知识的发展。教师个体内部因素在教师实践性知识发展中起着主导作用，社会文化环境因素通过教师个体因素对教师实践性知识的发展产生影响。

第二节　讨论与分析

一　与已有相关研究的讨论

下面对本书的研究结论与已有相关研究的异同进行讨论与分析。

首先，对民族院校教师实践性知识内容的研究结论进行讨论与分析。本书以民族院校教师的教育教学为研究和分析对象，旨在了解教师在民族院校这一教育情境中的实践性知识，与学界已有研究成果相比，既有相同的方面，又有不同的方面。第一，在关于自我的知识方面，与中小学教师相比，民族院校教师对教学与科研的关系有自我的认识和理解；与普通院校教师相比，民族院校教师认识到自我的文化背景对教育教学的影响。第二，与已有研究成果相比，民族院校教师感受到鲜明的关于学校文化环境的知识，如"美美与共"的学校文化氛围、文化的多元与学生成长评价的多元、文化的多元与相对宽松的教育环境、文化的多元与学生管理上的严格相互交织。第三，在关于学生的知识方面，民族院校教师认识到学生文化背景的差异、学生学习基础和学习能力的差异，关注到学生的文化适应和心理适应问题、学生学习能动性强弱的差异等。第四，与普通院校教师相比，民族院校教师在教育教学中需要注意到更多的方面、需要花费更多的心思、需要对学生付出更多的耐心、需要对学生有更多的理解和包容。比如，面对学生的多元性和差异性，根据学生的不同特点，教师要注重课堂的管理、激励学生的学习兴趣和动机、认真组织教学、"鼓励"和"表扬"学生、将民族文化知识融入教育教学中、对学生的文化保持敏感并尊重学生的文化等，以此更好地从事民族高等教育工作。第五，已有关于高校教师实践性知识内容的研究都是与具体学科相联系的，本书主要探索与理解民族院校教师实践性知识内容的一般性特征，对其他学科教师和新入职教师来说，更具有启发意义和借鉴价值。

其次，对民族院校教师实践性知识生成过程的研究结论进行讨论与分析。本书采用实证研究的方法，通过民族院校教师关于教育教学的叙事，较为系统地分析了教师实践性知识的生成过程。根据教师对教育教学问题情境的发现过程及解决问题途径的差异，本书将教师实践性知识的生成过程分为三种类型：在问题情境中反思与提升、在与外部环境互动中生成、在关注与探索中获得。相比较已有研究，本书指出，"与外界环境的互动""关注与探索"是教师将教育教学中所隐含的问题显性化、意识到教育教学问题的关键环节；"总结与提炼"也是教师实践性知识生成过程中不可缺少的一环。与已有研究结果相一致的是，本书也证实了教师主体、问题情境、反思与行动是教师实践性知识生成过程中需要具备的关键要素。

最后，对影响民族院校教师实践性知识发展因素的研究结论进行讨论与分析。本书采用实证研究的方法，获取了大量的一手资料，较为客观、全面地分析了影响民族院校教师实践性知识发展的因素。本书的研究结论与已有研究相比，既有相融合的一面，又有不同的特点。第一，本书也得出影响民族院校教师实践性知识发展的因素可划分为教师个体因素和外界环境因素两大类。第二，无论是在中小学教师群体，还是在高校教师群体中，教师的教育教学经验都是影响教师实践性知识发展的重要因素。第三，本书发现，教师的职业情感和能动性在教师实践性知识发展中起着内驱力的作用，说明教师自身的主观能动性是促进教师实践性知识发展的内因。第四，本书研究表明，教师的自我反思与实践是影响教师实践性知识发展的关键因素，这与已有研究结果相一致。本书还表明，教师的自我探索和教学研究是教师实践性知识发展的重要途径。第五，已有研究表明，实践共同体，如新老教师实践共同体、教学共同体、人际支持等在中小学教师实践性发展中具有重要作用。本书中教师虽然没有谈及促进他们教学发展的实践共同体，但也可以看出教师与同行专家、同事的交流对他们实践性知识的发展具有重要作用。第六，与已有研究结论相比，学生对教师教学的直接反馈和建议在高校教师实践性知识发展中的作用更加凸显。第七，本书研究表明，教师培训对教师实践性知识发展有影响，但培训的效果会因教师培训的形式和内容而异。第八，与已有研究结论相一致，社会文化环境，如学校的文化传统和氛围、学校的教学环境、学生的特点、国家教育政策等，影响到教师实践性知识的发展。但每个学校的文化环境都有自身的独特性，这会给教师带来不一样的影响和体验。在民族院校中学校文化的多元性、学生的多民族性对教师实践性知识产生了显著影响，学校的教学环境有时会制约教师实践性知识的发展。国家的教育政策对民族院校教师实践性知识的发展具有指导和塑造作用。

二　对理论的回应

本书综合采用建构主义学习理论、教师反思理论和社会文化理论阐释了民族院校教师实践性知识的生成与发展。

第一，教师实践性知识的生成是教师通过自我的内部语言与外界的互动进行教育教学的反思和探索而建构的。它是教师以自身原有的知识经验为基础，在与社会文化互动过程中发现教育教学中存在的问题，通过自我有意识地、连续地反思，不断探索、改善教育教学的过程。教师实践性知识的生成既是一个不断通过自我内部对话和反思的自我建构的过程，又是与外部交流、互动的社会建构的过程。这与建构主义学习理论、教师反思理论和社会文化理论的思想相一致。

第二，教师实践性知识离不开认知主体——教师，而教师不是独立存在的个体。教师实践性知识的生成与发展是教师个人和社会文化环境相互作用的结果，受到社会文化环境的影响，如人际因素、教师培训、学校文化环境、国家教育政策，不能忽视教师实践性知识的社会性。这与社会文化理论强调人的认知发展是个体内部与外部环境互动的结果的思想相一致。

第三，教师实践性知识是教师在社会实践活动中发展起来的，是社会实践活动的产物，这与维果斯基关于"人的高级认知功能是在社会活动实践中发展起来的"思想相契合。

第四，教师实践性知识的生成与发展是教师在特定的专业知识场景中，通过语言、同行、学生、文化、政策等中介来实现的。教师通过与外界环境的互动，将其内化为个体内部的认知，这一转化过程通过中介来调节。

第五，教师实践性知识的生成和发展是教师在已有的教育教学经验的基础上，通过自身与社会文化环境的互动与相互作用，使自身达到对教育教学的一种新的认知水平，这与维果斯基提出的"最近发展区"的思想相契合。

第三节 启示

本书的研究发现对民族院校教师、院系管理者、学校管理者、国家有关行政部门均有一定的启示意义。他们在民族院校教师教学发展和教学改革中都扮演着重要的角色。

一 对教师的启示

第一，从民族院校教师实践性知识的内容来看，民族院校教师教学发展需要具备以下的素质和能力：

一是教师应对教师职业使命有清晰的认知，要具有教书育人的责任感，热爱民族教育事业，关爱少数民族学生；探索自身的文化身份，并对民族院校中不同的文化符号有自觉的意识，反思自身文化可能会对教育教学产生的影响；反思自我教学发展，只有对自我教学发展有清晰的认知，才可以从中汲取经验。正确认识教学活动与科学研究的关系，将教学与所从事的科学研究相结合，丰富教学内容。

二是要了解和关注来自不同民族和地区的学生在其各自文化环境中形成的个体差异，学会理解并欣赏差异；考虑不同文化背景中学生的思维方式和认知特点对学习带来的影响；关注少数民族学生在多元文化交融中的心理适应和文化适应问题，以及这些问题对教育教学的影响；了解所教授学生的学习基础和学习能力情况，在面向全体学生进行教学的同时，尊重学生的个别差异，关注基础薄弱的学生，采取适当的教学方法，有针对性地进行教学；面对多元的学生，了解学生的学习动机和学习能动性，采取适当的教学方法，激发学生的学习兴趣和动力，充分调动学生学习的积极性和主动性。

三是善于根据学生的特点来组织教学，加强教学中的课堂管理，照顾到学生的个体差异；了解少数民族的大概历史和民族地区的现实发展情况，学习和掌握一些民族文化知识，在教育教学中恰当和灵活地使用民族文化知识。

四是结合学生的实际情况和特点，采用理论知识联系实际生活的教学方法，使学生真正领会和掌握所学的理论知识；教师要充分认识实践教学环节在培养学生中的重要作用，注重学生能力的培养；培养学生科学研究的思维习惯，积极开展参与式、讨论式教学等；面对具有多元性的学生群体，善于将学生的文化背景知识和本土经验融入课程和教学中，使教学达到最佳的效果。

五是教师要持有平等的师生观念，了解和尊重各民族学生的文化，关爱学生，耐心育人。只有采取了适应民族院校学生特点的教育教学方法，才能真正做到有的放矢地进行教育教学，从而更好地为民族地区和少数民族培养全面发展的各级各类人才。

第二，从民族院校教师实践性知识的生成与发展来看，教师自身教学发展需具备以下素质：

其一，树立教学发展的自主意识。本书表明教师实践性知识的生成主体是教师本身，教师个体因素在教师实践性知识发展中占据主导地位，因此教师应该积极主动地发挥自身的主观能动性。

其二，教师要留心观察。关注日常教育教学实践，关注教学给学生带来的成长变化，发现教育教学中内在的问题，针对问题进行反思和实践，改善自身的教育教学效果。

其三，教师要乐于交流。教师在与外界环境要素，如同行、同事、学生等的互动与交流中，外界环境可以对教师的观念带来触动，激发教师教育教学的问题意识。

其四，教师要勤于反思。教师自身的反思是教师生成实践性知识的关键环节，是影响教师实践性知识发展的"转换器"。教师需要有意地和仔细地反思自己的教学实践，面向具体的学生，调整自己的教育教学实践，包括教育理念、方法、内容、评价等。统一的教学培训不能有针对性地解决教师在教育教学工作中遇到的所有问题，对此，教师应该树立反思的意识，只有这样，才能够根据自身情境积累教育教学的知识，提升教学能力。林崇德认为，"优秀教师＝教学过程＋反思"[1]。

---

① 林崇德：《教育的智慧》，开明出版社1999年版，第46页。

其五，教师要善于总结和积累。教师需要从教育教学实践中总结与提炼，逐步建立实践性知识的知识库，这对增长教育教学的能力尤为重要。

其六，教师要积极开展教学研究。从自身的教学实践出发，对课堂教学进行分析，在教学中发现问题，运用相关理论对其进行科学的解析，探索有效的教学方法，提升教学能力。

二　对院系管理者的启示

对于院系管理者，本书所揭示的重要信息是，促进教师同事之间的日常交流、加强教师与同行专家的交流以及了解一线教师的真实需求和想法，在推动教师教学发展上是非常重要而且相当有益的，因为这些是影响教师实践性知识发展的重要因素。院系管理者可从以下几个方面加以改善：

第一，院系管理者在日常的管理工作中应尽力给教师提供一起交流教育教学经验的机会，给老师搭建相互交流的平台，采用相关的激励措施，鼓励教师将自己缄默的、个人的实践性知识表述出来，鼓励教师间交流教育教学经验、讲述教育教学故事，帮助教师反思自身的教育教学。

第二，院系管理者应该积极开展"老带新""结对子"计划，发展根植于本院系的教育教学实践共同体，营造良好的教育教学氛围，传承优秀教师、教育教学经验丰富教师的实践性知识，帮助青年教师更快地成长。

第三，院系管理者应经常邀请本领域的教学名师和学科教学方面的专家，交流教育教学经验和方法，为本院系教师提供有针对性的、切实可行的专业引领。

第四，院系管理者需要深入教师教育教学的一线，多了解教师教学方面的实际需求和困难，切实为教师教学发展提供真正需要的专业帮助和支持。

第五，院系管理者应该充分发挥一线教师与学校管理者之间的沟通作用，将教师在教育教学过程中的实际需求与情况及时反馈给相关学校管理者，为教师的教育教学营造良好的教学环境。

三 对学校管理者的启示

在新时代背景下，民族院校的管理者应认真思考如何根据自身实际情况，通过促进民族院校教师实践性知识的发展来提升教师的教学能力和推进教学改革创新，培养各民族优秀人才。

第一，学校管理者应该充分重视教师自身的实践性知识在教师教学发展和教学改革中的重要作用，不能只强调教师学习教育教学理论知识和掌握教育技术，还应采取相应措施，鼓励和引导教师反思并提炼自身在专业实践场景中生成和积累的实践性知识，帮助教师认识自身所拥有的实践性知识，激发教师在教学改革中的积极性和主动性，促使教师自觉地改进教学。

第二，教师实践性知识的发展首先是教师个体知识的发展。学校的教学改革要以教师为主体，面向教学的实际情况和教师的实际需求，不能忽视教育教学的规律，脱离教师的实践经验，发挥教师教育教学实践经验的价值，使教师能够参与教学改革方面的政策制定。

第三，教师培训是教师实践性知识发展的影响因素，但是在本书访谈中，提及培训是他们实践性知识发展的重要途径的教师不是很多。因此，学校管理者有必要针对教师培训的内容和方式开展实地调研，倾听教师的意见，采取一些实质性的措施，改革教师培训工作，使教师培训满足教师的现实需求，提高教师培训的效果。根据访谈可知，在师资培训的内容方面，学校管理者要注意帮助教师了解和理解学生文化，加入文化敏感性教学的基本知识和技能，使教师能够以合适的方式回应教学中学生文化的多样性。

第四，学校的教学环境在一定程度上影响着教师的实践活动，学校管理者应尽力优化教育教学环境和条件，为教师营造良好的教育教学环境。一是学校管理者要充分利用退休教师、优秀教师的教学经验，为青年教师做好引领作用。二是学校管理者要充分了解一线教师的真实想法，听取教师的意见和建议，形成教师认真教育教学的氛围。三是实现在学校管理者和教师间、同一院系的教师间、不同院系的教师间关于教育教学的有效交流与互动，形成充满活力的教学共同体。四是尽量减少教师的事务性工作，给他们更多的时间使其全身心地投入教学工作中。

第五，学校需要关注教师自身的生存与发展，变革教师的评价制度，采取积极有效措施，大力创建多元化、个性化考核评价标准，为教师发展创建平衡的教育生态系统。为教师的教学改革提供物力、财力方面的支持，对教师在教育教学方面的成就给予更多的激励，发挥教师教育教学的主观能动性。加大对教师的培养力度及经费支持，给教师创造更多教学交流和发展的机会，为教师国内外交流提供更多资源和便利。

第六，民族院校与普通院校的教育教学有共性的方面，培养对象都是身心基本成熟、具有丰富的文化知识、受过基本思维训练、有一定社会经验的青年人。但由于民族院校所肩负的独特的办学使命，培养对象具有自身的特性，包括在文化和民族方面的多元性、思维方式的差异性、文化基础知识的薄弱性、各方面能力的参差不齐、社会经验的地方性等。因而，民族院校在教学目标、教学内容、教学形式与方法、教学过程等方面，不能直接照搬以普通院校为研究对象的普通高等教育学所论述的理论与方法。对于民族院校的教学改革，这些理论与方法虽有一般的指导意义，但缺乏针对性。因此，民族院校管理者不仅需要借鉴国内外教学改革的相关经验，而且需要结合现实情况加强自身的教学研究，为教学改革提供理论指导和实践依据。

四　对国家有关行政部门的启示

国家有关行政部门如教育行政部门、民族工作部门等制定的相关政策，对民族院校教育教学改革与发展起着"指挥棒"的作用。本书的研究结论对国家有关行政部门有一定的启示作用。

第一，民族院校教师是为中国少数民族和民族地区培养各级各类高层次人才的最直接的实践者，他们能够最真实地感受到民族院校教育教学中存在的问题。他们在教育教学实践中通过对教育教学经验的反思、总结与提炼所形成的实践性知识可以帮助国家有关行政部门把握民族高等教育的办学规律，能够为国家有关行政部门对于促进民族院校教师教学发展和教学改革政策的制定、调整提供事实依据和智力支持。因此，国家有关行政部门应该重视民族院校教师实践性知识在政策制定与完善中的重要作用。

第二，通过研究可知，国家有关行政部门颁布的政策文件和教育教学的指导思想对民族院校的教育教学改革和一线教师实践性知识的生成与发展有着重要的指导作用。国家有关行政部门在政策制定过程中需要考虑到民族院校教育对象的特点，以及民族院校所肩负的为少数民族和民族地区培养高素质人才、传承和创新各民族优秀文化、促进民族团结进步事业、铸牢中华民族共同体意识的使命。那么，国家有关行政部门应该制定相应的有针对性的政策，来引导民族院校教师的教育教学行为，并指导其实践性知识的生成与发展。如在教师的遴选、入职培训中，强调民族院校的办学使命，增强民族院校教师为少数民族和民族地区培养高层次人才、传承和创新各民族优秀文化、促进民族团结进步事业、铸牢各民族学生的中华民族共同体意识的使命感和责任感。

第三，民族院校一线教师的教育教学实践会受到教师评价制度的影响和制约，国家有关行政部门有必要为促进民族院校教师实践性知识的生成与发展提供有力的政策支持和保障。比如，在教师的评价考核政策中，加大教师在教育教学方面取得优异成绩所占的比重；在教师的评优活动中，鼓励教师反思自己的教育教学实践和重视自身实践性知识的生成与发展；在教师资格考试中，重视对教师实践性知识的考查；在教育教学改革的考评中，强调校本教师实践性知识的建设等。

第四节　　研究创新

本书的创新主要体现在以下几个方面：

第一，结合静态的教师知识与动态的教学实践，从实践维度对民族院校教师在专业场景中的知识开展"自下而上"的研究，拓宽了民族院校教师教学发展的认知视野。

第二，从理论思辨的层面重构了教师实践性知识的内涵，界定了本书中民族院校教师实践性知识的基本含义，这是教师实践性知识研究领域的一个重要补充。

第三，研究了民族院校教师在真实的教育教学情境中的实践性知识，较为全面地阐释了民族院校教师实践性知识的内容、生成过程及影响其发展的因素，这深化了民族院校教师实践性知识的理论研究与实践研究，同时也拓展了教师实践性知识这一研究领域。本书的研究结果对于指导民族院校教师的教育教学实践具有重要的参考价值，可为民族院校教师教学发展和民族院校教育教学改革提供理论支撑和实践依据。

第四，拓展了民族教育的研究领域。民族教育是中国教育体系的重要组成部分，它在遵循普通教育领域基本的教育教学规律的同时，还需探索出符合自身特点的教育教学规律。而一切教育教学规律和原则都是建立在符合现实的基础上的，来源于实践并服务于实践。因此，研究教师实践性知识可为探索民族教育教学规律提供新的视角。

第五节 研究的局限和未来研究展望

本书较为系统地探索了民族院校教师实践性知识，可以帮助我们更好地理解民族院校教师的教育教学实践，为民族院校教师教学发展和民族院校教育教学改革提供启示。反思整个研究过程，由于笔者能力、精力和时间的限制，本书还存在一定的局限性：

第一，笔者的研究经验可能造成本书的局限。由于笔者第一次尝试使用质的研究范式进行研究，在研究资料的收集和分析过程中，以笔者自身作为主要的研究工具，不可避免地会对研究结果产生一定的影响。

第二，研究视角的局限。虽然笔者收集了学生对老师的主观评价资料，但缺少对学生进行深入访谈，主要从教师和笔者的视角进行数据的收集与分析。

第三，本书主要通过民族院校教师对自己的教育教学思想、如何开展教育教学的行为和在教育教学实践中真实体验的叙事，挖掘出教师实践性知识的内容与生成过程。教师的叙事内容是教师在与笔者的互动中通过回忆与反思陈述的，缺少笔者对教师在课堂上教学细节的深入观察与描述。

对本书局限的分析有利于后续进一步研究，本书下一步的设想是：

其一，在对大量质性研究资料的分析过程中，邀请本领域的研究者一起对数据进行分析，以更好地提升研究的信度和理论的抽象高度。

其二，补充直接来自学生的第一手数据资料，与教师和笔者视角的资料形成三角互证，用更多元的声音来展现教师的实践性知识。

其三，未来有必要对典型个案进行深入持续的课堂观察研究，进一步探明民族院校教师实践性知识的全貌。

附　　录

附录一　教师访谈提纲

教师：　　　　　　时间：　　　　　　地点：

一　教师的背景信息

1. 您可以讲讲您的工作经历吗？

2. 您可以讲讲您的求学经历吗？

3. 您教授过本科生的哪些课程？您是如何理解您所教授的学科的？

二　教师关于学生的知识

1. 在民族院校从教以来，您对学生有哪些方面（学生的特点、学习基础、学习能力、学习动机、学业表现、学习态度与认识过程、学习倾向、学习习惯、学生学习的优势与劣势、学习背景）的了解？班级中学生的民族成分构成是怎样的？

2. 在民族院校从教以来，您是如何看待您的学生的？您对学生的认识和看法怎样？您可以举一个记忆深刻的您与学生交往的故事或您对学生问题解决的例子吗？（当时发生了什么，自己为什么这样做，学生为什么这么做，分析自己对学生的认识，自己对学生认识发生变化的脉络）您可以用一个比喻来形容您教授过的班级和学生吗？

3. 从刚进入民族院校从事教育教学工作到现在，您对（多民族）学生的认识有没有变化？变化的过程是怎样的？哪些因素或事件促使了这种转变？

4. 在民族院校中，您从（多民族）学生身上学到了什么？与（多民族）学生的交往与交流对您的教育（教学）有什么影响吗？

5. 您希望培养出什么样的学生？您在教学中最注重培养学生哪些方面的能力？

三　教师关于环境的知识

1. 您觉得民族院校的教育教学环境（校园文化、学校的文化传统、课堂文化、规章制度）是怎样的？

2. 民大的教育教学环境（校园文化、学校的文化传统、课堂文化、规章制度）对您的教育教学的实施有影响吗？体现在哪些方面？

四　教师关于自我的知识

1. 您认为自己的个性、性格是怎样的？是如何影响您的教育（教学）的？

2. 您在民族院校的教育（教学）中对自我发展的理解与定位是怎样的？

3. 您是如何认识您带进教学中个人的文化背景知识的？

4. 来到民族院校之后，您觉得自己的教育（教学）理念有没有变化、经历怎样的一个变化过程？您觉得您目前的教育（教学）理念的形成与发展受到哪些因素的影响？是如何影响的？

5. 来到民族院校之后，您觉得自己的教育方法有没有变化、经历了一个怎样的变化过程？您觉得您目前的教育（教学）方法的形成与发展受到哪些因素的影响？是如何影响的？

6. 您是如何看待自己的教育（教学）风格的？您可以用一个比喻来形容自己的教育（教学）风格吗？您大约在什么时候开始形成自己的教育（教学）风格的？能简单地介绍一下它的形成过程吗？这种教学风格的变化与形成受到哪些因素的影响呢？

7. 您是如何看待教师这一职业的？您是如何看待民族院校教师这一角色的？

五　教师关于教学的知识

1. 您认为在民族院校从事教育（教学）工作与在普通高校从事教育（教学）工作有什么不同吗？体现在哪些方面？

2. 在民族院校从事教育教学工作以来，您记忆中较为深刻的教育（教学）故事有哪些？（可以是关于教育（教学）过程中的问题解决、危机处理；可以是关于教学的、与学生交往过程中的，也可以是您自身成长方面的）

3. 进入民族院校工作以来，您记忆深刻的教育（教学）中问题解决的过程？（学生学习方面、突发事件、偶然事件）

4. （面对多民族的教育对象）您在讲授某些教学内容/处理某些教育问题时，有没有总结出比较有效的教育（教学）经验或教育（教学）方式呢？这些教育（教学）经验或教育（教学）方式是如何形成的呢？受到哪些因素的影响呢？请举例说明。

5. （针对多民族的课堂环境）您在教育（教学）中有没有必须遵循的原则？请举例说明。

6. （面对多民族学生的课堂）您觉得上好一节课最关键的是什么？为什么？

7. 您会根据哪些标准评价（多民族）学生的学习效果？（在多民族的班级里）有哪些因素会影响您的教学评价方法、教学评价标准？

8. 在学校规定的统一教材和教学资料之外，您会不会选择一些额外的教学材料？教学材料的选择是基于怎样的考虑？学校对您的教学材料选取和教学内容的安排有什么限制或规定吗？

9. 您觉得在民族院校中教育教学工作中面临的最大挑战是什么？您怎样解决所面对的问题？

10. 您认为民族院校教师需要具备哪些方面的知识储备或素质才可以更好地开展在民族院校中的教育（教学）工作？

六　教师关于教育的理念

您是如何理解"教育"的？如何看待教育活动的本质？什么是"好"

的教育？教育的目的是什么？这种教育信念是如何形成的？

七　影响因素

1. 您的教育教学能力的提升、教育教学经验的积累，受到哪些因素的影响？（反思、同事或领导、职前或在职教育、教学研讨、网课、科研等）

2. 您一般在什么样的情况下反思自己的教学？请举例说明。

3. 您是否会根据自己的教学反思结果，改变、改进自己的教学？请举例说明。

4. 您觉得有哪些因素会影响您对教育（教学）工作的反思呢？

5. 您能谈谈对您的教育（教学）工作有重要影响的人与事（时间、地点、人物、事件）吗？请举例说明。这种影响表现在哪些方面（如教学风格、方法、教学理念等）？

6. 您的同事或者领导在您的专业发展过程中起到怎样的作用？他们对您有怎样的影响？

7. 民大的在职教育对您的教育教学有帮助吗？具体表现在哪里？

8. 您平时参与一些教学研讨活动吗？有哪些？教学研讨活动对您的教育教学有帮助吗？具体表现在哪里？

9. 您关注的课题有哪些？您觉得教学与科研的关系是怎样的？科研对您的教学有什么影响？

附录二　课堂观察记录表

时间：

地点：

教师：

课时：

教学材料：

课堂环境：

时间	实地笔记（做了什么）	个人思考				访谈（为什么这么做）
		个人笔记（感受和想法）	方法笔记（具体方法及作用）	理论笔记（初步理论分析）	疑问	

参考文献

一 中文文献

（一）著作类

北京大学哲学系外国哲学史教研室编译：《十六—十八世纪西欧各国哲学》，生活·读书·新知三联书店1958年版。

陈琦、刘儒德主编：《教育心理学》，高等教育出版社2011年版。

陈向明：《搭建实践与理论之桥 教师实践性知识研究》，教育科学出版社2011年版。

陈向明：《质的研究方法与社会科学研究》，教育科学出版社2000年版。

陈振明、黄强、骆沙舟等主编：《政策科学原理》，厦门大学出版社1993年版。

丁建新：《叙事的批评话语分析 社会符号学模式》，重庆大学出版社2014年版。

范良火：《教师教学知识发展研究》，华东师范大学出版社2013年版。

冯契、徐孝通主编：《外国哲学大辞典》，上海辞书出版社2000年版。

葛金国、吴玲：《教师文化通论》，安徽大学出版社2012年版。

哈经雄、滕星主编：《民族教育学通论》，教育科学出版社2001年版。

［法］狄德罗：《狄德罗哲学选集》，江天骥、陈修斋、王太庆译，商务印书馆1979年版。

姜美玲：《教师实践性知识研究》，华东师范大学出版社2008年版。

教育部师范教育司组织编写：《教师专业化的理论与实践》，人民教育出版社2003年版。

李武林：《欧洲哲学范畴简史》，山东人民出版社 1986 年版。

林崇德：《教育的智慧》，开明出版社 1999 年版。

林逢祺、洪仁进：《教师不可不知的哲学》，华东师范大学出版社 2009 年版。

刘放桐：《实用主义述评》，天津人民出版社 1983 年版。

潘懋元、刘丽建、魏晓艳选编：《潘懋元高等教育论述精要》，福建教育出版社 2015 年版。

刘少杰：《后现代西方社会学理论》，北京大学出版社 2014 年版。

《马克思恩格斯选集》（第 1 卷），人民出版社 1995 年版。

《马克思恩格斯文集》（第 1 卷），人民出版社 2009 年版。

潘懋元、王伟廉主编：《高等教育学》，福建教育出版社 2013 年版。

申继亮主编：《新世纪教师角色重塑 教师发展之本》，北京师范大学出版社 2006 年版。

石中英：《知识转型与教育改革》，教育科学出版社 2001 年版。

滕星、王铁志主编：《民族教育理论与政策研究》，民族出版社 2009 年版。

王光荣：《文化的诠释 维果茨基学派心理学》，山东教育出版社 2009 年版。

吴霓等：《中国民族教育发展报告 2013》，教育科学出版社 2015 年版。

邢磊编：《高校教师应该知道的 120 个教学问题》，北京大学出版社 2010 年版。

薛天祥主编：《高等教育学》，广西师范大学出版社 2001 年版。

叶澜：《教师角色与教师发展新探》，教育科学出版社 2001 年版。

张虹：《高中英语教师文化的多维透视 一项民族志研究》，高等教育出版社 2017 年版。

张焕庭主编：《教育辞典》，江苏教育出版社 1989 年版。

张俊豪、丁月牙、苏红：《中国少数民族教育探索》，民族出版社 2017 年版。

张向葵、刘秀丽主编：《发展心理学》，东北师范大学出版社 2002 年版。

郑金洲：《教育文化学》，人民教育出版社 2000 年版。

中国社会科学院哲学研究所编：《论康德黑格尔哲学 纪念文集》，上海人民出版社 1981 年版。

中国社会科学院哲学研究所西方哲学史研究室编:《国外黑格尔哲学新论》,中国社会科学出版社1982年版。

[德] 黑格尔:《精神现象学》(上),贺麟、王玖兴译,商务印书馆1979年版。

[德] 黑格尔:《逻辑学》(下),杨一之译,商务印书馆1976年版。

[德] 康德:《实践理性批判》,关文运译,商务印书馆1960年版。

[法] 列维—斯特劳斯:《忧郁的热带》,王志明译,生活·读书·新知三联书店2000年版。

[法] 让—弗朗索瓦·利奥塔:《后现代状态 关于知识的报告》,车槿山译,生活·读书·新知三联书店1997年版。

[古希腊] 亚里士多德:《尼各马可伦理学》,廖申白译注,商务印书馆2003年版。

[荷] 格特·比斯塔:《教育的美丽风险》,赵康译,北京师范大学出版社2018年版。

[加] 范梅南:《教学机智 教育智慧的意蕴》,李树英译,教育科学出版社2014年版。

[美] 克里斯·阿吉里斯、唐纳德·A·舍恩:《实践理论:提高专业效能》,邢清清、赵宁宁译,教育科学出版社2008年版。

[美] 库伯曼、哥德哈特主编:《理解人类差异 美国多样性社会的多元文化教育》,滕星、朱姝等译,中央民族大学出版社2011年版。

[美] 罗伯特·K. 殷:《案例研究方法的应用》,周海涛、夏欢欢译,重庆大学出版社2014年版。

[美] 罗伯特·斯莱文:《教育心理学 理论与实践》,吕红梅、姚梅林等译,人民邮电出版社2018年版。

[美] 玛克辛·格林:《学习的风景》,史林译,北京师范大学出版社2016年版。

[美] 诺丁斯:《学会关心 教育的另一种模式》,于天龙译,教育科学出版社2014年版。

[美] 唐纳德·A. 舍恩:《反映的实践者 专业工作者如何在行动中思考》,夏林清译,北京师范大学出版社2018年版。

［美］约翰·杜威：《民主主义与教育》，王承绪译，人民教育出版社2001年版。

［美］约翰·杜威：《确定性的寻求 关于知行关系的研究》，傅统先译，上海人民出版社2004年版。

［美］约翰·杜威：《我们怎样思维·经验与教育》，姜文闵译，人民教育出版社2005年版。

［美］约瑟夫·A.马克斯威尔：《质的研究设计 一种互动的取向》，朱光明译，重庆大学出版社2007年版。

［挪］奎纳尔·希尔贝克、尼尔斯·伊耶：《西方哲学史 从古希腊到二十世纪》，童世骏、郁振华、刘进译，上海译文出版社2004年版。

［日］佐藤学：《课程与教师》，钟启泉译，教育科学出版社2003年版。

［英］法灵顿：《弗兰西斯·培根》，张景明译，生活·读书·新知三联书店1958年版。

［英］卡尔·波普尔：《客观知识 一个进化论的研究》，舒炜光等译，上海译文出版社2005年版。

［英］迈克尔·波兰尼：《个人知识 朝向后批判哲学》，徐陶译，上海人民出版社2017年版。

（二）期刊论文类

鲍嵘：《教师实践知识初探》，《现代大学教育》2002年第2期。

鲍嵘：《论教师教学实践知识及其养成——兼谈教师专业发展的基础》，《高等师范教育研究》2002年第3期。

曹正善：《论教师的实践知识》，《江西教育科研》2004年第9期。

陈琦、张建伟：《建构主义学习观要义评析》，《华东师范大学学报》（教育科学版）1998年第1期。

陈向明：《对教师实践性知识构成要素的探讨》，《教育研究》2009年第10期。

陈向明：《教师实践性知识再审视——对若干疑问的回应》，《北京大学教育评论》2018年第4期。

陈向明：《实践性知识：教师专业发展的知识基础》，《北京大学教育评论》2003年第1期。

崔学荣:《音乐教师实践性知识的习得途径》,《课程·教材·教法》2009年第2期。

但菲、贺敬雯、张梦涛:《职前幼儿教师实践性知识的发展:现状、影响因素及教育建议》,《教育研究与实验》2017年第2期。

丁立群:《亚里士多德的实践哲学及其现代效应》,《哲学研究》2005年第1期。

冯翠典、张晓勤:《职前教师获取指导教师实践性知识的途径探讨》,《当代教育科学》2013年第16期。

傅敏、田慧生:《教育叙事研究:本质、特征与方法》,《教育研究》2008年第5期。

高雪松、陶坚、龚阳:《课程改革中的教师能动性与教师身份认同——社会文化理论视野》,《外语与外语教学》2018年第1期。

韩吉珍:《职前教师实践性知识的生成途径探析——从个人生活史分析》,《教育理论与实践》2017年第34期。

江新、郝丽霞:《新手和熟手对外汉语教师实践性知识的研究》,《语言教学与研究》2011年第2期。

姜美玲、王赛凤:《理解教师实践性知识》,《全球教育展望》2004年第11期。

黎琼锋:《高校教师教学能力提升的困境及其突破》,《国家教育行政学院学报》2019年第2期。

李梁、李军红:《浅谈师范生实践性知识的生成与发展》,《高等工程教育研究》2017年第3期。

李玉斌、杨小堂、南丽岚、侯琳琳:《信息技术教师实践性知识的现状及影响因素分析》,《中国电化教育》2011年第12期。

梁爱民、陈艳:《维果斯基社会文化理论混沌学思想阐释》,《山东大学学报》(哲学社会科学版)2013年第5期。

林崇德、申继亮、辛涛:《教师素质的构成及其培养途径》,《中国教育学刊》1996年第6期。

林一钢、潘国文:《探析教师实践性知识及其生成机制?》,《全球教育展望》2013年第10期。

刘光然、王彩霞、李海平：《中职教师实践性知识构成及生成策略的个案研究》，《职业技术教育》2015 年第 19 期。

刘海燕：《试论教师实践知识的生成机制》，《教学与管理》2006 年第 15 期。

刘毛毛、宋改敏：《职业院校教师隐喻性实践性知识运用的研究》，《职教论坛》2019 年第 11 期。

刘强：《互动对实习教师实践性知识获得与转化的影响》，《教育学术月刊》2013 年第 4 期。

刘旭东、吴永胜：《论大学教师实践性知识的结构与提升途径》，《大学教育科学》2014 年第 1 期。

卢立涛、沈茜、梁威：《职业生命的"美丽蜕变"：从一线教师到优秀教研员——兼论教研员实践性知识的生成过程》，《教师教育研究》2016 年第 3 期。

马晶、宋改敏：《基于反思取向的职业教育教师实践性知识生成研究》，《职教论坛》2018 年第 10 期。

马克斯·范梅南：《教育敏感性和教师行动中的实践性知识》，《北京大学教育评论》2008 年第 1 期。

迈克尔·康内利、琼·柯兰迪宁、何敏芳：《专业知识场景中的教师个人实践知识》，《华东师范大学学报》（教育科学版）1996 年第 2 期。

孟宪乐：《实践知识：当代教师专业化新的知识基础》，《全球教育展望》2004 年第 11 期。

潘国文：《实习生教师实践性知识发展的个案研究》，《教育学术月刊》2012 年第 11 期。

邱春安、吴磊：《外语教师实践性知识的叙事研究》，《成人教育》2010 年第 2 期。

曲中林：《教育实践性知识的表征与习得》，《教育评论》2004 年第 5 期。

宋璞、李祥：《学前教育师范生实践性知识的构成要素及生成路径》，《学前教育研究》2017 年第 1 期。

孙德坤：《国际汉语教师个人实践性知识个案研究》，《世界汉语教学》2014 年第 1 期。

王彩霞、马利红：《职业院校教师实践性知识生成途径研究》，《中国职业技术教育》2017 年第 36 期。

王陆、司治国、江绍祥：《教师在线实践社区中的教师实践性知识建构的个案研究》，《电化教育研究》2014 年第 2 期。

魏戈：《教研组活动中教师实践性知识发展路径探析——基于文化—历史活动理论的案例研究》，《教育学术月刊》2019 年第 7 期。

魏戈：《西方教师实践性知识研究的旨趣变迁》，《比较教育研究》2019 年第 10 期。

吴泠：《教师实践性知识形成机制浅论》，《教育探索》2008 年第 9 期。

谢佩纭、邹为诚：《英语新手教师实践性知识的叙事研究——基于三次重复性教学的学习经历》，《外语研究》2015 年第 4 期。

宣小箐：《英语教师实践性知识生成滞后的原因及对策》，《教学与管理》2013 年第 12 期。

杨鑫：《教师实践知识生成的行动—反思路径》，《广西师范大学学报》（哲学社会科学版）2018 年第 2 期。

詹姆斯·P. 兰托夫、秦丽莉：《社会文化理论——哲学根源、学科属性、研究范式与方法》，《外语与外语教学》2018 年第 1 期。

张建伟：《从传统教学观到建构性教学观——兼论现代教育技术的使命》，《教育理论与实践》2001 年第 9 期。

赵昌木：《教师成长：实践知识和智慧的形成及发展》，《教育研究》2004 年第 5 期。

钟启泉：《"实践性知识"问答录》，《全球教育展望》2004 年第 4 期。

钟启泉：《教师"专业化"：理念、制度、课题》，《教育研究》2001 年第 12 期。

钟启泉：《为了"实践性知识"的创造——日本梶田正已教授访谈》，《全球教育展望》2005 年第 9 期。

衷克定、申继亮、辛涛：《论教师知识结构及其对教师培养的意义》，《中国教育学刊》1998 年第 3 期。

周勇：《教育叙事研究的理论追求——华东师范大学丁钢教授访谈》，《教育发展研究》2004 年第 9 期。

二 英文文献

(一) 专著类

Dan C. Lortie, *Schoolteacher: A Sociological Study*, Chicago: University of Chicago Press, 1977.

F. Michael Connelly and D. Jean Clandinin, *Teachers as Curriculum Planners*, New York: Teachers College Press, 1988.

Freema Elbaz, *Teacher Thinking: A Study of Practical Knowledge*, New York: Croom Helm, 1983.

George Spindler, *Education and Cultural Process: Toward an Anthropology of Education*, New York: Holt, Rinehart and Winston, 1974.

L. S. Vygotsky, *Mind in Society: Development of Higher Psychological Processes*, Boston: Harvard University Press, 1978.

Max Van Manen, *The Tact of Teaching: The Meaning of Pedagogical Thoughtfulness*, Canada: Althouse Press, 1992.

Parker J. Palmer, *The Courage to Teach: Exploring the Inner Landscape of a Teacher's Life*, San Francisco: Jossey-Bass, 1998.

(二) 期刊论文类

Allas, Raili and Leijen, Äli and Toom, Auli, "Supporting the Construction of Teacher's Practical Knowledge through Different Interactive Formats of Oral Reflection and Written Reflection," *Scandinavian Journal of Educational Research*, Vol. 61, No. 5, 2017.

Beijaard, D. and van Driel, J. and Verloop, N., "Evaluation of Story-line Methodology in Research on Teachers' Practical Knowledge," *Studies in Educational Evaluation*, Vol. 25, No. 1, 1999.

Choi, Wonseok and Chepyator-Thomson, Rose, "Physical Education Teachers Teaching in a Multicultural Setting: A Case Study of Teacher Knowledge and Practice," *Journal of Physical Education and Sport*, Vol. 12, No. 4, 2012.

Clandinin, D. J., "Personal Practical Knowledge: A Study of Teachers' Classroom Images," *Curriculum Inquiry*, Vol. 15, No. 4, 1985.

Connelly, F. M. and Clandinin, D. J. and Ming, F. H. , "Teachers' Personal Practical Knowledge on the Professional Knowledge Landscape," *Teaching and Teacher Education*, Vol. 13, No. 7, 1997.

D. Jean Clandinin and F. Michael Connelly, "Rhythms in Teaching: The Narrative Study of Teachers' Personal Practical Knowledge of Classrooms," *Teaching and Teacher Education*, Vol. 2, No. 4, 1986.

D. Jean Clandinin and F. Michael Connelly, "Teachers' Professional Knowledge Landscapes: Teacher Stories. Stories of Teachers. School Stories. Stories of Schools", *Educational Researcher*, Vol. 25, No. 3, 1996.

D. Jean Clandinin, "Developing Rhythm in Teaching: The Narrative Study of a Beginning Teacher's Personal Practical Knowledge of Classrooms," *Curriculum Inquiry*, Vol. 19, No. 2, 1989.

Deborah Haydock and Jean Evers, "Enhancing Practice Teachers' Knowledge and Skills Using Collaborative Action Learning Sets," *Community Practitioner: The Journal of the Community Practitioners' & Health Visitors' Association*, Vol. 87, No. 6, 2014.

Dekun Sun, " 'Everything Goes Smoothly': A Case Study of an Immigrant Chinese Language Teacher's Personal Practical Knowledge," *Teaching and Teacher Education*, Vol. 28, No. 5, 2012.

Douwe Beijaard and Nico Verloop, "Assessing Teachers' Practical Knowledge", *Studies in Educational Evaluation*, Vol. 22, No. 3, 1996.

Douwe Beijaard and Nico Verloop, "Teachers' Perceptions of Professional Identity: An Exploratory Study from a Personal Pnowledge Perspective," *Teaching and Teacher Education*, Vol. 16, No. 7, 2000.

F. Michael Connelly and D. Jean Clandinin, "On Narrative Method, Biography and Narrative Unities in the Study of Teaching," *Journal of Educational Thought*, Vol. 21, No. 3, 1987.

Freema Elbaz, "The Teacher's 'Practical Knowledge': Report of a Case Study," *Curriculum Inquiry*, Vol. 11, No. 1, 1981.

Gary D. Fenstermacher, "The Knower and the Known: The Nature of Knowledge in Research on Teaching," *Review of Research in Education*, 1994.

James P. Lantolf, "Language Emergence: Implications for Applied Linguistics: A Sociocultural Perspective," *Applied Linguistics*, Vol. 27, No. 4, 2006.

Jan H. van Driel and Douwe Beijaard and Nico Verloop, "Professional Development and Reform in Science Education: The Role of Teachers' Practical Knowledge," *Journal of Research in Science Teaching*, Vol. 38, No. 2, 2001.

Jan van Tartwijk and Perry den Brok and Ietje Veldman and Theo Wubbels, "Teachers' Practical Knowledge about Classroom Management in Multicultural Classrooms," *Teaching and Teacher Education*, Vol. 25, No. 3, 2008.

Jing (Peter) Huang and Phil Benson, "Autonomy, Agency and Identity in Foreign and Second Language Education," *Chinese Journal of Applied Linguistics*, Vol. 36, No. 1, 2013.

Karen Keats Whelan and Janice Huber, "Telling and Retelling Our Stories on the Professional Knowledge Landscape," *Teachers and Teaching*, Vol. 7, No. 2, 2001.

Lee Shulman, "Knowledge and Teaching: Foundations of the New Reform," *Harvard Educational Review*, Vol. 57, No. 1, 1987.

Lois Duffee and Glen Aikenhead, "Curriculum Change, Student Evaluation, and Teacher Practical Knowledge," *Science Education*, Vol. 76, No. 5, 1992.

M. Frank Pajares, "Teachers' Beliefs and Educational Research: Cleaning up a Messy Construct," *Review of Educational Research*, Vol. 62, No. 3, 1992.

Meijer, P. C. and Verloop, N. and Beijaard, D., "Exploring Language Teachers' Practical Knowledge about Teaching Reading Comprehension," *Teaching and Teacher Education*, Vol. 15, No. 1, 1999.

Meijer, Paulien C. and Zanting, Anneke and Verloop, Nico, "How Can Student Teachers Elicit Experienced Teachers' Practical Knowledge? Tools, Suggestions, and Significance," *Journal of Teacher Education*, Vol. 53,

No. 5, 2002.

Meijer, Paulien C. and Verloop, Nico and Beijaard, Douwe, "Similarities and Differences in Teachers' Practical Knowledge about Teaching Reading Comprehension," *Journal of Educational Research*, Vol. 94, No. 3, 2001.

Morwenna Griffiths, "Using Reflective Practice to Link Personal and Public Theories," *Journal of Education for Teaching*, Vol. 18, No. 1, 1992.

Nico Verloop and Jan Van Driel, "Teacher Knowledge and the Knowledge Base of Teaching," *International Journal of Educational Research*, Vol. 35, No. 5, 2001.

Paulien C. Meijer and Nico Verloop and Douwe Beijaard, "Exploring Language Teachers' Practical Knowledge about Teaching Reading Comprehension," *Teaching and Teacher Education*, Vol. 15, No. 1, 1999.

Pultorak, Edward G. and Barnes, Debbie, "Reflectivity and Teaching Performance of Novice Teachers: Three Years of Investigation," *Action in Teacher Education*, Vol. 31, No. 2, 2009.

Ruohotie-Lyhty, Maria, "Constructing Practical Knowledge of Teaching: Eleven Newly Qualified Language Teachers' Discursive Agency," *The Language Learning Journal*, Vol. 39, No. 3, 2011.

Sibel Arıoğul, "Understanding Foreign Language Teachers' Practical Knowledge: What's the Role of Prior Language Learning Experience?", *Journal of Language and Linguistic Studies*, Vol. 3, No. 1, 2007.

Swart, F. and De Graaff, R. and Onstenk, J. and Knezic, D. , "TeacherEducators' Personal Practical Knowledge of Language," *Teachers and Teaching: Theory and Practice*, Vol. 24, No. 2, 2018.

Vicki Ross and Elaine Chan, "Personal Practical Knowledge of Teacher Educators," *International Handbook of Teacher Education*, 2016.

Witterholt, M. and Goedhart, M. and Suhre, C. , "The Impact of Peer Collaboration on Teachers' Practical Knowledge," *European Journal of Teacher Education*, Vol. 39, No. 1, 2016.

Zanting, A. and Verloop, N. and Vermunt, J. D. , "Student Teachers Eliciting Mentors' Practical Knowledge and Comparing It to Their Own Beliefs," *Teaching and Teacher Education*, Vol. 17, No. 6, 2001.

Zanting, Anneke and Verloop, Nico and Vermunt, Jan D. and Van Driel, Jan H., "Explicating Practical Knowledge: An Extension of Mentor Teachers' Roles," *European Journal of Teacher Education*, Vol. 21, No. 1, 1998.